基于行动者中心的旅游减贫研究
——以漓江杨堤—兴坪段为例

王亚娟 著

南开大学出版社

天津

图书在版编目(CIP)数据

基于行动者中心的旅游减贫研究：以漓江杨堤—兴坪段为例/王亚娟著.—天津：南开大学出版社，2015.11
（新旅游 新思想）
ISBN 978-7-310-05004-8

Ⅰ.①基… Ⅱ.①王… Ⅲ.①扶贫—关系—地方旅游业—旅游业发展—研究—阳朔县 Ⅳ.①F127.674 ②F592.767.4

中国版本图书馆 CIP 数据核字(2015)第 253644 号

版权所有　侵权必究

南开大学出版社出版发行
出版人：孙克强
地址：天津市南开区卫津路94号　　邮政编码：300071
营销部电话：(022)23508339　23500755
营销部传真：(022)23508542　邮购部电话：(022)23502200
＊
天津午阳印刷有限公司印刷
全国各地新华书店经销
＊
2015年11月第1版　　2015年11月第1次印刷
230×170毫米　16开本　12印张　216千字
定价：35.00元

如遇图书印装质量问题,请与本社营销部联系调换,电话：(022)23507125

自　序

时光荏苒，用好事多磨来形容这本书的成稿是最恰当不过的。本书的完成于我而言是一个异常艰辛且漫长的过程，这个过程从我决定报考这个专业的研究生就开始了，对一个热爱旅游，对旅游充满幻想的中文系毕业的学生来说，旅游研究简直就相当于一个脱胎换骨的浩大工程。文学需要的是发散的，充满浪漫主义的形象思维，而做旅游研究则需要脚踏实地，抽象的逻辑思维，这种思维模式的转变是如此痛苦，以至于在写作的过程中每每出现思维的混乱和思路的阻滞。

在世界贫困问题严峻，中国扶贫开发取得举世瞩目的成就但仍然面临诸多问题的背景下，旅游作为有效刺激经济增长的工具被广泛运用到减贫的历史进程中，并且在国际和国内都取得了重大的突破，但同时，旅游也给欠发达国家和区域带来了诸如环境破坏、社区结构改变、文化变迁，甚至是旅游收益"漏损"等负面影响，研究者对旅游的减贫效果提出了质疑，同时也开始逐步深入地探寻旅游减贫的实现条件。笔者的研究目的就是通过对世界闻名的漓江旅游景区中的居民参与旅游减贫过程的描述和分析，找到以旅游作为主要工具实现贫困减轻的主要条件是什么。

在实地调研中，被农村的贫困和村民的善良深深地触动，笔者真实地认识到在风景名胜区的经营者和地方政府获取巨大的经济利益的同时对社区的忽视，这促使笔者努力寻找一种可以改变现状的办法，以期社会公平的早日实现。在这个过程中，漓江景区管理公司的领导给了我最大的支持和帮助，他们的真诚、善良和对村民的同情，以及想干事、干好事的热情深深地打动了我，在调研的两个多月里，他们为我提供了免费的食宿和交通，陪我深入村庄，走访农户，为我提供了各种观察和获取数据的便利。

本书直面中国政治、经济制度下的市场和权力的关系问题。旅游减贫是本书的核心论题，权力和市场关系中的关键行动者是本书的主要考察对象，围绕着漓江——这个旅游目的地旅游产品的变迁，笔者进行了详尽的论述和分析，将各级政府、居民、旅游者这些关键行动者在促成漓江旅游产品转变中的作用和权力强弱的改变进行了深入细致的描绘。

前　言

　　本书通过对贫困研究和旅游与反贫困研究的回顾，发现旅游减贫的逻辑已经从如何发展旅游促进经济增长，使得增长的成果波及到贫困人口，转变为如何发展有利于贫困人口的旅游，随着这种逻辑的转向，贫困人口在减贫中的作用得到了研究者的重视。这种逻辑转向发生在社会学、政治学从宏观的结构研究转向微观的过程研究的背景下，研究者不再只关注何种旅游发展政策、旅游模式能够实现贫困减轻，而是关注在具体的情境中，各种旅游政策、旅游项目由谁来推动，是谁通过怎样的行动影响了政策和项目的结果。本书依据这些研究，选取了政治学过程研究中一个重要的研究视角：行动者中心的视角以及行动者中心的分析框架来分析和解释旅游减贫过程，在这个框架下提出如下的研究问题：关键行动者对旅游减贫效果的影响是什么？并将这一总的问题分解成三个问题：（1）旅游减贫中的关键行动者是谁？他们的行为逻辑是什么？（2）行动者采取的与旅游发展和减贫相关的策略是什么？（3）行动者行动的结果对旅游减贫产生了怎样的影响？

　　行动者中心的视角强调的是制度环境和行动者之间的相互影响，通过行动者将宏观与微观联系起来，通过四个关键概念，即行动者偏好、行动者的资源、行动者格局和行动者互动模式来分析与解释政治过程。本书根据行动者中心的分析框架，提出了案例分析的思路：（1）旅游减贫过程中的关键行动者是谁？（2）各个行动者在不同的制度环境下拥有怎样的行动资源和行动能力？（3）他们之间的权力对比导致的行动者格局是什么？（4）行动者选择的行动策略是如何通过与其他行动者的互动实现的？（5）行动者的行动对旅游减贫的进程起到了怎样的作用？是否实现了贫困减轻的结果？

　　本书选取了国家级风景名胜区漓江景区内的杨堤—兴坪段作为案例地，由于漓江风景名胜区是中国最早一批实行对外开放的景区，经历了我国风景名胜区发展的全过程，漓江风景名胜区范围比较大，仅杨堤—兴坪段就居住着15000多名沿江村民，这些村民为景区的保护和发展做出了牺牲，但是长期以来由于自然条件的限制处于相对贫困的状态，近十年来，漓江徒步游、竹筏游兴起，贫困村民通过参与旅游经营，在经济收益、经营能力和自信心等各方面都得到了极大的提升，基本实现了脱贫致富，而随着旅游给村民带来收益增长的同时，各种利益冲突、社会矛盾、环境问题都涌现出来，2012年阳朔县政府开始对杨堤—兴坪段实施封闭式景区管理，并且实施高价门票和统一管理体制，引起沿江村民的不满和反抗。

本研究对这个案例进行了详细的描述和深入的分析，发现：

第一，旅游减贫过程当中的关键行动者不仅仅是拥有旅游政策决策权的地市级政府的核心行动者，还包括基层地方政府：县级地方政府和乡镇政府的核心行动者，贫困人口自身也是行动者之一，游客作为外来的强势行动者，会对目的地系统内的各个行动者的行动策略和互动产生重要影响。其中各级地方政府核心行动者在旅游发展过程中的政治动机、经济动机和社会动机会依据各自的管辖区域与晋升逻辑有所差异，贫困人口参与旅游发展的动机主要体现为获得经济收益，而游客的需求则受到宏观和微观不同层面因素的影响。

第二，各个行动者的行动资源和行动能力要受到大的制度环境的影响，如风景名胜区属地管理的体制使得市级政府对风景区有了管理权，而在政策实施过程中却不得不依靠县级地方政府和乡镇政府的合作与执行；在"省直管县"和"强县扩权"的政治体制改革背景下，县级政府拥有了与市级政府进行博弈的政治资源和经济资源；而游客的需求受到宏观因素的影响，发生改变，从而直接影响到各级地方政府和贫困人口掌握的旅游资源和经营能力。

第三，市级地方政府出于自身利益最大化目标制定的旅游发展政策限制了贫困人口参与旅游的机会，制约了贫困人口从旅游发展中获得收益实现减贫的目的；县级和乡镇政府与市级地方政府进行的政治博弈，给贫困人口参与旅游经营提供了行动空间，部分实现了减贫的目的；但是县级政府为了自身利益目标最大化实施的"自上而下"的公司经营模式，将贫困人口重新置于被动的弱势地位，降低了贫困人口通过参与旅游获得的自力更生的能力，不利于贫困人口可持续的减贫；游客通过选择有利于贫困人口发挥资源优势的旅游项目，使得贫困人口获得了参与旅游的机会，对贫困人口减贫起到了非常大的作用；贫困人口自身在旅游减贫的过程中，把握了市场机会，不再一味地遵守和默许限制其参与旅游发展的政策规定，发挥自身优势，利用有限的资源实现了贫困减轻的目的。

以上三个发现也回答了本研究提出的总的研究问题：关键行动者对旅游减贫效果的影响是什么？市级政府核心行动者通过制定旅游发展的政策制约或者促进贫困人口参与旅游的机会及旅游收益分配的模式来影响减贫；县级、乡镇政府核心行动者通过选择执行或者不执行或者部分执行市级政府的旅游政策，影响贫困人口行动空间的大小来影响贫困人口获得的经营机会进而影响减贫；游客通过选择不同的旅游方式影响贫困人口资源和能力优势的发挥来影响减贫；贫困人口自身则是通过选择与政府合作或者不合作来改变自身在旅游发展中的弱势地位，并且通过积极的行动获得更多的资源来改变自身的贫困状况。

第四，旅游能够作为解决目前我国存在的贫困问题的工具的原因在于旅游能够突破制约贫困减轻的三个主要因素：资源环境、能力和资本，但是由于旅游本身存在着季节性差异，且贫困人口缺乏旅游经营能力，以致目前旅游只能作为农村地区贫困减轻的补充手段，而不是主要手段。

第五，在没有有利的旅游扶贫政策和扶贫项目扶持贫困人口的现实条件下，游客需求改变导致的旅游资源方式的转变成为贫困人口获得参与旅游经营机会的关键影响因素，因此，旅游资源使用的方式也是影响旅游减贫的关键因素。

第六，在权力结构均衡的地区，贫困人口能够从小规模的旅游发展方式中受益，而在权力结构不均衡的地区，小规模的旅游发展方式有可能将旅游收益流向少部分强势行动者，从而不利于贫困减轻，而大规模的旅游发展方式由于贫困人口参与人数众多，获得参与机会和收益的可能性要大得多，使得贫困人口从旅游发展中受益的机会增加，达到贫困减轻的目的。

第七，"自下而上"的旅游发展模式比"自上而下"的发展模式更利于农村贫困人口通过参与旅游发展实现心理、能力、社会和政治等多个维度的增权，从贫困的各个维度实现减贫目的。在现有的低制度的政治现实中，地方政府的核心行动者有太多的空间实现个人的利益偏好，目前迫切需要通过制度改革，产生约束地方政府的核心行动者人格化的机制，使得地方政府核心行动者"非人格化"、制度化，否则无法阻止地方政府核心行动者在"自上而下"的旅游发展方式中，过分追求自身利益最大化，制定出不利于贫困人口从旅游收益中受益的收益分配方式。

本研究弥补了旅游减贫研究中政治维度的缺乏，为旅游减贫研究引进了行动者中心的视角，增加了过程研究的范式。为政策制定者提供了行动者中心的分析框架，政策制定者应用这个分析框架，可以有效地预测政策实施的结果，从而对政策做出调整，使政策结果能够充分实现制定者的初衷。

本研究较好地实现了三个研究目的：（1）通过对旅游发展实现减贫目标过程的描述，呈现出地方各级政府、贫困人口、游客等各个行动者是如何围绕自身的利益目标，在各种限制性因素下，展开行动，并实现贫困减轻的目的；（2）发掘出以旅游作为工具进行减贫所需要具备的条件；（3）通过案例研究对旅游减贫实现的具体途径做出了分析和解释。

目 录

自 序 1
前 言 1
第一章 绪 论 1
  1.1 研究背景 1
  1.2 研究问题的提出 5
  1.3 研究内容与创新 9
第二章 文献综述 12
  2.1 贫困问题的研究进展 12
  2.2 旅游研究中对贫困的研究 21
  2.3 行动者中心的相关研究进展 35
第三章 研究设计 45
  3.1 研究思路 45
  3.2 研究方法 47
  3.3 研究框架 52
第四章 漓江杨堤—兴坪段旅游发展与贫困减轻的进程 53
  4.1 区域概况 53
  4.2 "自上而下"的旅游发展方式加剧了贫困 59
  4.3 "自下而上"的参与带来了减贫的机会 65
  4.4 重新"自上而下"的旅游发展对贫困减轻的影响 85
  4.5 小结 95
第五章 行动者的互动对旅游减贫的影响 97
  5.1 旅游减贫过程中的行动者及其特征 97
  5.2 制度环境及行动者的资源 105
  5.3 行动者格局 111
  5.4 行动者互动 118
  5.5 小结 128

第六章 讨　论 131
　6.1 旅游作为减贫工具的有效性 131
　6.2 旅游减贫实现的条件是什么？ 135
　6.3 行动者中心的分析框架能否还原旅游减贫的过程？ 148

第七章 结论与研究展望 151
　7.1 研究结论 152
　7.2 研究贡献 154
　7.3 研究不足与研究展望 156

参考文献 158

附　录 168
　1. 阳朔县漓江景区范围内各村居委人口数统计表 168
　2.《阳朔漓江景区建设运营总体实施方案》 170

第一章 绪 论

1.1 研究背景

1.1.1 理论背景

20世纪60年代,随着国际大众游的出现,将旅游作为发展中国家经济增长工具的研究成为国际旅游研究的主题之一。自20世纪90年代开始,研究兴趣扩大到旅游的可持续性,以及旅游的新形式如生态旅游给目的地社区带来的经济利益,最近20年旅游的研究焦点是可持续发展中的公平以及社区作为达到发展目标的关键因素,研究主题出现了"反贫困的旅游(Anti-poverty Tourism,简称APT)""贫困与可持续旅游",以及有利于贫困人口的旅游(Pro-poor Tourism,简称PPT)等将减贫放在中心的旅游发展。[1] 政府部门、非政府组织、社区甚至是国际投资者都意识到旅游对农村发展及贫困减轻的作用。

在努力探索如何发挥旅游在促进经济增长、消除贫困的积极作用的同时,研究者却发现,旅游虽然能创造经济利润,利润却有可能因为国际旅游产业结构的不平等,没有留在欠发达国家和地区,反而流回了发达国家,这种现象被称为旅游"漏损","漏损"的发生不仅没有帮助欠发达国家和地区减轻贫困,其造成的负外部性甚至会加深这些国家和地区的贫困。旅游会加剧不平等,加深对外向型增长的依赖,对劳动力的大量需求会导致社区的变迁,引发争夺稀缺资源的冲突。[2] 这使得研究者不得不开始反思旅游如何真正实现减贫,而不是仅仅体现在经济增长的宏观数据上。

德勒(de Loitte Touche)于1999年在为联合国国际发展计划署做的报告中表述了PPT的概念,认为过去的旅游发展并没有将贫困人口作为目标瞄准,因而导致了旅游产生的净利润并不能直接被贫困人口获得,要真正实现旅游减贫的效果,旅游发展项目就必须以给贫困人口产生直接的净利益来实施。[3]

有利于贫困人口的旅游作为一种能够帮助贫困人口从旅游发展中获利并实现多方面的综合发展的途径和方法,一经提出,被包括亚洲开发银行、世界银行等多个投资和发展机构以及各国政府、非政府组织、研究机构应用在亚洲、拉美洲、非洲以及南美洲等几十个欠发达国家的旅游发展项目中，PPT 成为国际旅游减贫的重要实践以及国际旅游减贫研究的基础。

贫困是一个复杂的问题，涉及经济、政治和社会等多个学科的综合知识，这使得旅游研究中对贫困的研究较少，而一直以来旅游减贫[①]研究都将研究重点集中在对旅游减贫效果的评估上，通过宏观的经济数据来建立模型，缺乏对微观事实的解释力；PPT 项目的推进，吸引了部分旅游研究者，但是这些基于PPT 项目案例的研究，却大都以项目调查报告的形式呈现在 PPT 相关的网站上，其学术和理论价值遭到了质疑。旅游减贫研究急需建立自己领域的具有解释力和说服力的理论，对现实的旅游与贫困减轻问题做出解释，同时为进一步发展旅游来减轻贫困的实践做出指导。

1.1.2 现实背景

国际环境和国内经济社会发展的变化，使得我国目前的扶贫开发工作呈现出新的阶段性的特征，面临新的任务。过去扶贫瞄准的是绝对贫困人口，现在则针对低收入人口制定扶贫政策；过去以开发式扶贫为主，考虑的是经济机会，现在则通过在农村建立社会救助体系完善农村最低生活保障制度，侧重点在于减少贫困的脆弱性，降低返贫的风险；过去扶贫开发的重点不突出，现在则以专项扶贫为重点，强调贫困人口综合素质的提高和发展能力的培养。目前，虽然我国的经济社会发展取得了重要的成就，但是仍然存在着制约贫困地区和贫困人口发展的深层次的矛盾，主要表现在：一是返贫压力增大，主要是目前致贫的因素较多而且非常复杂，持续减贫的动力机制难以识别；二是贫困地区的经济虽然呈现出较快的增长，但收入差距却进一步扩大，"贫困地区中少数人的富裕掩盖了贫困人口收入增长低的现实"[4]，相对贫困的问题日益严重；三是区域性的贫困得到改善和缓解，但是发展不平衡问题和特殊类型地区、特殊群体的脱贫形势仍然严峻；四是贫困地区生态环境问题虽然已经得到重视并且持续恶化的趋势得到遏制，但是保护与发展之间的矛盾，保护区农民的生计等问题还没有解决。[5] 在积极探索解决现阶段贫困问题的过程中，一些国家和地区

---

① 在英文文献中，与贫困相关研究中有几种不同的表达，第一种是贫困减轻（poverty reduction），第二种是减缓贫困（poverty alleviation），第三种是贫困消除（poverty elimination），第四种是反贫困（fight against poverty）。这四种表述事实上反映了人类与贫困作战的过程：首先有了对贫困的态度，就是要与它作战（against poverty），然后有了行动（poverty alleviation），这个行动取得阶段性的成果，就是贫困的人口数量减少了（poverty reduction），最终要达到的目标是消除贫困（poverty elimination）。研究者会根据自己的研究目的和案例地贫困的阶段选择不同的单词，本书采用的是 poverty alleviation，强调减贫的过程。

的经验值得借鉴，在现有的扶贫资金有限的情况下，围绕当地的优势资源，因地制宜选择扶贫手段；提升贫困人口的素质和自我发展能力，促进贫困减轻的持续性发展；整合社会上的各种资源，拓宽扶贫投入的渠道等。在各种扶贫措施中，发展旅游业成为贫困地区的一项重要的扶贫手段。

国际社会近年来一直努力发掘旅游在贫困消除和减轻方面的潜力。许多国家做出了有益的尝试，澳大利亚政府就在1997年推出了旨在提高土著人经济收益的"土著人旅游业发展战略"，这项战略的实施取得了明显的效果，土著人地区的经济发展水平显著提高，在各项指标中，增长最明显的是就业率，在两年中就业率上涨了5%，土著人的生活水平大大提高，[6] 目前旅游业已经成为（非石油）出口最不发达国家的国家（世界最贫穷的49个国家）主要的出口部门和外汇来源。

我国的贫困区域主要分布在自然条件恶劣的中西部地区以及边疆和少数民族地区，这些地区基础设施差，缺乏支柱产业，扶贫难度大。但是我国的贫困区域与旅游资源富集的区域却呈现出高度的叠加性，[7] 我国的贫困人口绝大部分分布在农村，而我国的旅游景点也有70%分布在农村地区，119个国家风景名胜区中将近一半分布在贫困地区，[8] 80%的全国自然保护区都位于中西部省份。[9] 同时因为地处偏远、交通不便等不利因素，使得闭塞的贫困地区与外来文化的交流较少，保存了较为质朴和原生态的人文风俗与自然生态，这些资源都成为潜在的生态旅游资源。[4] 旅游能够应用到这些地区的优势资源，带来显著的经济和社会效益，以国家A级景区为例，2004年对全国的468家A级景区抽样结果显示，旅游景区平均可以直接创造201个就业岗位，带动的社会就业人数达328人，就业人均收入1.42万元，从中可以发现旅游景区在创造就业机会和增加收入方面的作用。旅游景区的门票收入平均可达809.36万元，利润为118.76万元，利润率为6.81%，有非常好的经济效益。①

另外，旅游自身的一些特点，也使其成为扶贫的重要工具。如发展旅游，尤其是乡村旅游和社区旅游等小规模的旅游，投入的资金少，见效快，能有效解决目前扶贫资金缺口大的难题；旅游是将客人带到目的地市场，能够有效解决农村剩余劳动力的本地非农就业问题，通过劳动力在本地的非农就业，缓解农村劳动力转移到城市的压力等。

在这种现实背景下，探讨如何通过发展旅游解决贫困问题有非常重大的现

---

① 这些数据来源于《2005年中国旅游景区发展报告》，根据《2011年中国旅游景区发展报告》，截至2011年底，全国共有各类旅游景区20976家，其中，A级旅游景区5573家。2011年全国A级旅游景区接待游客人数25.54亿人次，营业收入达到2658.60亿元。

实意义。

1.1.3 行动者中心视角引介

行动者中心视角的提出源于发展研究在20世纪六七十年代的重要转向。

发展研究建立的背景是在1945年后，一方面，帝国主义思想和殖民主义思想退出历史舞台，独立的民族国家需要追求国民经济的快速增长和给人民描绘关于未来的更好的发展画面；另一方面，联合国、世界银行、世界贸易组织和国际货币基金组织也在发展问题上达成了共识。发展学家的工作重心就是分析社会结构的变化，为发展提供干预建议。

发展干预是一个复杂的政治进程，其终极目标是改善人民的生活，但是一直以来发展理论家都采用结构式分析，制定并执行干预计划，而忽视了参与到干预这个过程中的能动者，这些参与到发展进程中的组织和群体，包括发展机构和国家的政治精英们都有自己的关注点和利益诉求。

在研究农村发展的过程中，研究者提出了一种与结构主义关注宏观的社会结构变化对政治经济生活影响的不同分析路径，关注行动单元的微观层面，从细节上描述行动单元在应对社会经济政治现状时的策略和禀性，对他们解决困境的方式进行分析和探讨。[10]深入地分析各种复杂的生产方式、生计结构、消费模式和社会认同等方面是如何相互影响并发生变化的，并在这些分析的基础上进行归纳，从而得出各种经济和文化模式变迁的规律。关注到在社会变迁和社会重构的过程中，各个行动者多样的利益兴趣和生活细节，也关注到"缺乏权力"的那部分社会行动者是如何发出声音并改变了事件发展的方向和过程，以期在这种理论指导下进行新的发展实践。行动者的研究范式在社会学和人类学中得到了广泛的应用，其研究范围包括交易决策模型、符号互动主义和现象学分析。[10]

荷兰学者诺曼·龙（Norman Long）在对农村发展实践进行研究的过程中，吸收传统的政治经济学和社会人类学的研究方法，采用了行动者和历史结构相结合的方法分析案例。诺曼·龙（N.Long，1992）指出："干预是一个不断变化的过程，其自身的组织机制和政治安排是不断变化的；当地群体为捍卫自己的文化和社会环境的底线，会采取一些活动来回应干预活动，从而重塑干预的过程。"[11]

对行动者的关注带来了政治学研究的转向。奥康纳将西蒙的有限理性引入政治学的研究领域，结合经济学中的一般均衡和博弈理论，形成了行动者范式。这种研究范式置换了原来的社会结构分析，关注的对象不再是抽象的组织和制度，而是以人及其行为为研究对象，其方法论的特征从结构转向了过程，从宏观转向微观,注重政治行动过程进行详细的调查和微观的研究。[12] 夏普夫集成了博弈论、谈判理论、交易成本经济学、国际关系和民主理论等多个理论的思想,进一步完善行动者中心的制度主义分析框架用以解释政治博弈的过程。[13]这一分析框架也被应用到政策研究中。

在旅游与减贫研究中,行动者的研究范式并没有得到有效的应用,这主要是因为贫困和反贫困在旅游研究中更多的被当作经济问题,而不是政治问题或者社会问题。在国际的旅游与减贫研究中,已经有学者从政治—经济的维度与政治—社会的维度去分析和研究旅游与减贫的问题,但是这种研究视角的应用并不普及。本研究基于将贫困作为一种政治问题的认识,引入行动者的视角,是希望从微观的过程探讨旅游作为减贫工具的有效性和可行性。

1.2 研究问题的提出

国际上消除贫困的主要手段都是通过"上游干预"截断"贫困恶性循环"的链条来实现的。在中国,一直以来扶贫主要都是通过国家为那些在市场经济中缺乏竞争力的贫困地区和贫困人群提供特殊的政策支持,并通过"自上而下"的政策传递机制来实现的。[14] 但是由于导致贫困的原因的复杂,贫困与制度安排之间的复杂关系,以及在政策的纵向传递和具体实施过程中,各级政府的决策制定者可能出于自身的利益目标,改变政策的运行方向,使得政策实施的结果最终偏离了政策制定者的初衷,使得扶贫在中国乃至国际上都不仅仅是个经济问题,更倾向于一个政治问题和社会问题。

在我国,扶贫政策主要是由政府制定的,对政策制定和实施拥有主导地位的政府核心行动者拥有大量的资源,并且可以将其转化为能力,这种能力有助于实现其自身的利益目标。而作为扶贫政策的实施对象,贫困人口掌握的经济资源和政治资源都非常少,几乎没有话语权,这使得其在与自己利益相关的扶贫政策的制定和实施过程中,缺乏发声的渠道和发言权。即使在其政治权利和利益都得到明确的制度化规定与保护时,其政治权利也会受到政治权力的排斥和侵犯。在其利益受到政府侵犯时,出于各种考虑,一般采取不反抗策略甚至是合作的行为,尤其是在面对来自基层政治精英的侵害时,他们所拥有的资源以及行动能力都不能有效地抵制这种侵害,但是当其群体性生存受到威胁时,他们有可能采取集体性的行动。在分析一项扶贫制度时,如果只是关注制度本身,忽视了制度与制度结果之间的行动者这个关键因素,得出的结论有可能并不能反映真实的现实。由此,不得不追问,旅游减贫是如何怎么发生的,为什么能够发生，怎样持续？

1.2.1 研究问题

风景旅游资源的丰富性与我国贫困地区的高度重合，使得政府决策者们将旅游作为重要的扶贫工具之一，但是，在通过实际的案例地的观察对旅游发展与贫困减轻之间的关系进行分析时，发现有些地方旅游已经发展到比较成熟的阶段，但是穷人依然贫穷。以风景名胜区为例，从20世纪80年代以来，我国的风景名胜区开发取得了巨大的经济效益，风景名胜区资源的独特性使得这些资源成为稀缺的旅游资源，连年高启的门票价格依然无法阻挡蜂拥而至的游客，[①]创造出大量的经济效益，但是这些经济效益并没有直接流向景区内的贫困社区或者是贫困人口，而是流向了拥有对景区实际管理权和使用权的地方政府，以及从地方政府手中获得了部分使用权的旅游企业。生活在景区内的穷人，不但没有从景区的经济收益中获利，还要为景区的生态保护支付一定的成本，甚至在很长一个阶段，穷人支付的成本远高于他们从景区中获得的收益，景区的旅游发展不但没有减轻贫困，甚至有可能加深贫困，或者成为贫困减轻的制约。而随着旅游开发形式的转变，游客需求的变化，贫困人口获得参与旅游的机会，并且通过参与旅游经营获得了收益，提高了能力，实现了贫困减轻。但是目前，地方政府对这种自发参与并形成一定规模和经济效益的旅游目的地普遍采取了封闭景区，进行公司式经营的旅游发展模式，这种发展模式对已经从旅游发展中获利的贫困人口产生了一定的影响，政府的动机和行动都受到各方质疑。

旅游发展与贫困减轻的过程，实际上是由旅游发展政策的制定者，地方政府推动，其他与旅游发展利益相关的行动者执行政策，以及通过自身行动改变旅游发展进程及对贫困减轻产生影响的互动过程，关注旅游减贫过程中的行动者是理解旅游发展与贫困减轻现象并对旅游作为减贫工具进行解释的关键。

根据行动者中心的视角，行动者的利益偏好、行动资源和行动能力都受到制度环境的影响与制约，从而在不同的制度环境中形成行动者之间权力对比的不同格局，行动者格局也影响了行动者互动模式。行动者通过自身行动和与其他行动者的互动，交换资源，解决各种利益争端，最终形成新的合作局面，通过这种互动对政策结果产生影响，并可能对资源分配和权力配置的原有制度结构产生影响，从而促使决策者制定新的政策，适应新的制度环境和行动者格局。

[①] 张家界武陵源风景名胜区票价从158元调整至245元；鼓浪屿提出票价从3元涨至50元；九寨、黄龙票价从过去的145元和110元，分别调至200元以上和180元以上；周庄票价也从60元提高到100元，黄山也提出了把旺季票价由130元涨至200元。

描述旅游发展和贫困减轻发生的整个过程，从而找到影响旅游减贫结果的关键行动者是本研究的主要目的。因此本书的研究问题是：关键行动者对旅游减贫效果的影响是什么？根据行动者中心的分析框架，本研究将其拆分为三个子问题：

第一，旅游减贫当中的行动者是谁？他们的行为逻辑是什么？

首先要解决的问题是在描述旅游减贫过程的基础上识别关键行动者。行动者的识别从几个方面入手：是谁推动了当地与旅游发展或者减贫相关的政策的出台？政策出台后，由谁来具体执行这项政策？政策的实施对象是谁？谁影响（改变或者阻碍）了政策实施的过程？在识别出关键的行动者后，还要判断各个关键行动者的行为逻辑是什么？本问题旨在回答在中国情境下，旅游减贫的实现需要哪些关键行动者的参与。

第二，行动者与旅游减贫相关的行动策略是什么？

行动者作为理性的经济人，都有自身的利益偏好，在没有任何约束的情况下，行动者会选择能够实现自身利益目标最大化的行动策略，但是制度环境对各个行动者的行动资源和行动能力都形成了一定的制约，一类行动者不可能拥有用于实现自身利益目标的全部行动资源，必须通过与其他行动者进行交换，才能实现自身的利益目标，在这个过程中行动者的决策要受到与其他行动者形成的格局的影响。因此，本问题主要回答的是在中国的政治现实中，影响行动者做出参与旅游发展和减贫的行动策略的制度因素是什么，以及影响机制？

第三，行动者行动的结果对减贫的影响怎么样？

行动者的利益偏好与自身所处的经济、社会和政治环境相关，虽然行动者的行动资源、行动能力和互动格局都要受到政治、制度环境的制约，但是在具体的行动过程中不同的行动者掌握的相关信息是不一致、不对等的，从而影响了行动者对格局的判断和策略的选择，这就使得整个行动者互动的过程和结果难以预料，政策执行者出于自身利益偏好有可能选择偏离政策方向的行动，导致政策的实施结果与政策制定者的初衷之间出现差异。旅游发展政策制定者的初衷是什么？这项政策的实施会对贫困人口造成怎样的影响？贫困人口如何通过自身的行动实现贫困减轻的目标？何种旅游发展方式和行动者的互动模式更利于实现贫困减轻的目标？这是本问题需要回答的。

显然，本书所要回答的是"怎么样"和"为什么"的问题，适用案例研究。

1.2.2 研究目的

本书的研究目的是通过对旅游发展实现贫困减轻的过程展开描述和分析，对贫困以及旅游减贫的现象从行动者的视角进行解释。全景式地描述旅游对贫困减轻产生影响的全过程，具体的研究目的有三：

（1）通过对旅游发展实现减贫目标过程的描述，试图呈现地方政府、贫困人口、游客等各个行动者是如何围绕自身的利益目标，在各种限制性因素下展开行动，并实现贫困减轻的目的；

（2）研究以旅游作为工具进行减贫从而达到贫困减轻的效果所需要具备的条件；

（3）通过案例研究对旅游减贫成为可能的原因做出解释。

1.2.3　研究意义

（1）现实意义

我国的风景名胜区经过30多年的开发与建设，取得了巨大的经济效益，但是如何将旅游景区开发所获得的收益合理地分配给景区内的居民以及景区周边社区，仍然是国际以及国内至今仍在探索的难题。而在最近公布的国家级风景名胜区中，位于国家级贫困县行政辖区的有52个，如此丰富的旅游资源如何造福贫困人口，使当地的贫困得以减轻甚至消除，是中国旅游扶贫研究的现实难题。本研究选取的案例地属国家5A级大型景区，景区内居住着上万群众，这些群众常年来为景区的生态和旅游景观的保护做出了巨大的牺牲，却没有获得相应的补偿，甚至因为景区保护的需要加深了贫困。旅游市场需求的改变使得这个区域内的贫困人口获得了利用旅游资源减贫的机会，并且达到了贫困减轻的效果。这个过程中政府并没有任何实际的促进贫困减轻的旅游发展政策和措施，也没有投入任何旨在减贫的专项生态补偿资金，贫困人口凭借自身的行动以及特定的情势实现了贫困减轻。本研究将这个区域内贫困人口通过旅游实现减贫的历程进行详细描述，总结旅游发展与贫困减轻相互作用的规律，探究在旅游资源丰富的区域实现旅游发展与贫困减轻双赢的途径，可以为旅游资源丰富的贫困区域发展旅游、减轻贫困提供理论和实践的指导。

（2）理论意义

本研究的理论意义在于将行动者与政策互动的分析思路应用于旅游减贫研究。从描述现象开始，旅游减贫研究经历了自由主义阶段、批判阶段、替代性发展阶段到后结构主义阶段，研究理论的更替和从经济学、人类学、社会学借鉴理论成果，从而不断增强对旅游与贫困的现实问题的解释力，这是旅游减贫研究得以发展的根本。但是研究者过于关注国际旅游产业结构给贫困减轻带来的影响，从宏观的视角探讨如何改变结构以实现欠发达区域的发展，而忽视了在具体的情境中，由于参与旅游与减贫决策制定的决策者，参与决策实施的行动者出于自身的利益偏好所选择的行动策略对旅游减贫效果的影响。虽然旅游减贫研究借鉴了利益相关者理论的相关研究,区分了对旅游减贫造成影响的核心利益相关者,但是忽视了利益相关者虽然有利益偏好,但是是否具备行动资源和行动能力,以及是否会通过自身的行动去影响进程。另外在旅游决策制定和减贫的过程中是否存在一些并不出现在场域中,但是却通过自身决策影响了进程的新的行动者,这些行动者是谁,他们会对旅游减贫进程造成哪些影响,如何识别这些行动者,以及如何判断他们的行动逻辑和行动效果,必须借助具体的场域。在大多数制度研究者认为"制度的正义和实施一般由强势行动者(政府)决定,而弱势行动者(贫困人口)寻求通过制度变迁实现自身利益的机会很小"[15]的情况下,以一个具体的案例地为研究对象,分析贫困人口如何通过自身的行动改变政策实施的过程,最终使得政策朝着有利于自身利益实现的方向改变,对我国旅游扶贫研究有重要的理论意义。

因此,本研究的理论意义在于通过引入行动者理论拓宽旅游减贫研究的研究框架,增强旅游减贫理论的解释力,并在应用行动者中心的研究视角和分析框架方面做一些尝试。

1.3 研究内容与创新

1.3.1 研究内容

本书共分为七章:

第一章为绪论,主要介绍了本书的研究背景、研究问题、研究目的、研究意义、基本内容和主要的创新点。

第二章为文献综述。本章基于国内外相关文献,系统地梳理了国内外贫困的内涵和实质,贫困研究的相关理论和中国扶贫研究与实践;梳理了国内外旅游研究中对贫困问题研究的历程、研究的主要内容和主要方法,从而明确已有研究中的不足;对行动者中心的研究视角的提出和应用进行了梳理,提出了行动者中心的分析框架,并根据旅游减贫研究的相关问题对分析框架进行了修改。

第三章为研究设计。本章对研究思路进行了梳理,对主要的研究方法、案例的典型性、调研的过程和材料分析的方法进行了介绍,并在此基础上提出了本研究的研究框架。

第四章为漓江杨堤—兴坪段旅游发展与贫困减轻的进程。这一章基于统计资料、相关文献和实地调研,介绍了漓江杨堤—兴坪段的区域概况,对漓江尤其是杨堤—兴坪段的旅游开发的进程根据旅游资源开发的方式的不同划分为三个阶段:"自上而下"的发展阶段,"自下而上"的发展阶段和重新"自下而上"的发展阶段,对各个阶段的旅游发展与贫困减轻的关系进行了描述和分析,重点描述了各个阶段参与旅游开发的人群的特征、行为和利益冲突与利益冲突解决的办法,以及各阶段旅游对贫困减轻的效果。

第五章为行动者的互动对旅游减贫的影响。本章基于行动者中心的分析框架,对漓江杨堤—兴坪段旅游发展与贫困减轻过程中的关键行动者及其特征、利益偏好进行了分类和识别,对各个不同历史阶段制度环境下的行动者格局、行动者互动的模式以及行动对贫困减轻的影响进行了分析。

第六章为讨论。本章是基于案例研究对国内外旅游与反贫困研究中的理论和问题争论进行了分析和讨论,对旅游在中国现阶段作为减贫工具的有效性进行了辨析,对制约旅游减贫的主要因素进行了讨论,首次提出了旅游资源使用方式这个关键因素;在对"自下而上"和"自上而下"两种旅游发展模式何者更能促进贫困减轻的争论中,引入西方旅游增权的四个维度,从贫困的多维特征出发,结合案例具体分析了二者的减贫效果,并提出在中国情境中"自下而上"的旅游发展模式对减贫更有效;对目前社区参与和旅游减贫实践、PPT项目实践中过分注重"增权"的思路进行了分析,并且结合中国的政治现实和社会历史环境,提出两种不同的制度供给的增权途径,一种是非正式的制度增权,一种是通过制定正式规则的实施机制进行的正式制度增权。本章也对行动者中心研究视角在旅游减贫研究中的应用和理论意义进行了分析。

第七章为结论与研究展望。本章归纳了本研究的主要结论,总结了本研究的理论贡献和现实贡献,并提出了需要进一步深入研究的内容和方向。

1.3.2 主要创新点

本书主要的创新点有以下几个:

第一,从旅游研究的角度对贫困问题进行了深入的案例研究,丰富并深化了旅游与反贫困研究的理论与实践。通过对漓江旅游发展历程中重要事件的还原,真实地展现了旅游发展介入贫困减轻的历史过程,从而为评估旅游作为减贫工具的有效性提供了现实依据。

第二,从行动者的视角出发研究旅游与减贫问题,通过引入政治学的过程研究范式,对旅游发展中的现实问题进行分析,将宏观的制度环境与微观的行动者互动结合起来,拓展了旅游研究的理论深度,增强了旅游减贫研究结论的解释力、说服力,使其更具有实践指导意义。

第三,本研究是国内发展较早、较为成熟的旅游目的地的案例研究,由于发展历史较长,知名度高,因此该目的地基本集中反映了中国旅游目的地发展的全过程及发展中出现的各种矛盾、利益冲突和问题,尤其是景区发展与景区内居民间的关系处理,非常具有代表性和现实性,对关键问题的讨论和提出的解决方案有利于在其他新近开发的旅游目的地进行推广,以避免类似的问题再次发生。

第二章 文献综述

2.1 贫困问题的研究进展

2.1.1 贫困的内涵及实质

对贫困的研究始于 20 世纪 60 年代,各个发展机构和研究者根据不同的现实背景和研究目的,对贫困从不同的维度下了定义(参见表 2-1)。

表 2-1 贫困的不同定义

代表人物和机构	定义
朗特利、布朗(1901)	如果一个家庭的总收入不足以维持其家庭人口的基本生存活动需要,这个家庭就属于贫困家庭
世界银行(1981)	某些人、家庭或者群体没有足够的资源去获取他们那个社会公认的,一般都能享受到的饮食、生活条件、舒适和参加某些活动的机会就是贫困
世界银行(1990)	贫困是指缺少达到最低生活水准的能力
森(Sen, 1999)	贫困是一种多维的现象,包括人们关键能力如收入的缺乏,教育机会的缺乏,不安全,自信低,无权感以及缺乏发表讲话的权利等
迪帕·纳拉杨(2000)	贫困表现为所需物资福利的缺乏,同时,贫困人口还缺乏发言权、能力和免受剥削的独立性
世界银行(2001)	贫困不仅仅意味着低收入和低消费,还意味着缺乏受教育的机会、营养不良、健康状况差,贫困意味着无权、脆弱和恐惧等
霍顿和汉得克(Haughton & Khandker, 2009)	贫困直接来源于不平等和易损性。不平等关注的首先是经济因素(收入和消费)的分配在全部人口中分布的不平等,这需要进行比较分析。脆弱性,指致贫的可能性,它影响到人对自身存在的认识,投资和生产方式的选择
亚洲发展银行	贫困就是剥夺了每个人被赋予的必要的财富和机会。比收入和基本服务更重要的是,个人和公民如果不被赋予参与制定与其生活密切相关的政策,他们仍将贫困

对贫困的定义经历了从一维到多维，从简单到复杂的过程，从单纯强调物质和经济收入，到对社会公平和发展能力、机会的看重。贫困还被分为绝对贫困和相对贫困两类。早期对贫困的定义是从绝对贫困的角度做出的，绝对贫困是指在一定历史阶段的社会生活方式下，个人或者家庭的收入不能维持基本的生存需要的极端状况，消除绝对贫困的工作重心是解决温饱问题。相对贫困也称为低收入贫困，是指解决了温饱问题后，个人和家庭的收入与其他社会成员相比有差距，如世行就将低于平均收入 1/3 定为相对贫困。相应的对贫困标准的认定也通过不同的贫困线反映出来，主要是低收入贫困线。无论是对贫困的内涵的定义还是对贫困线的划定都是一个动态的历史范畴，反映出各个不同的历史阶段人们生活方式的变化和对发展的理解。

贫困的内涵和外延在今天更加广泛，主要突出了能力、机会、安全和权力四个方面，[16] 而事实上，这些方面与直观的经济收益的贫困相比更为隐蔽，也可以被称为"隐性贫困"。随着对贫困理解的加深，减贫的工作重心出现转移，从单纯的资金投入，到对生存环境的改善，再到对产业的投入直至对能力的培养。这种变化同时也对评价具体的减贫效果的标准提出了新的要求，从单一的经济收益增长的视角扩大到对贫困人口的能力、机会、安全和权力等方面综合测量减贫的效果，这实际上对减贫工作是一项非常大的挑战。在实践中，发展项目往往以绝对贫困的消除为目标，将贫困减轻的衡量标准单纯地定位在经济收益的增长数据变化上，如果过分考虑贫困的多维性，则会削弱减贫政策的效率。消除贫困也是一个动态变化的历史过程，首先要解决的是绝对贫困问题，其次要解决的是相对贫困问题，长期的目标则是解决各种"隐性贫困"问题。[17]

2.1.2 贫困研究的理论

1953 年，著名的经济学家美国人纳克斯出版了系统论述发展中国家贫困问题的专著《不发达国家的资本形成》，在这本书中，纳克斯将发展中国家的贫困原因归纳为各种"恶性循环"，其中"贫困恶性循环"对贫困的发生起主导作用。"贫困的恶性循环"中一个关键因素"资本"的缺乏是使得发展中国家难以跳出贫困的主要原因。除了纳克斯的"贫困恶性循环"理论，其他经济学家也表达了对"资本"的关注，如纳尔逊提出的"低水平均衡陷阱"，缪尔达尔提出的"循环积累因果关系"理论和莱宾斯坦提出的"临界最小努力"理论，这些理论尽管提出的角度不一样，但无一不认定是资本和投资的缺乏导致了发展中国家经济停滞、人均收入水平低等。

西方研究发展中国家贫困问题的专家集中在经济学领域，因此贫困研究的理论也基本是从经济学视角提出的。

(1)"贫困恶性循环"理论

自然条件、劳动力和资本是一个国家从事生产所必需的三个条件,经济学家从这三个方面对贫困国家进行考量时,发现资本要素是导致贫困的最主要因素。纳克斯提出了贫困国家在资本供给和资本需求两个方面存在着"恶性循环"(参见图2-1,图2-2),两个循环相互作用、相互加强,导致了贫困国家的长期贫困。[18]

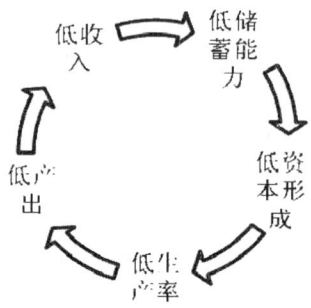

图2-1 资本供给的"恶性循环"

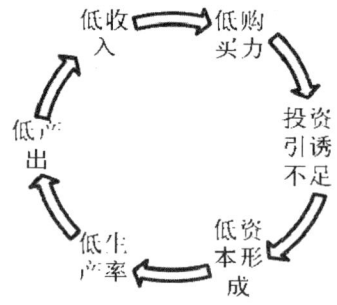

图2-2 资本需求的"恶性循环"

罗丹提出"大推进"理论来打破这种恶性循环。他认为发展中国家必须通过对基础设施建设的大投资来带动工业发展,从而推动经济增长,才能跳出贫困的恶性循环。[19]

(2)"两部门理论"与"非正规部门"

经济学家在对导致贫困的要素进行分析时,发现农村贫困的重要原因是农村的农业生产部门存在大量剩余劳动力以及处于非充分就业状态和隐性失业状态的剩余劳动力。刘易斯提出农村剩余劳动力转移出生产率低的传统部门(农业生产部门),进入生产率高的现代部门(城市工业部门)是第三世界国家发展的必然途径。但是这个理论却无法解释在发展中国家高速城市化的过程中,城市的高失业率和农村剩余劳动力不断涌入城市的现象。发展经济学家托达罗修正了刘易斯的"两部门理论",认为农村剩余劳动力从农村传统部门先进入的是城市的传统部门而不是工业部门,城市的传统部门有如下几个特征:资本投入小,自我就业,劳动生产率低,就业者的文化技术低,福利差。城市传统部门也被称为非正式部门,这个部门对于解决农村剩余劳动力有很大的作用,因此,托达罗建议发展中国家首先发展城市里的劳动密集型产业。[20]

由托达罗的理论可以推导出一个解决农村剩余劳动力的重要部门"非正式部门"。非正式部门指的是未在政府部门登记的,从事不被政府部门承认和管理、保护的经济活动。这类经济活动的特点是:依赖当地资源;家庭所有;门槛低;技术含量低,劳动密集型;竞争不规范等。非正式就业对农村剩余劳动力拓展就业空间有重要意义。[21]

(3)舒尔茨的"人力资本"理论

舒尔茨于20世纪50年代提出了"人力资本"理论,人力资本是指劳动者所具有的知识、技能和表现出来的能力,人力资本并不是劳动者天生具有的,而是通过消耗金钱及其他资源投资形成的。投资包括五种形式:正规教育、保健支出、在职培训、成人教育和就业移民,其中,正规教育及职业培训最为重要。[22] 这一概念的提出为解释贫困的成因提供了重要的依据,原有的资本理论仅仅局限于物质资本范畴,[23] 人力资本与经济增长之间的正相关说明人力资本缺乏是导致贫困的重要原因。这个观点的提出为后来的反贫困实践指明了方向。

(4)"不平衡增长"理论和"共享性增长"理论

西方经济学者将贫困归结为经济增长的问题,贫困除了表现为不增长或者增长慢等共性的问题外,发展中国家还存在着"不平衡增长"和增长无法实现共享的问题。赫希曼在《经济发展战略》一书中提出了"非均衡增长"的理论,这个理论主要解决的是经济发展过程中出现的区域发展不均衡问题,赫希曼认为在经济发展初级阶段占主导地位的是"极化效应",导致区域间的差异扩大,但是通过长期的"涓滴效应",区域差距会逐渐缩小,实现平衡增长。这个理论认为发展中国家在经济发展初级阶段应该将投资集中到利润高、扩散效应高的主导产业,以实现这些产业部门的带动效应。包括中国在内的许多发展中国家在制定经济发展战略时都以这个理论为主要依据。

理论上,经济增长的成果能够通过辐射效应,波及到贫困和弱势群体,但是,在考察增长对贫困人口的影响时,研究者发现,增长的分配并不是平均分配,贫困和弱势人群很难分享到经济增长的成果。艾里(2007)等学者提出了"共享性增长"理论,认为机会均等是实现共享性增长的关键,强调政策制定应该朝着减少直至消除机会不均等的方向,否则机会不均等导致的增长缺乏共享,会最终影响到经济的持续和高速增长。"共享性增长"的重点和难点就是如何改善贫困人口的劣势地位和生活状况,因此也被称为有益于贫困人口的增长(Pro-poor Growth)。[24]

贫困研究的理论基本上都是西方经济学家根据发展研究和实践推导出来的,基于对宏观经济结构的观察,对发展中国家和我国的扶贫实践及理论研究有重要的指导意义,本研究的一些观点都是基于以上的三个理论。但是,也要指出的是,国际经济形势的发展,不断挑战着这些已经成熟的理论。比如,"两部门"理论,虽然托达罗对刘易斯的理论进行了补充和延伸,但是其仅仅在城市内部划分了传统部门和工业部门,没有观察到在农村也存在着可以承载农业生产部门剩余的劳动力的农村"非正式"部门,尤其是在旅游发展过程中的非正式部门,有希望通过"离土不离乡"的方式解决中国转型期的二元结构造成的农村贫困问题。

2.1.3 中国的扶贫研究与实践

(1) 我国扶贫实践的历史阶段

关于我国扶贫实践的阶段划分有两种不同的标准,一种是将我国的扶贫实践划分为两个阶段,1983年以前的救济式扶贫阶段和1984年以后的开发式扶贫阶段,转折出现的标志是国务院发出《关于帮助贫困地区尽快改变面貌的通知》并且推行和实施"以工代赈"的具体措施。1983年以前实施的生活救济性扶贫,将扶贫资金主要用于生活救济,贫困地区和贫困人口没有形成良性的自我积累以及提高自我发展的能力,中央意识到只有最大限度地激发贫困群众脱贫的强烈愿望,以及蕴含在他们身上的创造性和力量,才能从根本上改变贫困。从1986年开始,党中央、国务院将经济开发扶贫作为主要的扶贫方针,国家给予必要的物资、资金和技术支持,贫困地区立足于本地资源,同时面向市场需要,发展商品经济,搞开发型生产建设。

这种划分标准突出地体现了我国对贫困根源认识的转变,从"输血"式扶贫,转向激发贫困地区、贫困人口自力更生能力的"造血"式扶贫,为贫困地区贫困减轻的可持续奠定了良好的基础。

另一种划分标准,也是较为常见的划分标准,是将我国的扶贫实践分为四个阶段,[25]其划分的依据是国内经济形势变化导致的国家扶贫重心的变化:第一阶段(1978~1985年),这一阶段的扶贫工作重心是对我国农村土地经营制度进行变革;第二阶段(1986~1993年),这一阶段以政府主导的开发式扶贫为主,政府进行了各种形式的扶贫投入,主要有财政扶贫资金、以工代赈资金、信贷扶贫资金,以及由政府动员的其他社会资金和国际援助资金等;第三阶段(1994~2000年),这一阶段被描述为扶贫攻坚阶段,国家将扶贫的重心集中到重点贫困区域;第四阶段(2001年至今),我国的绝对贫困人口数量占比显著降低,国内的扶贫进入全面小康扶贫阶段(参见表2-2)。

表2-2 中国扶贫实践的四个阶段

	第一阶段 1978~1985年	第二阶段 1986~1993年	第三阶段 1994~2000年	第四阶段 2001年至今
国内的经济环境	国民经济普遍瘫痪,社会普遍贫困	东部沿海经济增长迅速,造成区域发展不平衡和区域社会经济落后,城乡居民收入不平等差距出现	市场经济体制建立,东部崛起,中西部地区农村经济停滞	中国经济以超过7%的年增长率高速增长,但区域差异和城乡差异日趋扩大,农村贫困现状严峻
扶贫战略	在经济增长中缓解贫困	促进区域经济增长,针对性扶贫开发	"八七扶贫攻坚计划",西部大开发战略	以工促农,以城带乡,综合性开发
具体措施	土地经营制度改革,分配体系和购销价格体制改革,计划生育政策	以"贫困县"为基本单位进行针对性扶贫投资	在农村经济中实行市场化改革,促进农村劳动力向非农领域和城市转移	整村推进,劳动力培训转移,产业化扶贫,建立农村社会保障制度
效果	贫困人口从1978年的2.5亿下降到1985年的1.25亿	农村经济发展缓慢,扶贫进展受阻。贫困人口少到8000万	购销体制改革,农产品价格提高推动农村经济发展,贫困人口为3200万	贫困人口减少到2005年底的2365万,低收入贫困人口为4067万

资料来源:根据李文、李芸著《中国农村贫困若干问题研究》资料整理。[26]

中央政府在扶贫的不同阶段,根据当时的国内经济形势和贫困的特征,对扶贫方针、扶贫战略做出了适时的调整,并采取了相应的配套措施,在各个阶段都取得了较好的扶贫效果。第一阶段通过农村经济体制改革,激发了农民的生产积极性,提高了土地产出,大范围地缓解了农村的贫困,不但从收入增长上体现了扶贫的效果,更重要的是中央开始转变扶贫的思维,从原来的救济式扶贫转向发展带动贫困减轻,但是各区域的农业生产依赖的自然条件不均衡,导致了农村区域发展的不均衡;为巩固扶贫成果,中央在第二阶段将工作重心转到尽量缩小区域差距上,因此这一阶段中央确定了一批重点扶贫区域为重点扶贫对象,配套了相应的扶贫投入,扶贫对象的瞄准使得这一阶段的扶贫卓有成效,贫困人口数量减少到8000万,贫困人口绝对数量的减少并不能掩盖减贫幅度缩小、减贫速度放缓的问题,尤其是农村大量剩余劳动力的出现,给扶贫工作造成了很大压力,东西部乡镇企业发展不均衡,农村整体经济增长速度放慢;第三阶段,进入"扶贫攻坚"期,国家在基础设施建设、教育培训方面加大投入,并且通过建设农村商贸市场,鼓励农村立足特色资源,根据市场需求发展商品经济,这一阶段的成果体现在农村产业结构日趋合理,地方财政的自给能力增强;2001年至今,我国的扶贫开发工作进入第四阶段,需要面对的困难包括城乡差距的进一步扩大,减贫的速度放缓,出现了"反贫困"与"返贫困"并存的局面,[27] 在扶贫资金投入上,中央每年投入的资金都在大幅度增长,但是投入产出比却在下降,这些问题使得我国的扶贫形式依然严峻。

(2)我国扶贫实践的主要经验与问题

首先,土地问题是农村减贫问题的核心。我国在扶贫的第一个阶段之所以能够取得显著的效果,就在于党中央的土地制度改革激发了农民的生产积极性,并且在相当长一段时期,针对农村的扶贫政策也一直围绕土地这个核心在调整。

其次,贫困人口素质改善问题也是扶贫工作的重要内容。贫困有很大一部分原因是人的原因,中央一方面通过"计划生育"政策限制人口的增长,另一方面加大教育投入,近年来加强了职业培训等,但是农村大量的剩余劳动力的转移问题仍然是制约经济发展的重要问题,不但关系到农村自身发展能力的提升,也关系到社会的稳定。

最后,收入差距增大也是我国扶贫工作面对的重要挑战之一。收入差距增大既有区域性的产业结构导致的发展不均衡的原因,也有我国城乡二元结构导致的结构性制约因素。如果说前30年我国面临的主要是生存、温饱等"绝对贫困"的问题,那么现阶段我国所要解决的是在温饱问题已经基本解决的基础上"相对贫困"的问题,这个问题涉及面更广,问题更复杂,既得利益群体的阻力更大。

在发展经济的同时,农村的生态问题也日益严峻,生态环境的恶劣不但限制了部分地区部分人口的脱贫,还有可能造成已经脱贫人口的返贫。

经验的取得和对问题的反思,使得我国现阶段的扶贫政策呈现出以下几点变化:仍然将促进经济增长作为扶贫工作的首要目标,同时将政府主导的扶贫模式转变为社区参与,更注重激发贫困人口自身的能力,扶贫对象进一步聚焦到贫困人口上,等等。[28]

（3）基于中国扶贫实践基础上的贫困研究

中国对贫困的研究是基于改革开放30年来中国不断变化的经济政治形势，扶贫实践的经验总结以及对我国扶贫政策制定的指导等，逐步深化，日益丰富起来的。

我国的扶贫研究从20世纪80年代中期开始，借助当时西方的发展经济学理论，对我国贫困的根源进行了探讨，[29] 将农民的贫困根源归因于人多地少，耕地不足，[30] 或者是将贫困归结为区域性的自然资源要素的短缺以及生态贫困[31]等。

20世纪80年代中期到90年代中后期，大量的研究探讨中国农村如何突破"贫困恶性循环"[32, 33]和"低水平均衡"[34]；90年代后期有研究者从人口素质[35]，生态经济理论[36]，系统理论[37]等多方面展开对贫困问题的研究，但总体上来说，这个阶段的研究数量较少，研究理论以发展经济学中的资本投入的理论为主，重在用西方的理论解释中国的贫困现象，没有形成基于中国贫困现实的有创造性和独特性的理论。

2000年，中国出版了一部研究扶贫理论的专著[38]，由石友金、肖国安教授等人撰写的《反贫困行为研究》，这本著作对湘赣老区自然资源相对充足却仍然贫困的事实进行了探索，对原有的贫困的根源是"资源缺乏"的结论进行了有益的补充，指出在这些地区，贫困并非是由于缺乏自然资源，资源开发过程中，经济主体、层次安排和时序安排出现了严重的错位，导致资源优势没有转变为经济优势。由此导向研究者对非资源因素引发的贫困的探索，汤森（Townsend）[39]在分析制度与贫困的关系时，提出资源短缺不是导致贫困的原因，资源的分配不公和对贫困人口的相对剥夺才是贫困的真正原因。我国的研究者在中国现阶段贫困现象的研究基础上，从三个方面归纳了制度对贫困的影响：

观点一：制度短缺

制度短缺是指能使贫困人口脱贫的有效制度供给的短缺。目前我国农村实行土地集体所有，在这种制度框架下，国家、集体与个人的土地产权划分不明晰，造成了土地"农转非"过程中产生的土地增值收益的分配缺乏法律上明确的权利主体，农民基本无法分享这部分利益。因此农村经济贫困的重要原因就是缺乏一种规范的土地使用制度。[40] 类似的制度短缺会造成资源的闲置和技术的停滞，因此即使投入更多的资金，也不能消除贫困。而这种制度供给不足还体现为教育、法律等有效的制度供给不足。[41]

观点二：制度失灵

制度失灵是指已有的制度因为执行者的故意歪曲或执行不力导致执行过程

与制度制定初衷的背离。如翁时秀[42]发现在我国的农村，虽然有《村委会组织法》，但是在实际的农村基层组织选举中，这个制度并不能改变农村的权力结构，村务公开、财务监督等虽然有法律规定，但却无法真正实现，这些情况反映出制度在现有的权力结构下有可能失灵，因此导致村民无法分享集体财产权，也无法真正利用现有的资源摆脱贫困。赵慧珠[43]认为农村最低生活保障制度的不完善加深了农民的相对贫困和城乡不平等；秦初生指出我国农村义务教育体制存在投入不足、地区差异明显等缺陷，导致了贫困地区教育发展的滞后。[44]

观点三：制度不利

制度不利指的是已有的制度不合理导致了贫困的发生、加重。研究者认为中国现行的土地制度造成了农民土地的细碎化，无法形成规模性开发和利用，而土地产权制度将农民置于土地使用权和所有权中相对弱势的地位导致了农民失地严重；现行的户籍制度没有体现平等、公平的思想，二元化的户籍制度导致农民在教育、医疗和社会福利等各个方面与城市的差别，也限制了农民的迁移；现行的税费改革虽然减轻了农民的农业税负担，但是加重了乡镇财政负担，间接对乡镇的教育投入造成了影响。[45]赵乐东提出正是因为中国的户籍制度和土地制度的变迁，导致了农民的失业和贫困问题。

对制度与贫困关系的研究推动了我国扶贫政策对制度建设的重视，尤其是对农村土地制度的改革和对农村社会福利制度的改革，为进一步缓解贫困提供了理论基础。通过对中国现阶段贫困问题的反思和探讨，研究者发现，制度并不是造成农村贫困的唯一原因，中国社会转型期的二元社会结构才是目前城乡收入差距拉大、农村扶贫形势严峻的主要原因：这一阶段，乡村的贫困问题集中体现在农民的低收入上，突出表现为农民离土离乡的异地就业，吴力子[46]在其研究中国农民贫困的专著《农民的结构性贫困——定县再调查的普遍性结论》中将这个问题归纳为农民生计重构和人口迁移导致的社会重构的结构性社会问题。当前，农民的生计来源主要包括两大部分：从事农业的家庭经营性收入和从事劳务的工资性收入。在农民的生计结构中，非农收入正在占据越来越大的比例。随着农产品在社会总产品中的占比越来越低，农业劳动生产率逐年提高，人多地少不是贫困的原因，而是土地高产后总消费人口限制情况下的结果，大量农村富余的劳动力涌向城市，但是农民工与城市居民"同工不同酬"。除了"同工不同酬"之外，农民工还必须面对的现实是，城市住房早在他们进来之前已经以低价福利的方式分给了城市人口，与市民身份联系在一起的还有医疗、教育、社保等保障体系，而农民工拿着低于"工资"的"工价"，承担着"因病返贫""因灾返贫"的高风险，买不起城市的住房，享受不了市民的保障和福利，他们承担着中国从农业社会向工业社会转型的代价。而要解决这种结构性的问题，可能的途径就是发展农村的乡镇企业，实现农民"离土不离乡"。

关于扶贫的具体方式，研究者提出了参与式扶贫、生态扶贫[47]和旅游扶贫[48]等新的形式，对生态资源富足区如何开展农业产业扶贫以及如何在扶贫开发时建立生态补偿机制[49]，林毅夫（2004）认为缺乏就业机会是贫困人口难以脱贫的重要原因，因此他主张国家要改变经济发展模式，重视对劳动密集型产业的发展，以提供给贫困人口更多的就业机会；同时增加对农村贫困人口的人力资本投入，提高教育水平，让贫困人口获得就业的能力。[50]

中国的扶贫研究，基于中国贫困的现实及不断变化的形势，运用了国际上对贫困研究的相关理论，取得了一定的研究成果，并在相当程度上指导了我国的扶贫开发工作。但是因为中国的贫困与国际上的发达国家相比有一定的特殊性，与同样的发展中国家相比也有不同，尤其是我国目前存在的城乡二元结构、贫富差距拉大等问题，这使得我国的扶贫研究将关注点聚焦在农村，尤其是农村剩余劳动力的转移上。而目前我国的扶贫理论研究相对于国际的贫困研究理论是滞后的，主要是一种基于特定区域的经验总结，没有在中国情境中，提出具有开创性的扶贫理论，这与我国日益复杂的扶贫形势是不相匹配的，与国际贫困研究的形势也是不相适应的。

研究者提出的现阶段中国的相关制度建设对贫困的影响，二元社会结构对贫困影响，以及农村人口素质对贫困的影响为我们开展进一步的减贫研究提供了方向和视角。本研究就是通过对案例地减贫经验的探索，试图从旅游对当地贫困人口能力的提升以及剩余劳动力的转移方面找到旅游实现减贫的条件。

2.2 旅游研究中对贫困的研究

2.2.1 国外旅游研究中对贫困的研究

（1）研究历程

国外的旅游与反贫困的研究主要分为三个阶段，具体如表2-3所示。

第一阶段（20世纪60年代至70年代）：20世纪50年代，贫困问题并没有成为旅游研究的关注焦点，这一时期，"旅游本位"的思想弥漫旅游研究领域，旅游研究者致力于发现旅游对社会的积极作用和在促进经济增长方面的有效性，深受现代化理论影响的旅游研究者们认为旅游通过给人们创造就业机会和外汇收益，能将传统社会改变为现代社会，相对贫困，研究者更关注旅游业的需要。60、70年代，旅游对贫困的影响主要体现在旅游发展给目的地带来的宏观经济效益上,这一时期的典型代表是对旅游乘数效应的研究。贫困对旅游的影响在 20 世纪 60、70 年代对旅游经济的研究中出现,研究认为贫困是阻碍旅游乘数效应发挥和经济作用实现的一个因素。[51]

表 2-3 国外旅游研究中的贫困研究历程

研究阶段	第一阶段	第二阶段			第三阶段
盛行时段	1960~1970 年	20 世纪 70 年代至 20 世纪末			20 世纪末至今
	自由主义	批判主义	新自由主义	替代发展	后结构主义
基础理论	现代化理论 乘数效应	依附理论	市场经济理论	可持续发展理论 基本需求理论	能动者为中心的发展理论
主要观点	旅游能带来就业机会和外汇;旅游能将人们从传统社会带入现代	批判全球化和扶贫项目造成的对外国资本和专家的依赖;批判旅游发展对当地文化、社会网络、传统生活方式低估	强调经济理性、效率,市场自由化,政府作用最小化;外向型经济,发展国际旅游	生态旅游,负责任的旅游,可持续旅游;公平、公正、平等的旅游;强调草根人群、妇女的参与、赋权	地方和人是怎样被社会为了旅游的目的而塑造出来的;在旅游体系中,当地人可以发挥作用;抵抗、破坏、操纵,将旅游朝着有利于自己的方向发展
实践	"旅游第一"旅游部门的扩张;全球化;关注旅游业的需要	关注旅游发展过程中的"经济漏损"和"飞地"效应;关注本地旅游企业,关注旅游对环境和当地文化的影响	世界银行、国际货币基金组织(IMF)的调整政府结构适应旅游发展项目(SAP);政府通过旅游规划和政策对外国投资的大型度假地实行税收优惠	PPT 战略,以最贫困者为对象实施帮助和发展项目,并强调对项目的监测,以确保最贫困者的受益。以社区为基础的小规模的旅游形式	研究在旅游发展的过程中,文化和权力是如何影响利益相关者的行动的;社区是以何种复杂的方式参与到旅游发展的过程中,并影响了自身和其他利益相关者的

资料来源:Exploring the Tourism-Poverty Nexus。[52]

第二阶段(20 世纪 70 年代至 20 世纪末):国际旅游业的发展,在给第三世界国家带去第一世界游客的同时,却并没有将旅游收益留在第三世界国家,旅游业的乘数效应在第三世界并不明显,这促使旅游研究者对旅游的作用进行反思。依附理论的提出,使得学者们开始反思第三世界国家贫穷的根源与国际生产分工的不平等之间的关系,进而影响到旅游减贫研究对旅游领域内经济地位、供求关系不平等的研究。持市场自由论的研究者以及世界银行体系更关注自由市场对经济发展的影响，在这种理论指导下的研究和项目实践致力于通过援助项目的实施，改变当地的市场环境，以利于旅游经济的增长。20世纪70年代，人类学者对旅游影响研究的介入和旅游研究者对人类学研究方法的借用催生了旅游人类学研究，这派研究者批判了旅游给目的地的文化、社会网络和传统生活方式造成的破坏，构建了旅游中的"主""客"关系等理论体系。这一时期，研究者主张关注旅游发展过程中的"经济漏损"和"飞地"效应，关注本地旅游企业，关注旅游对欠发达国家环境和当地文化的影响等。旅游减贫研究提出了"替代旅游"的发展模式。以可持续发展理论和基本需求理论为理论主张，强调对最贫困者这一人群的关注，将妇女、儿童、草根人群的参与放在旅游发展的首位，提出社区旅游（Community-based Tourism，简称CBT）、生态旅游（Ecotourism）等小规模的替代主流旅游的旅游模式；倡导可持续旅游、负责任的旅游，对旅游者进行教育，以使得他们更关注目的地贫困人口的需要和利益；提出在旅游发展中对贫困人口的"赋权（Empowerment）"，强调当地居民在规划和决策过程中的参与。在这一理论主张下，国际援助机构提出了PPT战略，即以最贫困者为对象实施帮助和发展项目，并强调对项目的监测，以确保最贫困者的受益。

第三阶段（20世纪末至今）：进入20世纪90年代，研究者发现很难用"好"或者"坏"来简单评价旅游，处于全球体系中的旅游业，本身是一个相当复杂的具有多层次的结构，各个利益相关者根据其在旅游业结构中所处的位置发挥对旅游系统的功能。因此在旅游体系中，当地人并不只是被动的受影响者，他们可以发挥自己的作用，通过抵抗、破坏、操纵的行动，使旅游朝着有利于自己的方向发展。这个理论的研究主题包括：地方和人是怎样被社会基于旅游的目的而塑造出来的；社区是以何种复杂的方式参与到旅游发展的过程中，并影响了自身和其他利益相关者；文化和权力是如何影响利益相关者的行动的。

斯彻文思（Scheyvens）[52]对新千年里旅游和发展组织广泛推广的PPT战略的起源和研究方法进行了批判性地反思。PPT是在20世纪90年代工业增长将减贫放在首位的背景下提出的。对贫困的关注起源于对20世纪70年代在第三世界国家推行的结构改革的批判。这种结构改革的发展模式由于国家对工业扶持的减弱和社会资本的下降而加深了贫困。新的发展理论就在这种背景下产生，新的发展理论关注减贫，希望通过国际援助项目获得政治和经济支持。这种理论认为贫困的原因是治理的缺乏和对经济市场的限制，因此全球化是减贫的重要途径。这种扶贫方式削弱了第三世界国家中央政府的控制权，而使得世界银行、国际货币基金组织等获得了权威。斯彻文思归纳了四种研究途径：现代化理论语境下的自由主义的视角,批判的视角,新自由主义的观点,将对贫困人口的关注从外向内转的基本需求的研究,以及后结构主义的研究。

随着旅游研究领域对减贫问题的关注,贫困人口被重新发现,贫困人口的地位从过去被动的接受者变为主动的参与者,研究者发现,不但旅游发展会影响贫困人口,贫困人口也会通过自身在旅游业中所处的地位影响旅游发展,因此,迫使我们在发展旅游业时,必须面对来自贫困人口的参与和干预,意识到贫困人口对旅游发展的影响,能引导私营企业从利益相关和合作的角度考虑与贫困人口和贫困社区的关系,而不是仅仅从施予者的角度、事不关己的角度考虑与贫困的关系。

通过国外旅游与减贫研究三个阶段的发展,可以发现在旅游发展与贫困减轻领域出现了逻辑上的重要转向,如图2-3所示。

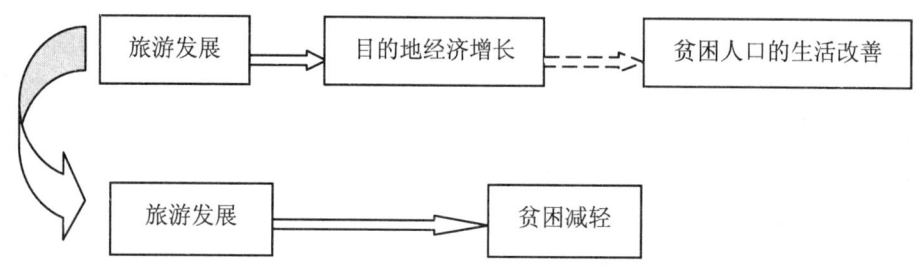

图2-3 旅游与减贫研究的逻辑转向[53]

这一逻辑转向发生的重要原因是研究者对"旅游漏损"[54]理论的提出,在一些欠发达的岛国,旅游成为他们的支柱产业,但是旅游却并不能减轻贫困,甚至加深了不平等[55, 56],发展中国家旅游业所获得的大部分利润都通过国际旅游运营商、外资酒店以及进口旅游物资流回了客源国;从事旅游的就业者往往是季节性的、低报酬的、劳动密集型的;贫困人口还往往成为旅游发展外部成本的主要承担者,因为他们不仅缺乏对自然资源的使用权还必须直接面对自然资源耗损所带来的后果。旅游还会加剧不平等,加深对外向型增长的依赖,对劳动力的大量需要会导致社区的变迁,引发争夺稀缺资源的冲突。[2] 由此,旅游研究者意识到,旅游带来的经济增长并不必然导向贫困减轻,实现旅游减贫需要具备一些条件,这种逻辑转向也引出了旅游减贫研究中的一些关键问题的探讨。

(2)研究问题

①哪种旅游方式对减贫更有效

史密斯(Smith)[57]指出旅游收益在不同人群中的分配比例取决于不同的

旅游方式、游客的期望、目的地居民提供的适当的设施和活动，以及对所有人有利的良好的人际关系，因此不同的旅游方式的减贫效果不一定一致。由于发展中国家采取的是"自上而下"的治理，目的地居民常常被排除在旅游规划、决策制定、项目管理之外，社区参与不仅对决策制定和旅游收益的分配有效，还对旅游的可持续发展有重要意义。[58]生态旅游方式则关注通过保护环境为贫困人口提供旅游发展的持续性以达到减贫的效果。萨帕塔（Zapata）和霍尔（Hall）[59]通过对尼加拉瓜（Nicaragua）的调研发现，发展机构和投资机构主导的"自上而下"的社区旅游与当地人自发参与的"自下而上"的社区旅游相比，后者表现出对社区经济更大的增长作用和更强的持续性，因此主张发展机构和政府从能力、资源上倾向于基于社区和家庭的小企业，并将市场定位为国内市场；但对这些小型旅游模式的减贫效果，斯彻文思[60]认为由于权力结构的影响，使得这种旅游方式最终并不能解决贫困问题，更多的争论则集中在生态旅游上，生态旅游的倡导者认为过去的发展割裂了人与自然间的联系，破坏了人与自然的共生性，是不可持续的，而不赞同这种模式的研究者则通过案例证明生态旅游的模式过分强调保护，限制了发展，目的地居民从中获得的收益小于支付的保护成本；[61]沃波尔和古德温（Walpole & Goodwin）[3]认为相对于社区参与的小规模、小范围的旅游，大规模的旅游能带来经济收益，旅游漏损低，是欠发达地区减贫的一个重要工具。

②谁对旅游减贫起关键作用

研究者普遍认为政府在旅游减贫的过程中起主要作用，斯彻文思[55]认为政府通过建立起有效的政治环境，对市场进行调控，鼓励私营企业以及社会的其他产业加入到旅游中来，以实现减贫效果。斯彻文思[60]赞成政府应该发挥更大的作用，过去政府的重点在如何吸引更多的游客，应该转向对再次分配的引导力度。菲利普（Philip）[62]则认为政府可以通过采取措施，影响旅游者的感知，能有效地促进旅游减贫的效果。约瑟夫（Joseph）[54]通过对第一手和第二手经济数据的分析，得出结论，只有通过国家的政策和战略将旅游经济收益留在当地，并且保证旅游发展与其他经济部门的联系，才能实现旅游减贫的目标。

③如何通过发挥贫困人口自身的作用影响减贫效果

研究者发现贫困人口普遍处于政治上、经济上和教育上无权的状态。旅游的盈利者和受损者是在一个不公平的市场上活动的，旅游发展是在一个不均衡的政治环境中，旅游是高度政治化的，处于权力优势的利益相关者的价值观会影响最终的结果。在缺乏公民自由和施行"自上而下"的治理模式的社会政治环境中，旅游的政策和规划很难被社区、文化和环境关注者左右，因为他们在经济上处于弱势。[63]纳尔逊（Nelson）[64]在对坦桑尼亚所做的研究中，以与该国获得发展的政治结果有关的政治经济和治理为分析视角，重点描述了现在坦桑尼亚的政治，从而引出政治经济是怎么塑造旅游发展的结果的。研究指出北部坦桑尼亚围绕土地权利、旅游投资和政府的政策与决策，以及隐藏在其下的政治因素，导致了当前的矛盾和冲突，在其讨论中归纳了更多通过赋权改变旅游可持续发展的限制和挑战的方法。雷诺（Renaud）[65]分析了由国际援助机构投资、社区所有、私企管理的旅馆项目，这种合作形式通过职业发展培训与分享决策权在个人和集体层面进行赋权，对当地的社会经济和环境产生有利影响。但也有学者发现，贫困人口缺少参与机会，并不总是因为缺权、歧视等社会原因，华莱士（Wallace）等①对巴西亚马逊流域的生态旅馆（"ecotour" lodges）的调查发现，旅游经营者之所以不在当地采购商品和货物的原因，是因为当地的生产规模小且不规律，无法满足企业的需求，这是贫困人口无法将其产品纳入供应链的主要原因。迈克尔和伊迪丝（Michael & Edith）[66]运用经济学中的劳动力曲线，分析了技能低的旅游从业者只有在旅游企业认为劳动力供应短缺的情况下才能获得较高的工资，否则即使获得了就业机会，他们的收益也不能改变他们的生存状态。这些研究基本上将贫困人口放在弱势的被动一方，事实上，贫困人口通过发挥自身的作用也能影响减贫，雷诺（Renaud）[65]通过对纳米比亚的旅游减贫实践中各个能动者的观察和描述得出结论：只要能正确处理合作者之间的关系就能使贫困人口从旅游发展中获得利益。在他的描述中，贫困人口能从合作关系中获得很好的收益，是基于他们与其他合作者之间良好的关系的建立，部分决策制定权能够发生转移则完全有赖于合作者之间的信任，社区领导者负责任的行为以及经营者的宽容、开放等。也就是说，旅游减贫能取得预期的目标，有赖于具体参与到旅游减贫过程中的经营者、贫困人口、社区精英等之间的良好的合作关系的建立。

④PPT

Pro-poor Tourism 这个概念是德勒（de Loitte Touche）于 1999 年为联合国国际发展计划署做的报告中提出来的，这个概念一经提出就带来了一系列关于旅游如何改善贫困人口生计的研究项目，The Pro-poor Tourism Partnership 将 PPT 定义为"能给贫困人口带来净利益的旅游"。[3]

PPT 研究是基于一系列由发展机构和投资者在欠发达国家开展的旅游减贫项目的案例研究基础上。PPT 很容易跟生态旅游、社区旅游、可持续旅游等替代旅游相混淆。事实上，这几种旅游方式之间是有区别的。生态旅游和社区旅游关注的是如何保护旅游赖以发展的环境与文化，但是缺乏对"广泛的对贫困

---

① Wallace GN, Pierce SM. An evaluation of ecotourism in amazons, brazil [J]. Ann.Tour.Res., 1996, 23:843-873.

人口生存的影响"的关注。生态旅游将生态保护作为目标，强调目的地通过保护环境和用可替代性旅游取代不可持续的行动从而受益，PPT 则强调扩大参与机会，将给贫困人口带来净利益作为明确的目标。生态旅游将给贫困人口机会和利益作为途径，而 PPT 将其作为终点。社区旅游的目标是促进社区参与旅游，这同样是 PPT 的战略。但是 PPT 并不只关注社区，PPT 需要通过更多的途径为贫困人口创造各种层次和各种范围的机会。PPT 与其他旅游发展方式不同的地方在于，其强调旅游部门与其他部门处以一个整体中，因为 PPT 的实现有赖于整个工业体系的健康运行。[67]

PPT 的研究实践与之前的基于经济宏观数据建立旅游减贫效果模型的研究不同，通过对项目实施的案例地的过程研究，得出了一些非常有益的结论：如哈里森（Harrison）和斯奇巴尼（Schipani）[3]比较了由亚洲银行援助的以减轻贫困为目的的生态旅游项目和当地的由居民自己投资的民宿旅馆之间的区别后，指出当地的私营企业虽然不以给贫困人口带来净利益为目标，但事实上这种旅游经营形式对减贫很有帮助，研究肯定了当地的旅游微小企业对减贫的作用。斯彻文思和罗素（Russell）[68]的研究发现，由于斐济政府鼓励外资的大规模投资景区，导致了本土企业难以获得长期发展所需要的支持，本地人大多数在旅游部门中作为雇员或者收取房屋租金，而较少直接参与旅游规划和发展，这限制了斐济旅游对减贫的可持续性。

（3）研究方法

国外旅游与减贫问题的主要研究方法包括：

①基于 PPT 案例的研究方法

国外的旅游与减贫研究中有相当一部分是根据在南非、尼泊尔、印度、越南、乌干达等欠发达国家进行的一系列 PPT 项目的个案进行的。研究成果主要是发布在各发展机构网站上的项目报告，主要探讨影响 PPT 项目的重要问题，以总结经验和教训，为继续开展的 PPT 积累实践经验和提供更好的改进措施。

②旅游影响评估的模型研究法

国外旅游与减贫研究中另一类重要的研究方法则是基于不同的研究目的，通过定量的方式，来研究旅游的影响。如为了更好地衡量旅游业对贫困人口的经济影响以改进干预手段，研究者以"追踪旅游者的花费"的"价值链"分析，为研究者和旅游部门之间的合作减贫提供依据；[56] 以及建立在旅游乘数效应基础上并同时将旅游收益在不同收入家庭间分配的因素考虑进去的一般均衡模型（CGE）等，研究者还试图将贫困人口的主营产品加入旅游经营的"供应链"的角度考虑减贫。[66] 旅游减贫效应的定量研究方法如表 2-4 所示。

表 2-4　旅游减贫效应的定量研究方法

不同的研究目的	不同的研究方法
评价旅游对（宏观）经济的（直接，间接；动态，静态）影响	回归分析，社会核算矩阵，可计算的广义均衡模型
描述旅游部门的大小	旅游卫星账户
衡量旅游业对贫困人口及旅游目的地经济的影响	生存条件分析，企业分析，本地经济的映射和有利于贫困人口的价值链分析
发展和提高旅游部门的经济增长和竞争力	旅游发展总体规划和传统的价值链分析

资料来源：米切尔（Mitchell, 2012）。[56]

③ 在旅游减贫的研究视角中引入政治维度

旅游与贫困减轻的研究，早期的研究方法以经济学的定量[69]研究为主，集中探讨旅游对贫困的影响，以及对旅游减贫的效果进行评估，寻求从经济学视角运用旅游作为发展工具打破贫困的"恶性循环"的方法。[70] 但是随着各种发展项目在欠发达国家的推进，研究者发现，单纯使用经济手段并不能取得理想的减贫效果，完全依赖市场的分配会导致旅游带来的经济收益更多地流向富人而不是贫困人口，因此应该引入政策干预，提倡更为公平的分配方式，[71] 旅游减贫不仅仅是经济领域的议题，更多的时候它是个政治学的命题，[63] 坦桑尼亚高度集权的政治环境中的"寻租"和"腐败"，使得外来投资者和本地政治精英窃取了用于减贫的旅游收益，[64] 研究者由此提出在实施旅游减贫政策的过程中应该充分考虑目的地的政治和治理环境。政府作为旅游减贫的关键行动者，其作用应该受到重视，"善治"能够给贫困人口提供经济参与机会如就业和商业机会。[72] 政治维度的引入，对研究旅游与减贫提供了更具有解释力和说服力的理论框架，引导人们跳出经济的视角，从更加广阔的政治、社会环境分析和探讨旅游作为减贫工具的实现条件与可能的途径。

（4）小结

国外旅游与减贫研究的成果与旅游研究中的其他主题比较起来并不多，在有限的研究中，目的地发展旅游的竞争力，本地和贫困人口的参与以及目的地旅游的可持续发展等主题都已经在旅游与减贫研究中涉及，并得到了较为广泛的关注和深入的探讨。随着利益相关者理论的引入，旅游减贫研究中出现了较多关于如何引导利益相关者之间的合作以实现贫困减轻的效果。值得肯定的是，部分研究探讨了贫困消除和减轻的原则与旅游之间的联系，为旅游减贫研究提供了理论基础；对旅游减贫的研究不再仅仅局限于旅游系统内，而是从更为广泛的社会、政治、文化的视角去探讨旅游作为减贫工具的可能性；从旅游发展与贫困减轻的复杂关系中剥离出"机会""赋权"和"安全"三个决定减贫效果的关键因素；在发展机构和投资者的资助下，实施了一系列有助于欠发达国家和地区贫困减轻的旅游开发项目，并且基于这些项目的案例开展了更为深入和细致的探讨与研究。

但是，贫困问题本身的复杂性和多维性，使得旅游研究者对旅游减贫研究的关注度不够，研究中虽然涉及贫困研究的理论，但是由于旅游研究的范畴，对贫困本身的分析和研究不够，使得旅游减贫研究现有的结论缺乏解释力和说服力；另一方面，大部分的旅游减贫研究尤其是 PPT 研究都是基于项目的特殊案例基础上的，为项目的干预措施提供现实的改进意见，这就削弱了旅游减贫研究的理论探索和基础；绝大部分的研究都是基于对结果的分析和评估基础上的，少有通过对过程的详细描述获得对旅游作为减贫工具有效性的解释；在利益相关者的协作对贫困减轻的研究中，突出了旅游部门的重要性，却忽视了政府和旅游者作为关键行动者的重要性。这些研究中的不足为我们下一步研究的开展指出了可能的问题和研究的方向。旅游与减贫研究的理论框架如图 2-4 所示。

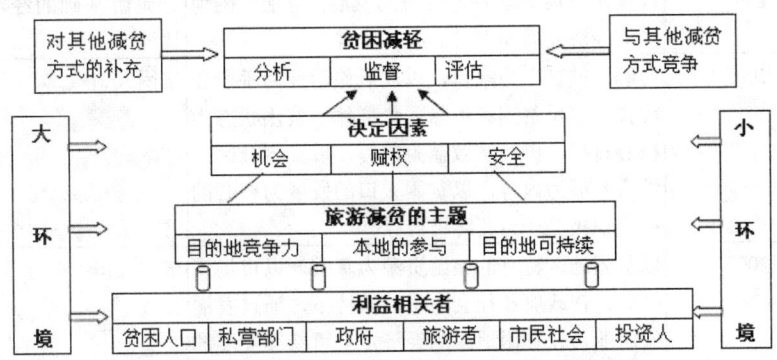

图 2-4　旅游与减贫研究的理论框架[69]

2.2.2　国内旅游扶贫研究述评

（1）国内旅游扶贫的研究历程

我国的旅游扶贫研究从 20 世纪 90 年代开始兴起，[73] 在不断总结贫困地区通过旅游开发实现脱贫致富的经验中发展，主要经过了三个阶段：

第一个阶段是 20 世纪 90 年代中期到 20 世纪末，这个阶段的代表研究者是高舜礼，研究的重点是如何开发贫困地区的旅游资源，[74-76] 探讨如何发挥旅游的乘数效应，[77] 对贫困地区进行旅游开发。

第二个阶段是从2000年开始的，2002年4月，国家旅游局同意宁夏回族自治区成立六盘山旅游扶贫试验区，宁德煌[78]等研究者对我国中西部省份云南、贵州[79]、宁夏[80]、河南[81]、甘肃[82]的旅游开发与居民脱贫问题进行了探讨，这一系列研究与当时我国的西部大开发战略是相配合的，将旅游扶贫中的"贫困"定义为相对贫困，[83]强调政府的主导作用。[84]

第三个阶段从2002年至今，这个阶段社区参与、贫困人口等作为关键词开始出现在研究文章中，[85]贫困人口取代贫困地区成为研究的重点，[86]这与国际上提出PPT的概念有密切的关系，研究方法也从单一的定性研究变得日益多元，经济学中的投资贡献和投资效率模型，[87]访谈和问卷调查，[86]实证研究[88]等研究方法被更多地应用到旅游扶贫研究中。

这种阶段性的变化也非常清晰地体现在研究者对旅游扶贫的定义上。旅游扶贫的内涵如表2-5所示。

表2-5 旅游扶贫的内涵

概念提出者和时间	旅游扶贫的概念	扶贫对象
高舜礼，1997	以旅游发展带动各地经济的发展，包括贫困地区的经济发展和农民的脱贫致富	有旅游基础的经济欠发达地区
周歆红，2002	明确"扶贫"为宗旨，以发展旅游业为手段和途径，以反贫困和消除弱势群体的贫困状态为核心目标，以经济效益为前提，以贫困社区的综合发展为内容，以贫困人口的发展为核心的社会积极变迁为其终极目标[89]	贫困人口
郭清霞，2003	以贫困地区特有的旅游资源为基础，以市场为导向，在政府和社会力量的扶持下，通过发展旅游业，使贫困地区的经济走上可持续发展的良性发展道路，实现贫困人口脱贫致富的发展计划和措施[90]	贫困人口
丁焕峰，2004	是通过开发贫困地区丰富的旅游资源，兴办旅游经济实体，使旅游业形成区域支柱产业，实现贫困地区居民和地方财政双脱贫致富[91]	贫困人口、地方财政
侯志强，2005	是指在旅游资源条件较好的贫困地区，通过扶持旅游发展带动地区经济发展，进而脱贫致富的一种区域经济发展模式[92]	资源条件较好的贫困地区内的贫困人口

（2）国内旅游扶贫研究的主题
①政府的作用

研究者按照旅游发展的不同阶段对政府应该承担的角色定位和职能进行了区分，一种观点认为政府应该在旅游扶贫的全过程中发挥主导作用，[93] 一种观点则认为政府在旅游扶贫项目的初始阶段发挥主导作用，在项目的中后期则主要起引导作用，[94] 否则难以避免"与民争利"[95]，政府的角色从初期的社区代理人到开发商和社区联合治理的引导者、塑造者最终演变为联合治理的维护者。[96]

对政府具体应该发挥的作用，研究者认为应该包括：整体设计和宏观调控；[97] 科学规划、投资先导、制定政策、宣传促销、调整产业结构和营造良好的旅游市场环境；[98] 树立环境保护意识、服务意识和引进管理技术；[99] 协调旅游开发和环境保护的关系，教育投资；在规划、产品开发、市场定位等方面给予指导，在信息服务、人才培训、宣传促销方面做好服务；[100] 资金和政策支持。[100]

②旅游扶贫模式

研究者对我国现在主要存在的旅游扶贫模式进行了案例研究，对各种模式的主要内容、特征和适用范围进行了探讨（参见表2-6）：

表2-6 我国旅游扶贫的主要模式

模式类型		主要内容	特征	案例地
政府主导型		政府在旅游发展中处于核心地位，政府负责旅游规划、投资、建设、管理和营销，农户和社区则处于积极配合和从属地位	农户参与模式单一化，参与层次较低，仍是一种被动参与	云南罗平多依河景区（何琳姬，2007）
公司与农户合作	公司+农户	公司经营观光景区，农户经营住宿和餐饮，形成互补型经营，农户拥有家庭旅馆的产权和经营权，公司则通过统一定价和质量管理对农户的经营行为进行约束	农户深度参与景区旅游企业经营体系，保证了社区居民旅游受益最大化	伏牛山重渡沟景区（李瑞、黄慧玲等，2012）
	公司+社区+农户	公司与村委会合作，村委组织村民参与旅游	社区组织影响大，社区参与规模大	湖南浏阳"中源农家"（郑群明、钟林生，2004）
社区主导型		政府和旅游开发商尚未介入，完全由当地居民自主决策、自主经营、自主管理基于社区的旅游业	社区居民成为经营与受益主体，培养了社区居民的民主参与意识，但由于制度供给不足引发"公地悲剧"，贫富差距不断扩大	云南梅里雪山雨崩（陈志永、杨桂华，2009）

研究者认为，目前中国的社区参与旅游扶贫仍然存在一定的障碍：居民自身的民主意识淡薄、知识水平有限、参与意识不足以及经济发展落后等多方面的原因使得社区参与停留在较初级的层次，即其影响的范围小，涉及的人数不多，取得的利润有限。这种参与还要受到社会、政治、经济和文化等机构的多方面限制。[101]因此社区真正的参与需要从社会、政治、法律、决策和经济结构等方面进行总的变更。社区参与实际上是社区在旅游发展过程中取得某种控制权的政治过程。[102]资源所有权存在法律上清晰与事实上模糊的矛盾，产权问题造成社区在初始资源分配上的先天不足，[103]信息不对称、缺乏权利意识和管理技能而处于被排斥的无权状态。[103]梁明珠[104]认为农民不能从旅游开发中获利的最大障碍是土地补偿机制不合理和就业机会得不到保障，农民应该与政府和企业三方共同协商土地补偿的金额与分配比例；允许农民以竹林、房舍、技术等生产资料、旅游资源和技术入股，在合作经营的税后收益分配中，拿出一部分作为公益金，用于培训，提高农民的劳动技能等；增加农民就业机会和商业机会；听取农民对本地旅游发展的建议等。邓小艳[105]认为要保证贫困地区居民的参与必须建立咨询机制、利益协调机制和参与景区管理的机制。其中，利益协调机制包括了利益整合、利益表达、利益实现和利益补偿四种机制。

③旅游扶贫战略

我国关于旅游扶贫的大量研究都集中于战略和模式的研究。马忠玉[6]认为我国生态旅游资源集中的贫困地区与我国政府认定的贫困县分布基本重合且大都位于中西部，因此发展中西部旅游应成为消除区域经济不平衡的西部大开发战略的重要组成。国家应制定政策消除影响旅游开发项目中利益分配的因素，扶持中小企业，对环境政策的设计应考虑贫困人口的生计，同时也考虑社会文化方面对民族文化的保护。刘向明、杨志敏[83]提出构建以旅游产业为导向，第一、二、三产业协同发展的战略，同时通过建立相应的制度实现开发与保护的双重目的，旅游产品应该有自己的特色。郭清霞[97]通过总结湖北旅游扶贫的成功经验，提出PPT的战略应该是：政府发挥整体设计和宏观调控的主导作用，开发市场需要的特色旅游产品，受益目标人群应该是当地居民，同时做到保护自然和人文环境，实现可持续发展。李永文、陈玉英[106]以"治愚经济学"理论为基础，提出了综合考虑资源—人—效益的RHB战略，强调旅游资源科学合理的利用，并特别提到通过投资改变当地的基础服务设施，增加旅游资源的可利用性；人的因素中，主要提到人的观念的改变；效益则包括经济效益、生态效益和社会效益三方面；以资源为基础，以人为目标，以效益为衡量尺度。

（3）研究方法

我国的旅游扶贫研究以定性研究为主，但是在对旅游扶贫效益进行测量和研究贫困人口的感知时运用了定量研究方法。在研究旅游扶贫效益时，运用了经济增长理论中的模型[87]，强调应提高旅游扶贫中的投资效率，运用条件价值法（CVM法）测算生态旅游扶贫的绩效，[107] 运用统计方法和回归分析，揭示旅游扶贫与地区经济增长的数量关系；[108] 在研究居民对旅游扶贫效应的感知和参与行为时，主要采用问卷调查和统计法，[109] 问卷调查和深度访谈相结合，[110] 运用探索性因子和验证性因子分析[111]等。

（4）小结

我国的旅游扶贫研究经过20多年的发展，无论在数量上还是质量上都有了较大的改善，如对旅游扶贫中的核心问题进一步聚焦；对政府在旅游扶贫各个阶段中的地位和作用进行了深入的探讨，不再一味简单强调政府的主导地位；对旅游扶贫的内涵进行了深化，将扶贫目标从贫困地区逐步瞄准到贫困人口；研究方法也从单一的定性研究拓展到定量研究以及定性与定量相结合的研究；研究视角不再局限于政策研究，而是从政治、社会、经济等多个学科视角对旅游扶贫进行了探讨和研究；已经开始有较为深入的案例研究等，但是目前仍然存在一些问题。

这些问题包括：①通过对各个阶段旅游扶贫概念内涵的梳理，可以发现对旅游扶贫的内涵和扶贫目标研究者并没有一致的标准，贫困地区、贫困地区的居民、贫困地区的贫困人口都被研究者作为扶贫目标应用在各自的研究中，这使得在衡量旅游扶贫效应时难以进行横向的比较；②研究中对特定区域的宏观分析较多，尤其是配合我国西部大开发战略对中西部省份的宏观研究占据了多数，对较为成功的微观单元的深入研究则较为缺乏；③虽然在研究中已经采用了定量的方法，但是缺乏有理论深度的定量研究；④在研究旅游扶贫模式时，研究者开展了一系列的案例研究，但是以单案例为主，缺乏多案例之间的横向比较，在单案例研究中往往截取案例地的某个旅游发展阶段作为研究对象，缺乏历时性的各个阶段减贫效果的纵向比较，解释力和说服力不够。

2.2.3 中外旅游研究中贫困研究的对比

国内外学者都对旅游研究中的贫困问题进行了探讨，但是因为贫困问题本身的复杂性，使得国内外相关研究的成果都不多。贫困问题涉及政治、经济、社会和文化，很难将旅游对贫困的影响从其他的影响中剥离出来，这使得旅游对贫困减轻的效益的定量研究的解释力和说服力不够；同时，贫困是一个不断发展的概念，随着国际政治经济形势的变化，贫困的内涵和外延都发生了变化，对贫困的衡量也从单一的绝对收入贫困线发展到低收入线等多个标准，这使得研究者在进行减贫目标瞄准时，从各自的研究目的出发，缺乏可比性。旅游减贫研究都是借用其他学科的理论和方法,没有形成自身的理论框架的研究方法,这也是这个领域的研究缺乏学术性、理论性而不受研究者青睐的主要原因。

具体到研究视野、研究对象、研究内容、研究方法上,[112] 中外的研究还有一些不同:

第一,从研究历程来看,国外旅游与减贫研究发端于20世纪60年代,经历了研究逻辑上的一次重要转变,将旅游减贫研究的重心从促进旅游经济增长转向使贫困人口直接从旅游收益中获益,研究的视野从国际旅游产业结构,到国家旅游减贫政策,再到小范围的旅游接待社区中不同利益相关者在旅游减贫中的作用等,层层展开。国内的旅游扶贫研究从20世纪90年代中期开始,发展的时间比国外短,而且是基于国家旅游扶贫开发政策提出的基础上进行的,基本都是从政府的角度出发,结合国内扶贫开发的阶段性政策导向,对非政府组织、旅游部门、游客等相关利益群体的分析较少。虽然在第二个阶段,已经开始与国际接轨,在研究中引入了PPT战略,但是存在着直接套用PPT原则的现象,很少去质疑PPT原则在中国的适用性,以及从理论上与国外对话。

第二,从研究对象来看,国外的旅游与减贫研究努力将对象瞄准为贫困人口,但无论是在理论基础构建还是在PPT项目实践过程中,贫困人口都被替换为贫困社区,或者是欠发达国家,还有就是欠发达国家中与政治精英和旅游企业相对的那部分人群,并没有将绝对贫困作为识别的标准,贫困在实际研究中是一种"相对贫困",而不是"绝对贫困"。国内的旅游扶贫研究大部分以经济欠发达地区为研究对象,但从第三个阶段开始,社区和社区中的贫困人口逐步成为旅游扶贫研究的瞄准对象,但是这部分的研究成果相对较少,基本上是基于社区理论之上的研究,很少从贫困研究的理论出发,对贫困人口的贫困根源和减贫的制约因素进行分析,因此在监测旅游扶贫的效果时,大多选择了宏观的经济数据作为分析依据,得出的结论是旅游对特定区域的经济增长的影响,而不是旅游对贫困人口的影响。

第三,从研究内容来看,国外的旅游与减贫研究将研究问题聚焦在三个主要方面:哪种旅游方式更利于贫困减轻、谁对旅游减贫起关键作用和贫困人口如何发挥自身作用等。这三个问题抓住了旅游扶贫的两个主要方面,第一是从促进旅游发展增加经济收益上构建旅游减贫的基础,第二是在旅游收益的分配上为贫困人口受益明确了方案和措施。大量的PPT项目实践了国外旅游与减贫研究的基本结论,并通过项目报告的形式不断对研究进行深化和推进,形成了理论与实践之间良好的互动和良性循环。国内的旅游扶贫研究基本上与实践是脱节的,研究滞后于实践,虽然研究从实践中总结出了部分经验,但是没有将理论运用于实践、项目的机会,只能停留在为政府提供政策建议的层面上。对政府的作用、社区参与的重要性等问题还局限于问题的提出阶段，对贫困人口受益的模式等问题缺乏系统研究，尤其是对国外较为关注的旅游系统与其他经济系统的联系方面的研究，国内基本上缺乏相关研究；对贫困人口自身如何在旅游扶贫过程中发挥作用，参与的障碍等缺乏系统研究；对旅游扶贫如何突破政策不利、制度不利、资本不利等现实的贫困障碍没有从理论上进行深入探讨；对旅游扶贫如何作为其他的扶贫开发方式的补充解决我国现阶段突出的二元社会结构性的贫困问题的探讨也极其缺乏。

第四，从研究方法来看，国内外的研究都以定性研究为主，这与旅游研究本身的学科属性有关，但是贫困问题的研究主要是从发展经济学的角度展开的，这就使得旅游与贫困的研究中出现了社会学、经济学的研究方法相互交叉使用的情形，在研究中也有部分是基于经济学的相关模型的定量研究，主要用于测算和评估旅游对区域经济增长和贫困减轻的效应。在研究的视角上，国外引入了政治的维度，从政治经济学、政治社会学的视角研究旅游减贫问题，将制约旅游减贫的因素扩大到了制度、政策和国内国际的政治环境，从权力的视角探讨贫困人口减贫的障碍，并且引入了博弈论、产权理论等对旅游扶贫中相关利益群体之间的互动进行了分析。国内的旅游扶贫研究也开始应用相关的理论和研究方法，对可持续发展的扶贫模式进行了探讨。[96] 国内外的旅游与减贫研究都是以归纳研究和实证研究为主，较少有演绎研究和规范分析，虽然大部分研究都是基于案例的基础，但是以对案例的描述为主，缺乏深入系统的建立在理论基础上的案例研究。

基于此，本研究将漓江杨堤—兴坪段这个特定的区域作为研究对象，以贫困人口如何从旅游发展中持续获益和发展为研究核心，从政治、社会和经济的视角，分析一个已经通过旅游发展部分实现减贫目标的成功案例地中，贫困人口是如何获得旅游收益实现贫困减轻的具体过程，探讨在现有的政治经济环境下，政府、游客和贫困人口等各个关键行动者如何采取行动，推动旅游减贫的发生。应用的研究方法是实证的、归纳的案例研究。

2.3 行动者中心的相关研究进展

2.3.1 行动者中心视角的产生背景

（1）行动者（Actor）受到关注

对行动者的关注首先是从社会人类学内部发端的，20 世纪 40 年代，马林诺夫斯基的学生利奇（E.Leach）将个人的反应引入对社会和政治的研究，他认为人会通过行动来增强自身的权力，并于 1958 年发表了他第一部重要的著作《缅甸高地诸政治体系——对克钦社会结构的一项研究》（*Political Systems of Highland Burma: A Study of Kachin Social Structure*），通过对缅甸克钦地区的政治和社会的田野调查，利奇对自涂尔干以来的社会结构理论提出了批判，认为社会不是一种静态的"均衡"模式，而是一种动态—均衡模式，其研究的对象不再局限于单一的社会结构，而是将整个地区视为一个结构体系进行研究。

20 世纪 50 年代末 60 年代初，部分美国和英国的人类学家将兴趣转向政治，但不满于当时研究这一主题的研究视角，因此提出了一种与当时的主导理论有联系的新的视角"新政治人类学"，这种视角不同于英国的结构—功能视角，也不同于美国的新进化论，赋予政治新的内涵，给行动者一个重要的定位，"政治游戏中有动机的行动者"。

与此同时，贝利（Bailey）在"经济人"假设的基础上提出了"政治人"的假设，在他出版于 1969 年的著作 *Stratagems and Spoils: A Social Anthropology of Politics* 中，他提出"人在一般情况下倾向于在政治结构中实现自身利益最大化，但是一些人无法实现，一些人却知道如何去做"。

同时，韦伯的思想开始在社会学、人类学和政治学中被引用。韦伯强调在权力斗争的世界中，强大的官僚组织和资本主义企业妨碍了个人主义与理性选择的实现。一批经济学者将古典经济学中的个体理性用于对政治过程中的决策的研究，开创了新的研究范式：理性选择理论。这种理论范式假设行动者具有完全理性，在市场交易（私人选择）和政治领域（公共选择）理性人都会采取使其利益最大化的行为。布坎南的"公共选择理论"、阿罗的"社会选择理论"、奥尔森的"集体选择理论"和尼斯坎南的"官僚机构理论"都被归为理性选择理论的体系，寻租理论、俱乐部理论等也都是在理性选择理论的基础上提出的。[113] 理性选择理论的提出给政治学提供了新的研究方法和研究视角，但是这些理论在解释政治现实时，所提出的假设却并不完全切合，有时候个体在做选择时会受到信仰、价值和责任等力量的影响，因此并不是完全理性的。[113]

全知理性建立在三个假设的基础上：第一个假设是决策者掌握完全的信息；第二个假设是决策者能够清楚地认知自己的偏好，并且能够按照偏好来对自己的选择进行排序；第三个假设是决策者能够对获取到的所有可能的方案进行比较。西蒙认为这三个假设是不现实的，决策者的理性要受到其所处境遇中诸种力量的制约，理性与境遇中的主观认知是相对应的，由此决策者只能在备选的方案中按照方案出现的顺序，选择一个"相对"满意的，而不是最优的方案。[114] 西蒙提出了有限理性（Bounded Rationality，也翻译为受限理性）的理论，并在心理学、政治学和人工科学等多个领域不断发展理论的内涵，有限理性的提出给众多研究领域带来了变革性的影响。[115]

西蒙通过对行政管理中有关决定行为的经验研究得出有限理性的概念，根据他的研究，行动者的各种决策是不断变化的，取决于行动者在其环境中发现的机会和约束，因此理性只是相对于行动者置身其中的那个环境而言的。[116]

奥康纳将西蒙的有限理性引入政治学的研究领域，以行动者因果关系取代了事件因果关系的分析范式，结合经济学中的一般均衡和博弈理论，形成了行动者范式。这种研究范式置换了原来的社会结构分析，其方法论的特征从结构转向了过程，从宏观转向微观，注重政治行动过程的分析。[12] 但是奥康纳的行动者因果关系在分析政治过程时存在一个理论困境，行动有理性、有主动性，其行动是自愿的，没有必然的因果关系，这使得其行动具有不可还原的特点，[117]这就使得其在解释某些政治过程时缺乏解释力和可信度。

行动者一直都存在在社会科学的研究中，但是在20世纪60年代以前，行动者的地位和作用都被忽略了，这一时期，制度、结构和社会系统将人的作用弱化为服从和只能对此做出反应,行动者对整个社会结构和政治结构无能为力，只能在社会进化的过程中等待从非资本主义或者发展中的状态进化到发达状态。随着战后民族国家的兴起，人作为行动者的作用被放大，研究者假定人具有做出自身利益最大化实现的决策的完全理性，但是这种假定被实践所推翻，有限理性的提出表明人在行动时要受到具体的环境的限制，但是这种假设的提出，在社会学研究中面临一个困境，似乎社会生活并不是一个整体，不存在基本价值和绝对支配。

图海纳在《行动者归来》中，认为古典社会学中的秩序理论忽视了行动者的能动性,而组织与决策理论中的有限理性的假设虽然提出了行动者的重要性，却否认了社会主轴的存在，都没有将行动者摆在应有的位置。[118]

吉登斯在此基础上提出共同的价值观、文化、知识结构等引导了人的行动，这些成为我们感知、判断、预测和行动的基础。吉登斯认为每个行动者都熟知社会运作的知识，这种知识包括四个层次："一是人们基于对当地情况的了解而形成的知识（Personal Knowledge），二是生活在社区里的人们所形成的常识（Common Sense），三是通过人口流动而形成的民间知识（Folk Knowledge），四是极具传统色彩的官方知识（Official Knowledge）。"[11]

行动者理论、网络理论都建立在行动者的利益和动机基础上。

图海纳和吉登斯的努力使得社会学研究从关注结构—功能转向到对社会中的行动者（Actor）的关注，提出了行动者与结构的互动的研究视角，从而将行动者与系统联系起来，一方面肯定了行动者的能动性，另一方面又为行动者的行动提供了可供分析的途径。

（2）行动者中心（Actor-centred）的视角的提出

行动者虽然被发现但并没有获得必要的重视，很大程度的原因在于研究者提出的影响行动者决策的范围太宽，心理的、文化的因素太多、太复杂，这使得在运用这个视角进行研究实践时，人们对选择的标准无所适从，无法建立一个统一的分析框架。

社会学分析的全面转型体现在对两个传统观念的重新定义上，一个是历史质，一个是制度。过去对制度的理解是，"何者被建制"，而转型后的社会学研究的是"何者来建制"，"何者来建制"代表了制度被建构的机制，正是通过这种实践的过程，制度与政治发生了联系。虽然过去的研究对制度的分析中并不排除行动者的作用，但是其核心观点是"制度形塑行为"，是一种"制度中心论"的政治分析，将制度作为一种关键的干预变量，强调其稳定性和对行动者的约束。但是研究范式的转型，使得政治行动者的角色与功能从宏观结构分析中逐渐凸显出来，微观取向的理性分析进入政治研究领域，研究者将博弈理论和经济学一般均衡的思维模式运用到分析政治行动者的策略与行动互动是如何影响到政治进程和走向，从而确立了以行动者为中心的政治过程研究范式。在制度研究领域里，研究者针对过去的"制度中心"的研究取向，提出了"行动者中心"的制度主义研究，重新界定了制度与行动者的关系，将原来被割裂开来的系统与行动者统一联结起来，强调制度与行动者处于动态的互相形构过程，由此形成了"行动者中心"的分析视角和路径。

2.3.2 行动者中心的分析框架

夏普夫集成了博弈论、谈判理论、交易成本经济学、国际关系和民主理论等多个理论的思想，制定了行动者中心的分析框架用以解释政治博弈的过程（参见图2-5）。在这个框架中，有一系列的基本概念：

（1）行动者。在夏普夫的理论框架中，行动者并不仅仅指个人，行动者在政治博弈中通常是一个团体或者是某个机构，这个群体往往有共同认可的价值，共同的行动目的，行动范围以及行动资源和在群体中个体的权力，夏普夫将这个人群称为复合行动者（Composite Actor）[13]。

（2）制度。埃莉诺·奥斯特罗姆认为制度是工作规则的组合，它通常被用来决定"谁有资格在某个领域制定政策，应该使用何种综合规则，应该允许或者限制何种行动，遵循何种程序，如何根据个人的行动给予回报，必须提供或者不提供何种信息"[119]。谢普斯勒认为制度是一种博弈形式，制度包括正式制度也包括非正式制度如社会规范等，制度与行动者的关系是互嵌的。[120] 一方面，制度只有获得人们的认同，才能合法化、正当化；另一方面，制度通过对行动者偏好的形塑，约束其行动资源和行动范围，从而影响到行动者的行动能力，制度在约束一部分行动者时又可能会为另一部分行动者提供行动空间和行动机会。[15]

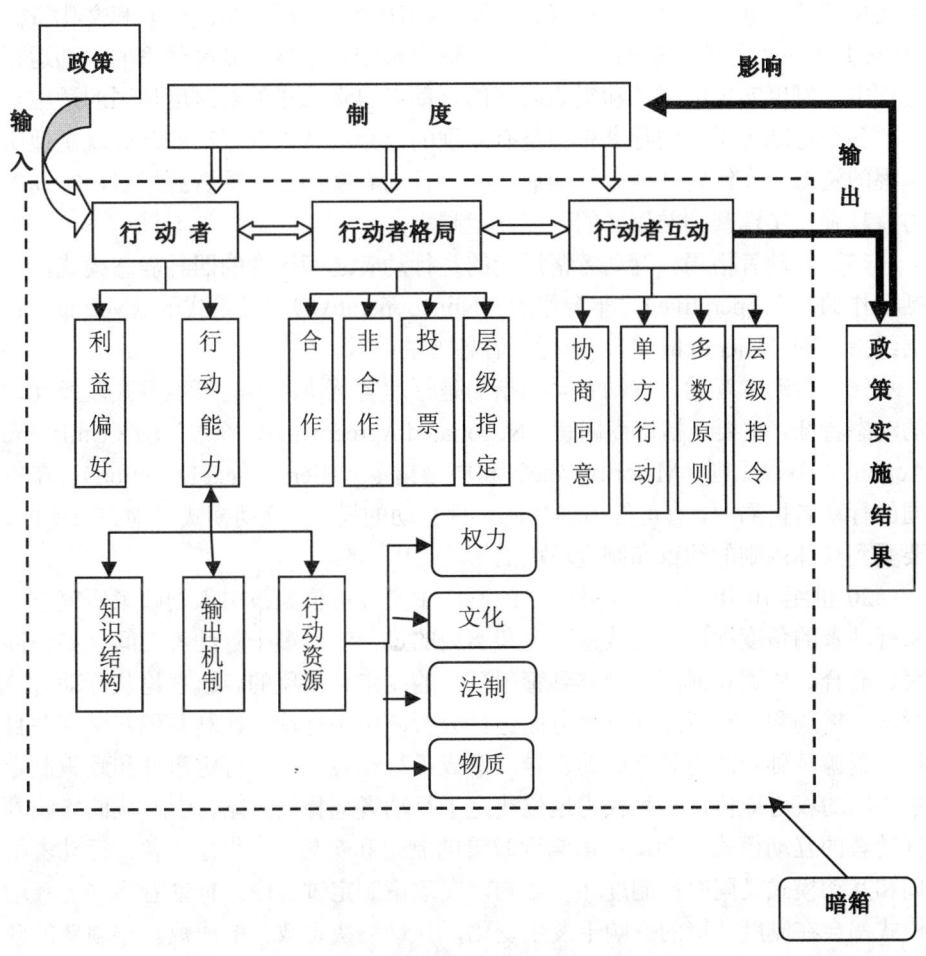

图 2-5　行动者中心的分析框架

（3）行动偏好。行动者总是受到自身明确的利益目标和偏好的驱使去行动的，通常情况下，人们将其表述为行为的动机。不同的行动者可能有不同的利益偏好，不同的行动者在同一制度环境中，对同一个政策或者问题做出的行动决策也会存在不同的可能性，这是因为行动者的偏好决定了他在对收益与成本进行计算时遵循的是不同的标准。[119] 有了利益偏好的激励，行动者在采取行动时要受到其能力的影响。

（4）行动能力。行动能力是指行动者实现自身的利益偏好的能力，包括行动资源、知识结构以及输出机制。其中：知识结构是指行动者对与利益偏好相关的事务的知识储备，以及对知识的系统解构和梳理；资源要素是指行动者用来实现利益目标的工具，包括权力资源、物质经济资源、法制资源和文化资源（如公共舆论、权威和影响力）等；[15] 输出机制则是指在制度体系的长期运行过程中，制度实现的规章和组织内部的行动者自觉形成的对制度体系的适应意识。各个行动者掌握的行动资源是有差别的，行动者采取行动的基础就是他所掌握的资源，在给定其他条件的前提下，行动者掌握的行动资源越多，行动能力就越强，实现其利益偏好的可能性就越大。

（5）行动者格局。行动者格局指的是行动者之间博弈的四种静态模式，包括合作的（Cooperative）、非合作的（Noncooperative）、投票式的（Voting）和层级指定的（Hierarchical），是行动者各方的阵线。[13]

（6）行动者互动。行动者互动指的是行动者解决冲突的可能方式以及互动的动态特征，主要包括协商同意（Negotiated Agreement）、单方行动（Unilateral Action）、多数原则（Majority Vote）和层级指令（Hierarchical Direction）。在不同的行动者格局中，有可能出现任何一种互动的模式，互动模式是动态可变的，要受到具体规则的约束和制度环境的影响。[13]

20世纪70年代，行动者中心的制度主义分析框架被引入到政策研究中，从行动者的角度探讨一项政策出台和实施的过程中，多个行动者之间是如何冲突、磨合、协调和博弈以影响到管理目标的制定和实现的。该理论从行动者、行动者格局和行动者互动三个方面进行分析，由于行动者在利益偏好、利益目标、资源基础和能力等方面的差异，形成了行动者在一个特定事件和政策制定中不同的权力地位，这种权力地位决定了行动者选择的策略，[121] 从而影响到行动者的互动模式，并最终影响到政策的制定和实施。[122] 行动者、行动者格局和互动模式又同时被制度环境影响，在政策制定过程中，行动者格局与互动模式都会在制度环境的影响下发生变化，并最终决定政策的成败。一项新的政策形成后，会改变原来的政策环境，产生新的议题。整个的互动过程是在不断地发展中的，而且并非是一种线性发展，而是一种动态螺旋的发展。行动者并非只是根据自己的偏好，并运用自己的能力就能够决定政策的结果，起决定作用的是整个过程中不同的行动者格局，行动者格局有可能出现从非合作转向合作的变化，格局变化的同时，也就形成了新的互动模式。

行动者中心的分析框架展现了制度环境通过对行动者、行动的格局和互动模式的影响，影响到政策制定的结果，产生新的问题。这种分析框架提供给人们解释现象的工具，现实中的政策分析可能更加复杂，并不能如此简洁抽象，夏普夫也承认这个框架并非要提供一种普遍性的理论。[13]

2.3.3 行动者中心的视角在旅游减贫研究中的应用

行动者的研究范式在20世纪60年代末70年代初被社会学和人类学学者引入其学科的研究中，通过解释不同的个体对相似的社会结构环境的不同反应，来对当时盛行的结构主义的研究范式进行反思和解构，研究范围包括交易决策模型、符号互动主义和现象学分析。[10]荷兰的社会学教授诺曼·龙（N.Long）将行动者的研究范式引入到发展社会学当中，用于对发展干预的研究。借鉴田野研究的方法，通过行动者和特定全体（贫困人口）的日常生活的细节的描写，来探寻他们与政府和其他群体间干预与被干预的互动过程及相互关系。诺曼·龙（N.Long，1992）指出："干预是一个不断变化的过程，其自身的组织机制和政治安排是不断变化的；当地群体为捍卫自己的文化和社会环境的底线，会采取一些活动来回应干预活动，从而重塑干预的过程。"[11]

在旅游减贫研究中引入行动者的范式则是源于研究者对充斥于这个领域的项目评价方式的批判。研究者对旅游减贫项目效果的判断单纯从车辆增加的数量、培训了多少劳动力等各种技术指标去评价，而忽略了减贫过程和贫困人口的能力，忽略了复杂的历史、政治、经济和文化的进程以及权力结构，没有认识到个人和利益集团在社会与思想上的异质性。[123]

由此研究者在对旅游减贫干预的研究中引入行动者范式，通过分析干预实施者和接受者之间的博弈过程，探讨干预如何更有效地实现贫困减轻的目的。在中国的旅游减贫实践中，干预实施者的角色很少由发展机构、投资机构和非政府组织来承担，而主要由当地政府来担当。当地政府通过制定旅游开发相关的政策以实现通过发展旅游减轻贫困的政治目的。因此这个过程主要涉及作为政策制定和实施者的政府核心行动者与政策实施对象的贫困人口之间的互动，互动的结果决定了政策实施的效果，政府核心行动者和贫困人口所拥有的包括旅游资源在内的行动资源都是处于一定的制度环境约束下的，他们行动的能力和行动的空间也是由制度所创造的，但是在我国制度化程度比较低的政体中，地方政府有很大的行动空间和个人利益目标追求，使得地方政府与贫困人口之间的互动存在着不可预期性，从而导致政策输出的实际效果与政策制定的初衷存在差异，会影响到新的旅游政策的产生，甚至在过程中发生管理权和决策权的部分转移，进而对制度环境产生影响。

行动者视角能够提供给我们在观察旅游减贫实践过程中，决策制定权如何在经营者、政府核心行动者、贫困人口之间转移，从而影响旅游利益分配的过程。在中国目前的政治环境中,地方政府核心行动者与贫困人口之间的博弈中,地方政府明显处于强势,旅游发展政策往往是基于地方政府的利益偏好被设计出来强加给贫困人口的。但是旅游发展的特殊性在于,游客由于拥有资金优势,有可能作为一个强势的外来者,打破原来目的地的这种平衡状态,而贫困人口也可以通过自身的认识和行动,获取对自身发展有利的机会,从而实现贫困减轻。

因此,在运用行动者中心视角对旅游减贫进行分析时,要将旅游者这个重要的外来行动者考虑进互动的过程。旅游减贫研究中的行动者分析框架如图2-6所示。

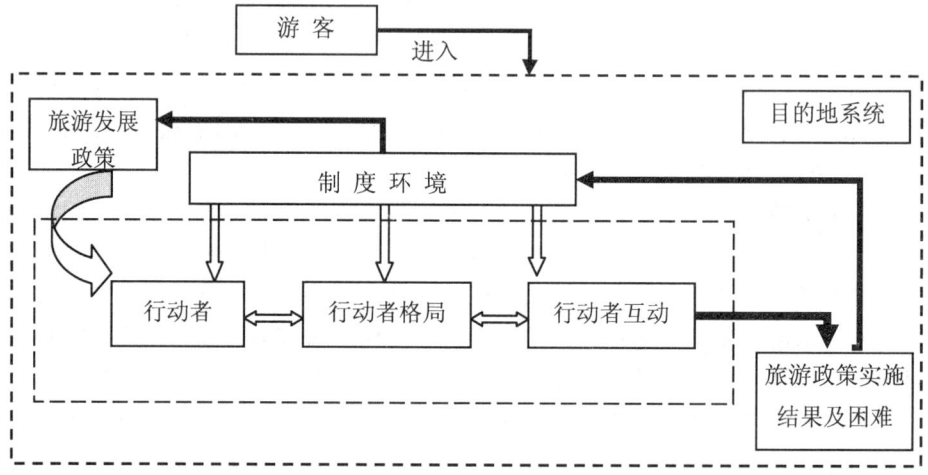

图2-6 旅游减贫研究中的行动者分析框架

2.3.4 行动者理论对本研究的适应性

在旅游与反贫困的研究中,有两种理论与行动者理论的分析框架非常接近,且在旅游减贫研究中应用得更广泛更成熟,一种是社区参与理论,一种是利益相关者理论,事实上这三种理论研究的侧重点是不一样的。

社区参与是一个来源于社会学的理论,主要包括了三方面的内容:主体赋权、承担责任和获取利益,西方的社区参与是以"自治"为中心的。1985年墨菲在其《旅游:社区方法》中首次系统阐述了旅游业与社区之间的关系,并且提出了从社区角度开发和规划旅游的方法。这种方法主要是强调了在规划和决策制定的过程中社区的重要性,通过将社区纳入规划的制定过程,减少居民在规划实施时的负面情绪和冲突,以促进规划实施。[124] 社区参与旅游的研究重点在于如何突破社区参与决策的各种限制,尤其是如何通过各种形式的赋权改变社区在决策制定过程中与其他参与者的力量对比,从而真正获得为自身利益发声的渠道。[125] 其关注的核心是社区,往往忽视了其他关键行动者,尤其是游客在旅游减贫过程中的重要作用,此外,在国际发展机构的旅游减贫项目中,由于过分注重对社区的赋权,而忽视了与旅游经营企业以及当地政府的合作。

利益相关者理论是在20世纪60年代作为对股东之上的企业理论的对立面被引入企业战略管理研究中的。该理论认为公司的发展不能只考虑股东利益,还要对其他利益相关者的利益负责。弗里曼和他之后的布瑞纳、斯威其等人强调了利益相关者与企业之间的相互影响关系,并且从理性层面、过程层面及交易层面提出了利益相关者的三个分析层面:识别利益相关者,组织处理与利益相关者的关系,组织和利益相关者之间通过讨价还价进行交易。弗里曼(1997)利益相关者授权法则,董事责任法则和利益相关者求偿法则。[126]

一方面,利益相关者模式的提出将原来以追求经济效率至上的企业生产经营目标多元化了,增强了企业的公益色彩,从社会公平的角度对企业的负外部性提出了补偿方案,但是这种目标多样化的后果则会导致企业经营效率的降低。另一方面,对利益相关者的界定过于宽泛,这使得与企业利害相关的群体数目太多,组织起来进行有效行动的成本太高。利益相关者理论的发展经历了三个阶段:第一个阶段强调利益相关者与企业的相互依存,第二个阶段强调将利益相关者纳入企业的战略管理,第三个阶段则主要从权利分配的角度探讨如何具体保证利益相关者从企业收益中受益。[127]

旅游研究中与利益相关者相关的研究主要集中在利益相关者的识别、旅游的可持续发展、利益相关者对旅游影响的感知、利益相关者之间的协作,其中对利益相关者的识别一般是基于道德和公平的背景下的经济关系来进行的。[128] 旅游研究对利益相关者理论的应用也经历了企业管理中的利益相关者理论发展的三个阶段:第一个阶段主要从旅游营销观念转变的角度探讨利益相关者的重要作用,第二个阶段集中研究旅游发展过程中利益相关者之间的协作与冲突,第三个阶段则主要探讨利益相关者如何在旅游发展的过程中获得更为公平的权利分配和利益分配问题。[126]

利益相关者理论的分析框架建立在研究者对利益相关者的选择基础上,目标则是将社区和贫困人口作为主要利益相关者纳入旅游规划与决策中,以及建立各利益相关者之间的协作。

社区参与理论和利益相关者理论都强调了贫困社区与贫困人口的利益,但是本研究的目的不在于探讨具体的增权途径以及如何进行有利于贫困人口的权利分配,而是试图通过对一个成功地通过发展旅游实现减贫的案例进行描述和分析，观察各个行动者在这个过程中是如何具体发挥作用的，贫困人口在其中并不是以一个弱势的等待被增权的群体出现，而是一个积极的行动者。行动者理论的分析框架能够让我们更清晰地还原整个过程，将一项旅游发展政策从制定、出台到实施结果中间的"黑箱"打开，对旅游与减贫的发生做出富有解释力的回应。尤其是在地方政府日益形成独特利益结构和利益视角的条件下，通过对地方政府核心行动者的行为动机和行动能力进行分析，探讨在制度环境发生变化的过程中，贫困人口是如何获得减贫的资源和能力，并最终实现减贫的目标的。

第三章 研究设计

3.1 研究思路

本书要研究的问题是旅游减贫的结果是如何发生的？通过对我国旅游发展的现实观察：用旅游作为工具实现贫困减轻是中国政府在1996年开始提出的旅游发展和扶贫开发的政策导向。国家希望各级政府在区域旅游开发政策制定的过程中将扶贫作为政策的出发点。但是在实际的旅游政策制定过程中，各级地方政府将旅游对经济增长的促进作用放在核心地位，扶贫只是作为口号。在这种旅游开发政策的执行过程中，区域经济总量的增长有可能使所有的行动者包括贫困人口受益，但是随着这种以经济增长为目标的旅游开发行为对贫困人口的受益递增达到极限，或者这项政策本身出现执行困难并且被贫困人口所察觉时，作为弱势的行动者，贫困人口可能希望通过改变这项扶贫政策来获得保护自身利益的机会，但是由于贫困人口缺乏维护其权利的资源、权力和行动能力，不可能直接起来反抗这项政策，而有可能通过"撤消对当前制度安排的默许或同意"[129]来推动这项旅游政策的改变。在目的地旅游发展的过程中至少有两类行动者的行动影响了旅游减贫的结果，一类是地方政府，一类是贫困人口自身。从而研究者提出了一个理论假设：关键行动者对旅游减贫的进程有重要影响。而要验证这个假设，必须寻找一个已经通过发展旅游实现贫困减轻的成功案例，在这个案例中，旅游对减贫的作用要非常容易被观察到，并且能从其他因素对减贫的影响中剥离出来。

旅游是一个复杂的社会现象，与其存在的政治、经济、社会和自然资源系统之间产生相互作用，旅游政策从制定到实施并不是一个简单的输入和输出关系，涉及政策制定者、政策执行者和政策实施的对象之间的互动，这个过程很难通过对结果的评估分析出来，必须深入到过程之中。以旅游政策和相关的特殊事件作为观察的切入口，判断隐藏在事件和政策背后的行动者，从而发现他们的行动是什么，以及如何影响了旅游发展与贫困减轻。

由此我们必须到案例地进行细致的田野调查，通过对关键人物的访谈还原事件的始末，搜集政策资料，分析政策资料背后政府的意图和逻辑，观察各个行动者在面对与切身利益相关的各项政策时的态度，以及他们的应对方式。为了获得关键行动者参与行动的动机，相关行动策略形成的过程，与政策执行和政策结果的利益相关程度，必须进行深度的访谈，并且与访谈对象建立长期的关系，以便对事件和行动者态度、行动的细节进行不断地挖掘。

对获得的资料进行分析时，要以事件或者政策为核心，将不同类型的行动者对同一问题的态度和行动进行归类，从而判断对同一事件存在几类不同的行动者，他们对自己和其他行动者的行动是如何看待的。

在解释行动者行为的合理性时，基于"有限理性"的逻辑，对行动者所处的历史阶段的制度环境进行分析，寻找制度对行动者的约束和影响的作用及具体表现，从而寻找到行动者行动的政治、社会主轴，同时分析行动者的行动是如何反作用于制度环境，改变了政策结果的，通过引入宏观的制度框架，为行动者的行动提供合理的解释。

现有的旅游减贫研究的进入视角基本上采取的是宏观的，结构式的，从制度、政策、模式等方面去分析旅游对减贫的作用，忽视了微观的情境中，各个有自身利益偏好的行动者为了实现自身利益目标而采取行动，影响旅游减贫进程的过程。因此这种研究往往只能观察到现象和结果，对于旅游减贫进程中具体哪些人发生了作用，如何在采取干预行动时，调节这些关键的人群之间的关系，研究者缺乏了解，这就使得各项干预行动在具体实施时，由于偏离甚至侵害了某些行动者的利益偏好，引起行动者的反抗和不合作等行动，导致干预行动的失败。发展干预研究的著名学者诺曼·龙将发展社会学的行动者视角引入减贫干预研究中，为研究减贫现象提供了一个全新的维度和视角。

在寻找具体的案例时，除了要有通过发展旅游实现减贫的成功经验，还需要是一个具有相当发展历史的案例地，从中可以看出旅游发展的不同政策对减贫的影响，以及各个阶段不同政治、经济环境下行动者的行动，最好整个过程还在不断的进行中，一方面可以对未来的发展结果进行预测，通过后续研究跟进检验研究预测；另一方面可以为下一步的旅游发展提供相应的政策建议。因为需要对各个类型，尤其是对政府行动者的深度访谈，因此要求案例地应该具备很好的进入性，语言上没有障碍，情感交流上也没有障碍，访谈对象能够通过自身的真实意愿表达还原事件的过程。

在搜集材料、还原整个过程的基础上，与现有的文献进行对接，对文献中的理论争论进行回应，从而为行动者的决策提供政策建议。

研究者在分析旅游扶贫政策时，基本上是从政府这个核心行动者的角度出发考虑政府"应该怎么做"，而忽略了作为政策实施对象的贫困人口在面对一项旅游扶贫政策，尤其是当这项政策事实上对贫困人口的利益不利的情况下，贫困人口"可以怎么做"，政府核心行动者在制定各项旅游政策时往往忽略了执行政策的下级政府核心行动者，以及政策实施的对象贫困人口和影响到的关键行动者——游客，忽视了行动者和行动互动的政策结果往往偏离了政策制定者的初衷。

在旅游扶贫研究中，引入"行动者"的视角，对于我们分析各种旅游扶贫政策的实质有重要的作用，我们可以通过行动者的行动和互动，揭开旅游扶贫政策制定和实施的"黑箱"，从而将贫困人口这个弱势群体从被动的承受者转变为积极的行动者，从参与者的角度研究他们行动的意愿和行动的意义，为旅游扶贫寻求新的突破。

本研究是遵循界定研究现象—实地调查—文献、资料分析—提出研究问题—确定分析框架—进一步的资料分析—与理论对话—结论的思路展开的。

3.2 研究方法

3.2.1 案例研究

本研究是基于对旅游与贫困减轻这样一种现象的描述，并试图在描述的基础上解释贫困减轻是如何进行的，要回答的问题是"为什么"以及"怎么样"，因此适合用案例研究。本书选择了漓江阳朔的杨堤—兴坪段这样一个单案例，通过对过程的描述，揭示旅游减贫问题的复杂性，本案例研究致力于进行一种归纳性的分析，通过事物的表象去发现隐含的深层次因素。这种研究方法与基于大样本数据的实证分析相比，优势体现在能够获取到更多沉于数据和表象下的深入、丰富和详细的信息。

漓江杨堤—兴坪段的典型性：

（1）漓江风景名胜区成立的时间较早，经历了中国旅游开发的各个阶段，从历时性角度可以观察到重要变量的变化过程；

（2）漓江流域全境在桂林市行政辖区内，精华段则位于阳朔县辖区内，从空间上具有层次性，容易出现地方政府内部不同行政级别间的重要变量；

（3）漓江阳朔段矛盾复杂，管理体制不顺，各个关键主体围绕旅游利益的争夺形成了复杂的博弈关系；

（4）漓江沿岸村庄农业生产资源缺乏，没有其他的支柱性产业，旅游与减贫的关联度大，容易将旅游对减贫的效果从其他产业中剥离出来；

（5）地方政府正在出台各项与减贫和旅游开发相关的管理政策，在政策实施过程中遇到问题，便于研究者的观察。

3.2.2 调研方法

本案例研究主要使用了三种数据收集的方法：深度访谈法、参与式观察法和二手数据搜集。

深度访谈是本书采取的首要的资料搜集方法。访谈可以分为封闭式、开放式、半开放式三类。封闭式是预先设计好问卷，研究者对受访者在固定的结构和问题基础上进行访谈；而开放式则相反，受访者被鼓励就一些特定的事件自由地发挥和表达自身的看法。本书最初采取的是开放式的访谈法，与受访者在其家中，或竹筏上或农家餐馆就被访者关心的问题进行访谈，从而了解他们对漓江旅游发展和贫困问题的思考。随着调查和研究的推进，笔者逐步将访谈的内容聚焦，就前一阶段出现的有价值的重要问题进行半结构式的访谈，引导受访者对这些问题表达看法。在对某些村委干部进行访谈时，笔者也采用了封闭式的访谈方法，通过对一些需要掌握的数据，如村里的户数、村里的人口结构、村里的生计构成、在建和改建的房屋数等，封闭式的问卷由于事先根据网络查询的情况对村庄有一定的了解，根据研究需要有针对性地设计出来，因此在收集人口特征和经济数据方面效率较高。

参与式观察，在人类学的田野调查中是一种非常重要的方法，主要通过看和听仔细观察周围的环境，以及更为重要的在这个环境中的人的行为。在研究的初期，笔者采取的是一种全方位的观察，通过对村民所居住的房屋、一日三餐的构成、村里人情往来的情况，村民参与旅游的主要方式，以及如何拉客和与导游、游客进行协商，等等，研究的后期则逐渐聚焦到村民在处理与自身经济利益密切相关的事件时所采取的行动。参与式观察与访谈是结合在一起的，通过访谈明确关注点，通过观察验证或者修正访谈中得到的信息。在观察的过程中，通过拍照搜集了大量的影像资料，对后期成文时整理访谈和观察记录，以及发现问题佐证观点都起了很大的作用。

二手数据搜集则主要是一些政府文件、农村经济情况的统计数据、漓江游船接待的统计数据、阳朔和桂林的旅游接待的统计数据等；还有部分事件还原的资料来源于网上的新闻和网友的博客等。

3.2.3 调研过程

由于20公里的漓江阳朔段沿岸分布着40多个自然村，要考察各个村在漓江旅游发展过程中的参与和减贫情况，涉及每个村在江段所处的地理位置、交通情况和人口特征，需要耗费大量的时间和精力用于对村庄地形的观察和对村民的入户访谈，因此本调研历时较长，主要分为 2010 年 3 月、2011 年 7 月、2012 年 12 月三个阶段进行，三个阶段的侧重点都有所不同。

　　第一次调研主要针对沿江村庄与漓江风景名胜区的关系，参与旅游发展的历史，现有的生计状况等进行访谈和观察，并提出符合本研究的问题。本次访谈从村民、政府、旅游企业的角度分别对漓江旅游发展与沿江村民生计改善等核心问题进行了了解。对草坪、杨堤、兴坪三个乡镇领导的访谈内容主要围绕着漓江两岸村庄的基本情况，包括人口、经济收入、桂林市和阳朔县关于漓江治理的各项措施在乡镇一级的落实，以及各乡镇从旅游发展中获益的情况。这次访谈使得笔者对沿江两岸的农村有了一个大致的了解，且从政府行动者的角度获知了乡镇一级政府对漓江旅游发展对村民影响的看法，同时还获得了其他乡镇主要领导的联系方式。与政府部门尤其是领导做访谈时，领导会事先要求不允许录音，因此主要靠记录，并且在访谈结束后及时地补充材料。对村民的访谈则集中在了解当下政府和各界最为关注的竹筏游的参与情况，第一次共对 22 个（草坪乡 8 人，杨堤乡 6 人，兴坪镇 8 人）村民进行了深度访谈，得到许多关于村民参与竹筏游的情况以及对漓江风景区的旅游开发情况，地方政府出台的有关漓江景区生态保护的措施对村民的影响等情况。与旅游企业的负责人的访谈内容则主要围绕当地村民在企业中的就业情况、收益情况，旅游企业与当地村、镇如何处理关系等方面，通过访谈了解到，台资的 4A 级冠岩景区 20%～30%的雇员来自附近村庄，主要在景区中从事后勤和船工的职位，其占用的土地不是通过购买而是从村集体中租赁来的，因此对于雇工人数，以及每年对附近村的基础设施建设投入与乡政府和村集体都有一定的合同约定。

　　2011 年 7 月第二次调研，是在第一次调研的基础上形成研究问题，围绕研究问题进行的较为深入的调研，试图挖掘与研究问题相关的"深度"资料。深度访谈的对象仍然以村民、政府管理人员、旅游企业负责人为主，访谈对象共计 40 余人，此次访谈聚焦于沿江农村的贫困问题，尤其是漓江景区发展与沿江贫困之间的关系。首先是交通，在调查的将近 20 个村子中，通公路的只有一两个行政村，至今仍不通路的有两个村：官岩村和双全，尤其是官岩村，村里的小学只有三个年级，四年级的孩子必须坐渡船到对岸的杨堤乡去上中心小学，因为不通路，所以村里孩子上下学都要过渡，涨洪水时不能渡船孩子们就无法上学。其次是外出务工问题，调查的村子里的外出务工人员以 20 岁～40 岁之间的村民为主，这个年龄段的 90%的村民都出去务工了。最后是沿江参与旅游的问题，本次调查对在车站和杨堤路口拦车拦人的当地妇女进行了深入的访谈，着重对经营竹筏游的村民进行了访谈，此次访谈集中在兴坪的 10 个自然村，在访谈中对兴坪镇的情况进行了大致的了解，漓江游的精华段在兴坪，但是因为从桂林到兴坪没有直达班车，散客到兴坪只能从阳朔转车，或者从杨堤坐竹筏下来。漓江经过兴坪的5个村委，涉及1万多人，2005年到兴坪的游客已经有七八万，而到了2009年底，一年的游客人数突破了150万，兴坪来的游客多了，村民们自然都会从旅游中多少受益。此次访谈使我将问题进一步聚焦到村民参与旅游的时间、方式、受益程度以及面临的困难等。就竹筏游给乡镇治安带来的影响专门对杨堤派出所的所长进行了访谈，了解到杨堤开展竹筏经营后，游客与村民经常因为游程不够或者财物落水等起争端，没有竹排前，报警电话一个星期响一次，有竹排后一天响一两次。此次还了解到，杨堤乡与兴坪镇村民也会因为竹筏游过界问题起冲突，杨堤乡不通公路的自然村比较多，原料运输费高出通路村庄的45%，杨堤竹筏不到兴坪的1/3。

此次访谈还获得了重要的信息，阳朔县政府正在筹建阳朔漓江公园景区，景区营业后将把兴坪、杨堤段全境封闭，实现"四统一"管理。因此此次访谈期间，笔者对阳朔漓江公园景区管理委员会的负责人、工作人员进行了深入访谈，对景区成立的背景、具体的措施、运行后的困难等进行了了解。并且就沿江村民对景区成立的感知进行了访谈。在访谈中了解到，目前村民们的竹筏经营与市政府的水上执法是最大的矛盾，其次对于即将成立的阳朔漓江公园景区，村民们基本表示不了解，但是对景区成立后的收益变化表示出极大的关心。此次访谈共访谈了40人，有录音的是18人，录音时长达10余个小时，整理录音将近6万字。

2012年12月第三次调研一方面是在前两次调研的基础上进行补充，另一方面更为重要的是对阳朔漓江公园自2012年1月试运营以来的情况进行调研。关注的问题包括，景区运营以来游客数量的变化、景区收益的分配、沿江村民对景区的感知、桂林市政府对阳朔漓江公园景区的反应等。

另外2012年7月，笔者还对阳朔县旅游局、阳朔县扶贫办、桂林市海事局和桂林市漓江旅游调度结算中心的领导及工作人员进行了访谈，获得了漓江游船经营收入及收入分配的具体情况，同时也对桂林市漓江游船管理和漓江竹筏管理的各项规章进行了了解，获得了宝贵的二手数据。

以上是笔者对调研过程的详细记录，之所以记录在此，是为了信度的考虑，同时也说明本研究的调研基础扎实，数据来源充分可信。但是因为存在一些个人主观方面的原因以及录音技术和整理的困难，使得笔者在数据选择和解释上可能存在与其他研究者分歧的地方。

3.2.4 研究的伦理问题

在本调研过程中，受访的政府官员和企业管理人员以及村干部可能出于各种因素的考虑，对问题采取隐晦甚至回避的态度，为保证资料的效度，本研究的资料收集采取了"三角互证"的方式，对同一个问题通过不同的渠道获得多种证据，以提高资料的可信度和效度：一是，政府官员的访谈明确拒绝了录音，因此在访谈过程中对某一事件的发生，笔者通过不断地要求受访者回忆细节以还原事件的真相，同时在访谈间隙和访谈结束及时做好记录，并根据受访者的态度和当时的情境记录自己的理解。二是，对一个事件，通过对不同受访对象的访谈，网上资料的搜索以及相关政府文件的佐证，形成证据链。三是，不断与实践工作者、相关专家和学者探讨。定性研究无法回避道德伦理问题。本研究利用了各种"关系"进入现场，某些政府官员的言论和数据涉及政府的秘密和政治生态，因此，访谈前，笔者都会提前告知本研究的目的，并承诺不录音，不在文章中出现真名和职务。但是，在对社区村民做访谈的过程中，因为村民对本研究目的的不关心和不理解，为便于获得调研资料，往往采取变通的方式，模糊笔者的研究身份，以游客或者潜在游客的身份或者是地方政府工作人员的身份进行访谈和调研。本书所使用的数据都得到了受访人的同意，并对受访人进行了匿名处理。

3.3 研究框架

本书的研究框架如图 3-1 所示。

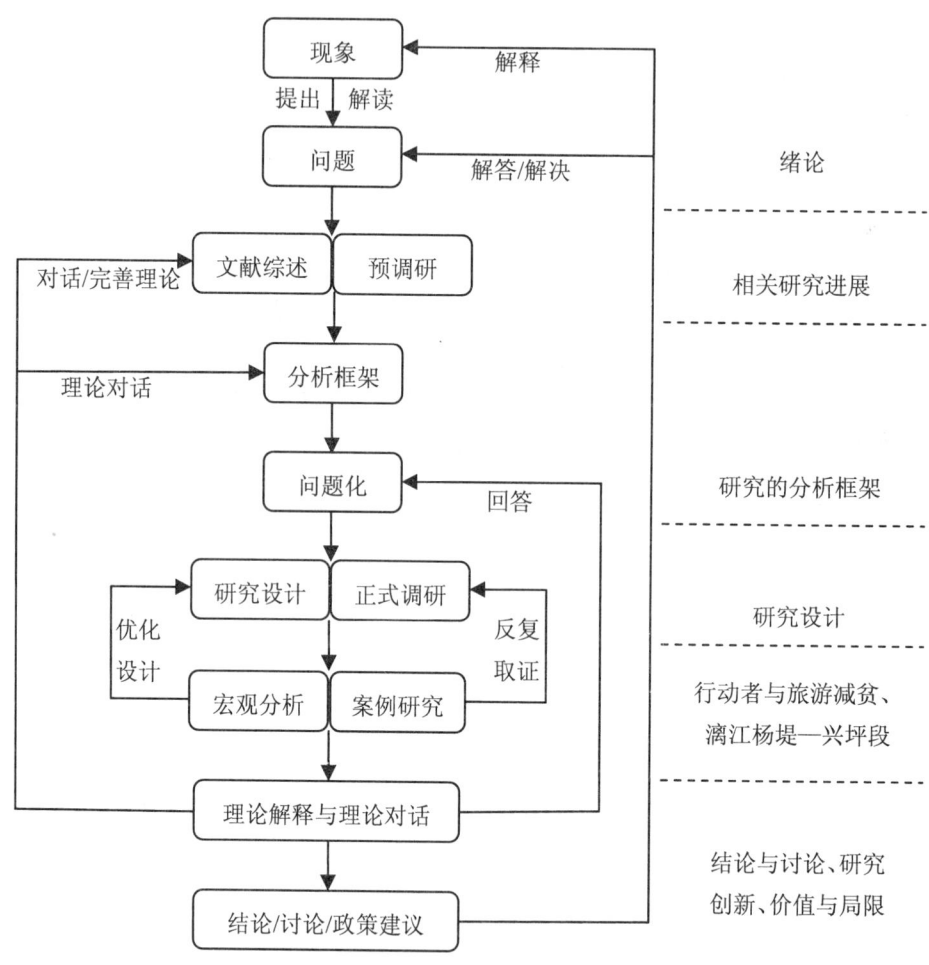

图 3-1 本书的研究框架

第四章 漓江杨堤—兴坪段旅游发展与贫困减轻的进程

4.1 区域概况

漓江,既是一个地理概念,又因其在旅游经济发展中的独特性成为一个社会经济概念,因此,在以漓江为案例地时,研究者所指的漓江通常不是一个概念,本书将其分为:漓江流域、漓江风景名胜区、漓江航线、漓江杨堤—兴坪段,这四个概念所包含的地理范围是不一样的。

4.1.1 漓江流域

漓江属于珠江水系的桂江支流,发源于广西壮族自治区东北部桂林市兴安县的西北部一座名为猫儿山的东麓,老山界南侧的杉林。漓江的主源是乌龟江,向南流中与龙塘江和黑洞江汇合后称为华江,华江向南流至兴安县,与黄柏江和川江相汇后称大溶江,大榕江流至溶江镇汇灵河段,始称漓江;[130] 漓江流经桂林市所辖的灵川县、桂林市区、阳朔县、平乐县,在平乐县北汇入桂江。漓江全长为227公里,全部在桂林市的行政区划内。其中兴安县至灵川城区段被称为漓江的上游,在研究漓江水源林涵养、生态保护时,主要指这一段;桂林市区段被称为漓江的中游,这一段的漓江旅游开发被包含进市区的两江四湖游览区,因此单独将这段作为旅游研究案例的较少;从桂林市雁山区的磨盘山码头和竹江码头向南至平乐,被称为漓江的下游,目前漓江精华游段就位于漓江的下游,这段江两岸的旅游资源丰富,开发较早,产生的问题也较多,是旅游研究的重要案例地。

整个漓江流域位于湘桂走廊的西南端,地理坐标是东经110°10′~110°40′,北纬24°40′~25°80′,以漓江为轴线,呈南北向带状分布。按行政区划,漓江流域包含了桂林市的七个城区和兴安、阳朔的大部分面积约为6050平方公里,其中阳朔县以北的流域面积为5660[131]平方公里,但是按照陈宪忠[132]的观点,漓江流域应该包含与漓江源头、漓江的干流与支流所形成的生态圈关系密切的区域，因此要将资源、龙胜、永福、恭城、平乐和荔浦6个县包括在内，面积为17959平方公里，流域内的人口为224万（参见图4-1）。从经济辐射功能来看，后一种划分办法更利于漓江流域的整体规划和开发，但是因为涉及的行政区划较为复杂，在协调县域的局部利益和流域的整体利益过程中，矛盾较多，虽然早有流域整体规划，但目前落实该项目的情况并不理想。1998年桂林地市合并，漓江流域由此整体进入了桂林市行政区划的控制范围。[133]

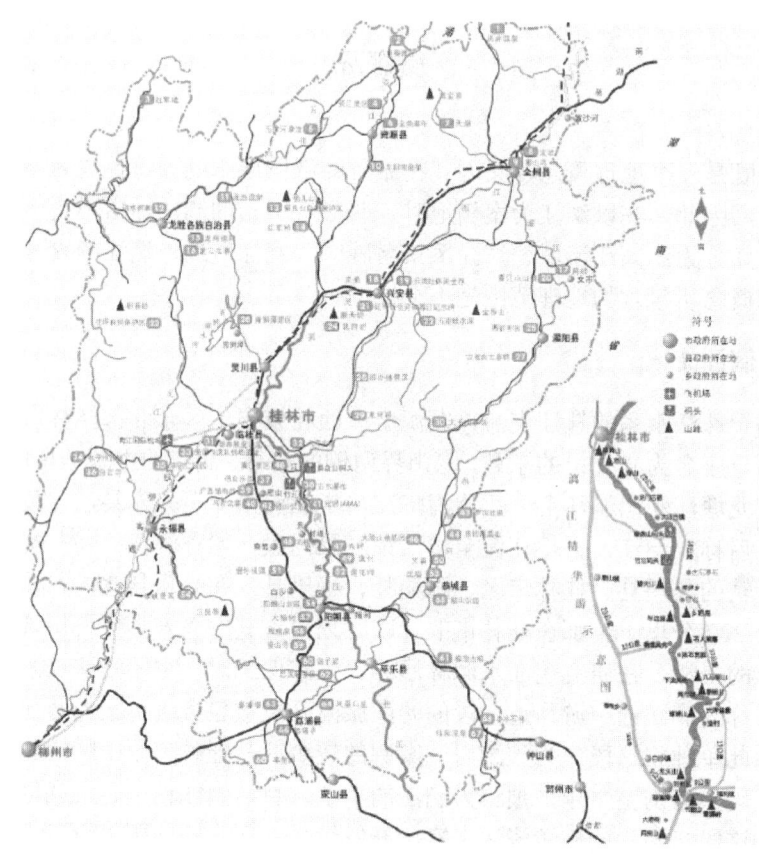

图4-1 漓江流域示意图

4.1.2 漓江风景名胜区

漓江风景名胜区只是漓江流域内比较适合旅游开发的一部分。根据桂林市园林局 2011 年公布的《桂林漓江风景名胜区总体规划》①，风景区的主体部分位于桂林至阳朔地域，以漓江及其两岸峰丛洼地、遇龙河及其周边峰林平原为基础，包含桂林城区部分（以漓江两侧的滨江路为界）；漓江及遇龙河部分，其中漓江穿山至大圩段以两岸各 300 米为界，大圩镇区段以古镇范围为界；漓江风景名胜区的总面积为 1159.4 平方公里。

漓江风景名胜区的核心景区包括了桂林城区、漓江峡谷及其两岸典型峰丛洼地、葡萄峰林平原和灵渠四个部分，核心景区总面积 303.2 平方公里。沿江的大河背、浪石村、浪洲、兴坪古镇、渔村等村落也包含在核心景区内。

4.1.3 漓江航线

目前旅游接待中的漓江精华游项目使用的江段，是指漓江游船从桂林市区磨盘山码头或者竹江码头一路向南至阳朔镇码头，这一段航程长约 87 公里。这一段在漓江风景名胜区的规划中属核心景区，包括漓江沿岸的典型岩溶洼地，漓江东侧的西塘岩溶湖和西侧的寿崴、大龙崴峰丛洼地；沿江以第一重山脊为界，规划面积为 247.9 平方公里。这一段的规划面积占到了漓江风景名胜区核心景区（面积为 303.2 平方公里）的 80%。

这一段的地形以峰林和岩溶峡谷组成。峰林的组成成分为碳酸盐岩，这些石峰由平地突然拔起，形态各异，峰下则有清可见底的江水、湖潭以及洞穴。而从草坪向南至阳朔段，漓江两岸发育着典型的岩溶峡谷，山峰与河谷高差达 400 米，由于流沙较少，江水清澈，岩溶峰体中有发育充分的洞穴，这种山水画卷式的构景方式，非常适合置身其中的移步换景式的欣赏角度，几千年来，钟情桂林山水的游客都选择了船行江面、顺流而下的欣赏方式。

在新中国成立之初的 10 余年，漓江游览就作为重要的外事接待项目，承担了接待外宾的政治任务。60 年代，时任越南胡志明主席、柬埔寨西哈努克亲王等领导人到访桂林，都将游览漓江作为重要的行程之一。随着那些年我国国际交往的拓展，漓江的外事接待地位就显得日益重要起来。1973 年国务院批准桂林市正式对外开放旅游，桂林成为中国旅游开放的"先行者"。但是当时，桂林市的旅游基础接待设施十分简陋，全市只有 1 家旅游涉外饭店，大小旅游客车只有 10 辆，漓江游览仅有 5 艘木船，直到 1979 年漓江才有第一艘钢制游船。1985 年开始，原本只能由国营企业和集体企业从行政管理部门获得的"造船指标"全面放开，政府不再通过计划分配而是通过公开竞拍等经济手段将游船的客运航线经营权在市场上重新分配。1985 年 6 月，漓江上的第一条私人游船——

---

① 《桂林漓江风景名胜区总体规划》http://www.glsylj.com/fengj/html/?48.html.

风光 1501 号下水营业，这标志着漓江游船全面放开，国有、集体、个体企业都参与到漓江游的经营中。这一政策使得漓江上的游船数量以每年 11% 的速度递增，1973 年漓江上只有 5 艘木船共 440 客位，1984 年船只数量增至 74 艘，而到 1987 年漓江上已经有大小游船 118 艘，共计 1600 个客运位，1999 年桂林市一共有 27 家经营漓江游船的公司，游船 112 艘，共计 12887 个客运位，可年运送游客 500 万人次。①

随之而来的却是漓江旅游航线客运市场的无序竞争。为维持漓江客运市场的正常竞争秩序，同时也是为了提高漓江旅游的市场盈利水平，桂林市政府通过一系列行政管制措施，重新建立漓江游船经营的市场秩序：1988 年桂林市市委、市政府成立市水路客运管理中心和市漓江涉外管理处，对漓江游船实行"四统一"管理，即统一票证、统一售票、统一调度、统一结算。"由市交通局组建成立桂林市水路客运管理中心，统一出售和管理漓江游览船票；由市旅游局组建成立漓江涉外管理处，受市交通局委托，对定点涉外游船执行客调和船调"。[134]在执行"四统一"管理的次年，漓江的水运企业就扭亏为盈，桂林市政府的各项规费增长。"四统一"的管理体制也得到了水运部门和其他省市景区的认可。在"四统一"的管理下，旅游船舶公司达到了 40 多家，船舶数量达到了 300 多艘，各类服务人员 3000 多人。[135]

此外，为严格控制漓江游船数量，维持漓江游船企业的利益增长空间，桂林市政府采取了对漓江旅游资源实行有偿使用的措施，对新增游船经营权采取拍卖方式。②各项管理措施加快了漓江游船经营的社会化、市场化和产业化进程，建立了良好的市场竞争秩序，实现了漓江旅游经济收益规模性的增长。

1973 年，漓江共接待了中外游客 5850 人次，1979 年改革开放后的第一年漓江接待游客人数上升到了 148850 人次；1998 年，漓江接待游客人数突破百万大关，全年共接待了 119.82 万人次的中外游客；2006 年，漓江全年接待游客超过 200 万人次，达到 220 万人次，当年的营业收入达到了 4.74 亿元；2000 年至 2009 年 7 月，桂林漓江航线共接待中外游客数 1626 万人次，营业收入达到了 32.72 亿元，其中缴纳给桂林市财政 14.2 亿元；2009 年 7 月至 2010 年 6 月，一年的时间内，漓江共接待了 107 万人次的国内外游客，实现经营收入 2.42 亿元，为桂林市财政征缴了 1.12 亿元，漓江为桂林市的旅游事业和交通事业等做出了巨大的贡献，③是名符其实的"黄金水道"。漓江航线 2002～2012 年接

---

① 具体数据根据《桂林市交通战略发展规划》整理。
② 厦门市水路旅游客运管理规定考察小组. 桂林漓江旅游客运管理考察报告. http://commande.fyfz.cn/blog/commande/index.aspx?blogid=66104.
③ 有关接待人数的统计数据部分来自《阳朔县志（1986～2003）》。

待游客人数统计如图 4-2 所示。

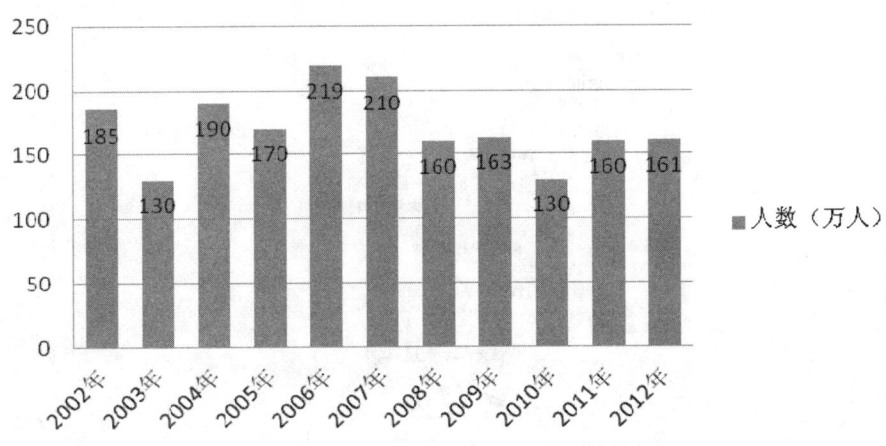

图 4-2　漓江航线 2002～2012 年接待游客人数统计①

4.1.4　漓江杨堤—兴坪段

从杨堤与草坪交界处的官岩村至兴坪镇与阳朔镇交界处的四方田村，漓江沿岸第一重山内，这段航线长约为 25 公里（参见图 4-3）。[136]

这一段江面是漓江游览线路中最精华的部分，沿岸遍布着世界著名的景点，如"九马画山""黄布倒影"等，但这个江段沿江的村民却因为特殊的地理条件，难以从农业经营中获得减贫的机会。在漓江流经的阳朔杨堤乡和兴坪镇境内的 25 公里河段沿岸，居住着 40 多个自然村 15000 多人。其中渔业居委和渔村村委至今不通公路。各村的人均耕地不足 1 亩，仅为 0.82 亩，农产品以沙田柚为主，1999 年兴坪、杨堤的农民人均年收入为 750 元，住在简易房和危房内的有 163 户。②

---

① 数据来源：桂林市海事局。
② 周大鸣，秦红增. 桂林漓江流域综合治理的社会影响研究[J]. 广西教育学院学报，2011（3）：1-10.

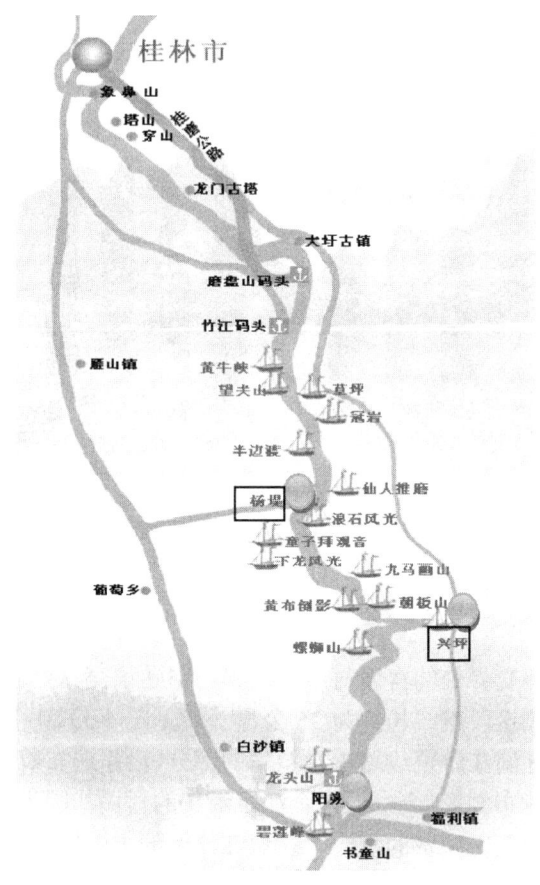

图 4-3　漓江杨堤—兴坪段示意图

造成村民耕地少，农业生产条件差的原因有以下几方面：一是特殊的地形地貌，漓江沿岸属碳酸岩石峰丛和岩溶盆地地貌，沿江村民面江背山，可用于耕作的平地面积较少；二是目前农村家庭户的耕地面积是根据 1981 年土地承包改革时分的，30 几年来，家庭人口数不断增加，而土地数量却没有增加，以画山村委的吴姓村民家庭为例，当年分地时他和妻子一共分了不到 10 亩的田地，现在家里一共有 7 口人，人均耕地 4~5 分田，6 分地，有的家庭户人均耕地才 6 分；三是洪水等自然灾害导致土地面积缩小，漓江流域两岸基本都建有防洪堤，防洪标准为 20 年一遇，但是漓江每年到了春夏两季都会涨水，常年冲刷，使得部分地段的防洪堤被冲毁，政府没有及时地对这些河段进行补建和修复，使得沿江大约有 50 多公里的河岸缺乏保护，江水直接冲击到岸边的沙洲和农田，造成水土流失，从而影响到了沿江村民的农业生产生活，每年水土流失的面积都在扩大，影响到沿江村民农业生产和经营的可持续性发展。

沿江大部分村庄地处山区，土地贫瘠，耕地非常有限，生产条件差；由于修路成本高，造成了当地交通不便，信息闭塞，发展水果生产既不能保证品质和产量，而且种出来的果子也面临难以运出去的困境，因此基本没有任何优势。[1] 根据阳朔县政协 1994 年的专题调研显示，杨堤乡的丢荒面积就达到了 736 公顷。耕地丢荒的原因主要是种植庄稼的成本太高，特殊的地形造成了沿江村庄的承包土地零星分散，不利于进行规模化的生产，农业机械化程度低加大了从事农业劳动的强度，加上水利设施毁损严重，青壮年农民不愿意从事农业经营，放弃土地，外出务工，土地耕种仅仅为保证口粮。沿江村庄 20 岁～40 岁年龄段的村民 90%都去外地务工了。阳朔县兴坪、杨堤的人口分布状况如表 4-1 所示。

表 4-1 阳朔县兴坪、杨堤的人口分布状况[2]

	面积 (平方公里)	村落数 (个)	村落密度 (个/平方公里)	人口数 (人)	人口密度 (人/平方公里)	村均人口 (人/村)
兴坪	305.4	170	0.56	37 896	124.1	222.9
杨堤	102.8	37	0.36	10 146	98.7	274.2

4.2 "自上而下"的旅游发展方式加剧了贫困

漓江游览方式从景区建立以来一直采取的是大船一站式观光游的方式，这种游览方式在最初的政治接待阶段，对到访的各国领导人起到了很好的保护作用。随着漓江景区的对外开放，20 世纪 80 年代开始到访的游客逐渐增多，但是当时的信息网络技术不发达，游客获取旅游信息的渠道有限，主要依靠旅行社等中介机构；当时的游览需求以观光为主，漓江作为河流旅游资源，最佳的观赏角度就是乘船游览的"移步换景"式；漓江整个游览的江段达到 87 公里，乘船游览省时省力，因此自景区成立以来，大船一站式观光游览的方式被游客

---

[1] 秦胜忠在其名为《漓江沿岸部分农村经济社会发展现状、问题及对策》的博文中对漓江沿岸村庄 2010 年的经济、社会现状和生态环境等方面的情况进行了详细的介绍。http://blog.sina.com.cn/s/ blog_49417ee501001 hmu.html

[2] 资料来源：阳朔县人民政府地名委员会编《阳朔县地名志》（内部资料），1982 年。

和市场接受。但是，这种游览方式使得漓江作为主轴的游览线路上只有两个服务节点：桂林市区的游客登船码头和阳朔镇的游客上岸码头，沿江的村民没有获得参与的机会。另外由于漓江生态保护和景区发展的需要，政府还出台了一系列措施，限制两岸村落的发展，这进一步加深了两岸的贫困。

4.2.1 漓江生态保护，影响沿江生计

经过 36 年的发展，漓江游览的经营为桂林市政府财政增收和游船企业创造了巨大的经济效益，但长期以来，因为漓江生态保护和景观保护的政策严格，约束了沿江农民和渔民的生产、生活，甚至改变了部分渔民的生计方式，加上漓江游览所进行的基础设施建设改变了漓江沿岸的原有自然环境，也间接影响了沿江村民的生活，使得这个地区村民陷入中低收入水平。国家为漓江保护与发展制定了《漓江风景名胜区总体规划》（以下简称《规划》）。《规划》对漓江流域的生态保护及建筑格局有严格的规定："不允许在江边一定范围内种养，不允许在可视范围之内新建住宅、开山修路和漓江河道上修建桥梁；漓江沿岸第一、第二重山列入封山特区，禁伐、禁牧、禁止开山炸石和取土；漓江河道内严禁网箱养鱼、规模养鸭，河道及河道两岸 100 米范围内禁止采沙"[①]，等等，这些规定使沿岸村民"靠山不能吃山，靠水不能吃水"。

杨堤、兴坪等石山区素有养羊的习惯。如杨堤乡浪石村委原来有 258 户养羊专业户，每年全村养羊共计 8500 多只，年总收入可达 213 万元，仅以此一项计，每户的年收入可达 7470 元，浪洲村委养的羊数量少一些，但是每年在这项上的总收入也达到 112 万元。由于严格禁止养羊，沿江群众失去了一项重要的生计来源，也失去了一条短、平、快的致富途径。[②]

> 原来村里大部分人都养羊，养羊不但能卖肉挣钱，"卖水"一斤能卖八九元，羊屎还能用来作肥料，平均每家都养了几十头羊，不给养羊后，一年少了七八千的收入不说，种果子树没有了有机肥，只能买化肥，买化肥的钱就要两千多。
>
> （P01，卢姓村民）

村民的话反映出，村民明知道政府的政策会减少他们的经济收入，但是并

---

① 详见《桂林漓江风景名胜区总体规划》第六章第六款。http://www.glsylj.com/fengj/html/?48.html.
② 阳朔县人大，县政协联合调查组，《保护漓江 发展生产 改善民生——关于漓江沿岸经济社会发展情况的专题调研报告》。

没有对政策执行人——乡镇政府提出反对意见，支持了这项决策。

关于旅游对沿江村庄农民生活的影响，笔者曾专门访谈过兴坪、杨堤的镇领导，在笔者承诺不录音、不在文章中署真名后，一位领导这样说：

> 漓江沿岸的这些老百姓真是顺民啊，当初县政府下文，喊不给养羊，不给捞鱼，不给在河里捞沙，不给在山上炸石头，我们接到文件，心里头就打鼓，喊不给就不给，断了生计，老百姓不跟我们反啊。哪晓得，文件布置下去，喊了村长、支书来开会，回去一宣传，老百姓真的都按文件办了。其实我们也觉得老百姓穷，他们靠山吃山靠水吃水，现在这样做，不是让他们更穷了吗？
>
> （G02，C镇镇长）

这位镇领导的话反映出，作为基层政府官员，他们对沿江村民的生活状况了解得比较清楚，对村民的贫困持同情态度，同时他们也非常清楚这项政策会对村民的生活带来不利的影响，并且预计到村民可能的反抗，但是出乎他们意料的是，村民们并没有提出任何要求就无条件执行了。

漓江沿岸自然条件本来就差，石山多、水田少，交通十分不便。为了保持漓江游览景观的完整性，漓江沿岸只有市区段有修桥，其他江段都是靠沿石山修路来连接沿江村落，限于修路的资金和占用的农地，沿江村庄尤其是贫困村基本不通公路，以全家洲村为例，该村在农业扶贫项目的支持下，大力发展果树和蔬菜种植，并且获得丰收，但是由于不通路，产品运不出去，收购价格也远低于其他通路村的价格，导致了增产不增收的局面。

沿江村民的建房问题成为一个主要的矛盾来源。随着人口的增加，不少农户原来的住房面积已经不能满足需要，由此将房屋重建以增加居住面积就显得尤为迫切。但是漓江保护的条例对沿江两岸的建筑进行了严格的限定，在沿江的可视范围内建房不能超高超限，否则不但得不到审批，还有可能受到处罚。而沿江的农房不但使用面积不能满足需求，而且由于村民的经济条件的限制，一直没有进行改建和扩建，村民的居住条件非常差，一些农户就在无法拿到政府批复的情况下自行开始施工建房，在原有的宅基地的面积基础上进行扩建，导致了江边大量违章建筑的存在。还有一个较为普遍的情况就是：沿江一些村民想拆了旧房重建，去审批的时候才知道沿江500米可视范围内部不允许建房，原来旧房的宅基地就有部分在这个范围内，拆后如果原地重建不合法，不能获批，如果将房子往后挪，面积不够，建不起房。

> 我们也想建新房子，前几年人工便宜，就是花点材料钱就可以起房子了，但是当时把报告交给村委以后，村委就告诉我不能起，乡里面不批，漓江沿岸500米可视范围内不给新起房子，只能在房子外面刷涂料，从江上过看起来美观。我们一家人就挤在这个老房子里面。
>
> （P02，廖姓村民）

漓江的旅游开发，还对漓江的自然生态造成了影响，这使得依靠漓江自然资源谋生的沿江渔民生计受到影响。根据1933年的记载，① 当时阳朔的鱼产量为13.6919万斤，当时的鱼价是每斤0.22（元），当时的米价是0.07（元），照此推算，当时渔民收入买粮不成问题；1978~1980年，国家实行"渔民上岸"政策后，兴坪、杨堤和阳朔成为全市15个渔民定居点之一，上岸的渔民仍然以捕鱼为主要生计。但是随着漓江旅游的发展，游客对漓江鱼的需求增大，沿江村民和游船船员等上万人加入到漓江捕鱼的行列，漓江鱼类资源逐渐衰竭，现在每户渔民的平均捕捞量不到1公斤，漓江鱼类在1974~1976年间有鱼类84属119种，而到了1980~1982年间只有65属89种。[136] 漓江沿岸渔村（渔业队）共16个，无田无地的专业渔民共有608户、2288人，这些专业渔民的家庭收入基本以捕鱼为主要来源，鱼类和鱼产量的减少，使得这群人的收入来源逐渐减少，并且有可能持续减少。

4.2.2 漓江通航引发自然灾害

为保证游船在漓江枯水季也能通行，市政府对漓江进行了大规模的人工治理，造成了严重的水生态问题。漓江的枯水问题有两层含义，第一层含义是正常的自然气候原因导致的枯水，每年的9月到第二年的2月，漓江上空的降水减少，是漓江的枯水季，但是这种自然原因形成的枯水对人们的生活影响并不大；第二层含义则是在第一层的基础上形成的，由于每年这几个月，漓江的水位下降，但是由于游客数量的增多，旅游船的体量越来越大，吃水越来越深，水深至少要达到1.7米，游船才能通航。由于游船数量、体量都在增加，游船的排水量也进一步增大，其对河床和河堤的冲击力也越来越大，在这种冲击下，不少河段的河床变宽，水深变浅，导致了大游船每到枯水季通行都要受到影响，并且随着游船自身体量的增大，相对的旅游枯水季越来越长，枯水的问题越来越突出。为了改善游船的通行状况，减少由于枯水季延长、航段变短带来的旅游收益的减少，市政府以机械手段大规模疏浚河道、渠化航道，改变了漓江河

---

① 见内部资料《广西各县概括》。

床的自然结构。[137]造成河流流速加快，河岸后退，丰水期到来时，容易导致洪水灾害，影响两岸农作物的收成，加剧了沿江村民的贫困状况。

村民们对这一点尤其敏感，在画山村调查时，画山村的村民热心地将笔者用自己的竹筏拉到江面上，将沿江堤岸塌毁的江段指给笔者看，最令村民痛心的是画山附近临江的一座观音庙，曾经是香火最旺盛的庙，但因为游船掀起的水浪的冲击，现在已经坍塌。

> 你看看，漓江上的船越来越大，越来越多，两岸的防洪堤都被水冲坏了，洪水一来，岸边的农田就被淹，几乎年年都挨水淹，我们的田地只好往后退，本来村子里的田地就少，一个人6分田地，水再淹，我们种的地就更少了。政府也没给我们什么补偿，洪水淹了就淹了。水退了，就喊我们去江上面捞垃圾，算工分，20元一天。
>
> （P03，T村民）

村民的这段话至少有三层意思，漓江的旅游发展损害了沿江村民的利益；堤岸应该是公共服务设施，由政府提供，政府没有及时对堤岸进行维修，所以应该对村民的损失进行赔偿；政府没有赔偿，还要求村民对江面的垃圾进行清理，但是提供一定的酬劳。

4.2.3 漓江生态保护补偿不到位加剧贫困

为美化漓江沿岸景观，市政府要求对两岸进行"果化"，种植果树，政府承诺免费提供树苗并给予一定的补贴，沿江村民响应号召拔掉了原来的农作物，种植了由政府提供的桃树苗，由于桃树挂果还需要年份，而且这批树苗属于观赏类，即使挂果，果子的品质也不能获得好的市场价格，在这种情况下，政府原来承诺的相关补贴却没能如期兑现，村民们对政府的决策不再合作和支持，纷纷将已经种下的树苗拔掉。沿江两岸土岭区的生态公益林面积达到66596亩，其中有36200余亩地是具备种植水果和经济作物的，按照统计部门提供的数据，扣掉35%的成本后，每亩每年的收益可达到898元，而目前国家给予的生态阔叶林的补偿款仅为4.75元/亩，仅这一项，沿岸村民每年减少的经济收入就可达到3250万元。

4.2.4 景区内难以形成产业化

更主要的是，为了保护漓江的生态，在漓江保护区范围内，基本不允许制造业等有污染的产业存在，20世纪70年代末80年代初，为了治理漓江的污染问题，桂林市政府关闭或者搬迁了沿江工厂，这一举措不但使得桂林市政府的财政收入从 1978 年的 1.49 亿元直接减少到 1981 年的 0.93 亿元，也使得漓江沿岸基本没有了工业和制造业，工商业发展水平低，没有发达的乡镇企业来承载农村过剩的劳动力，"离土不离乡"的非农转变难以实现，漓江沿岸村庄就没法实现就地城市化。

4.2.5 旅游收益二次（间接）分配政策没有向贫困人口倾斜

漓江游览经营收入的二次分配中并没有体现出反哺沿江村民的部分。漓江游览的经营收入除企业所得利益外，上缴给桂林市财政作为资源使用费和生态保护费。2009 年以来桂林市政府直接投入漓江的财政支出为 2.5 亿元，但只用于对漓江基础设施的维护和补水工程等基本支出，没有对漓江沿岸用于民生的基础设施改善的投入，另外还要分一部分给自治区。[138]

桂林市财政将漓江经营收益的主要部分用于修建漓江旅游的基础设施：其中用于进行漓江航道整治和补水占了大头，由于漓江游船在水流小于 30 米/秒时，无法正常通行，这四五个月的枯水期内，桂林至杨堤段的 48 公里的航道要停航，[139] 旅游船要下移到杨堤上船，船票价格也要相对降低。为此，桂林市投入大量资金在漓江上游修水库，以补充漓江水量，保证旅游船舶的通行，20 世纪 50 年代的时候，桂林市就建设了青狮潭水库用于枯水季对漓江补水，但是随着游船数量和体量的增加，储量为 2 亿立方米的青狮潭水库已经不能满足补水的需求，为此桂林市政府陆续修建了思安江水库、小溶江水库。为彻底解决漓江游览缺水的问题，桂林市政府积极推动了漓江上游的斧子口水库和川江水库的工程建设。[140] 2011 年桂林市防洪及漓江补水枢纽工程完成投资 10.6 亿元。同时，为了保障漓江航道的水深和流量，桂林市政府每年还投入资金用于航道的疏浚。

漓江游览经营收入的二次分配基本用于旅游基础设施建设，基本没有直接投入到对沿江村民生活基础设施的建设和对村民付出的生态保护成本的补偿。

4.2.6 小结：旅游发展并不必然导向贫困减轻

在漓江景区成立以来相当长的一段时间里，大船一站式观光游览模式成为唯一的旅游方式，这与这段时间内的旅游需求和旅游市场条件是相匹配的。同时，也应该看到，桂林市政府在漓江景区开发和漓江游览经营中起到了主导作用，因此这种旅游发展方式属于政府主导的"自上而下"的发展方式。在这种发展方式中，漓江旅游资源的使用权、经营权和收益权都被政府与游船企业所垄断，村民们并没有获得资源使用的机会，也就无法从旅游经营中获利。同时，村民们还必须为漓江的生态保护付出相应的成本,政府和企业并没有对这些成本做出专门的补偿,漓江旅游的发展不但没有对两岸减贫做出贡献,反而限制了村民减贫的机会,甚至加深了两岸的贫困,村民们形象地将其比喻为"黄金水道边上的贫困"。

由此可以发现,旅游发展并不必然带来贫困减轻的效果,有些情况下还会制约贫困减轻甚至加深贫困,要通过发展旅游实现减贫需要一些条件。

4.3 "自下而上"的参与带来了减贫的机会

4.3.1 旅游需求催生新的旅游方式

自2001年开始,有游客进入漓江沿岸徒步,徒步的线路集中在阳朔的杨堤—兴坪段:从桂林坐车到杨堤码头,乘船过渡到东岸的水岩头村码头;沿江边走到浪石村渡口,乘船过渡到西岸的全家洲渡口;从全家洲步行至冷水村渡口乘船过渡到东岸画山村渡口;继续沿江走的下一个景点是黄布倒影,从杨堤步行到此处需要5个多小时,从黄布倒影还需继续走3~4个小时到兴坪,沿途20多公里,途经杨堤乡的水岩头、浪石、全家洲、上榨、下榨、杨堤居委、枫木、上龙、下龙9个自然村和居委,以及兴坪镇的冷水和老村头,共涉及约3700多群众(参见图4-4)。2002年徒步的客人开始增多,但是这条线路只是在一些背包客中间靠口碑流传,并不是一条正规的旅游线路。游客要走完全程,需要过3个渡口,其中位于全家洲村和浪石村的渡口属于杨堤乡,而冷水渡则属于兴坪镇。村民过渡有两种方式,一种是使用自家从江边砍来的竹子扎成的竹排,一种是使用渡口由乡镇提供的手摇渡船。竹筏使用的竹子是不需要买的,村民家门口遍布竹林,这种用竹子扎的排子,沿江的村子几乎家家户户都有,村民们从很小就掌握了撑竹排的技巧。撑竹排过江,对村民来说就像陆路上的人骑单车一样自然。但是,竹排也有缺点,竹子容易得到,也容易腐坏,一个排长用不了1年;而且,竹排的安全性不高,风大和涨水的时候,容易颠覆,虽然村民们都会游泳,但会弄湿衣服或者货物,尤其是赶圩的日子,带的东西多,人多,竹筏就更不方便了。乡镇政府为了方便村民出行,在渡口设了手摇渡船。一艘铁皮渡船需要几万块,乡镇补贴2万元,村里有经济实力的村民自己拿剩下的几万元,渡船的经营权属于村集体,但是渡船的所有权属于船工。2001年,游客刚开始进到村里面时,过渡只需要交和村民一样的摆渡费,1元或者2元,2002年游客多起来后,村民们开始跟游客讲价钱,游客愿意的情况下,摆渡费也能收到三四元不等。当时到漓江的徒步游客人都是散客，很少有团队。2003年初席卷全国的"非典"疫情，让刚刚开始红火的徒步游沉寂了下去。这场始于2003年初，止于当年7月的疫情，给世界旅游业造成了重创。尤其是疫情高发的亚洲地区，当年的入境游客增长率出现了负增长，桂林市的入境游客规模也在疫情最高峰的5月触底。漓江是以境外游客和国内的异地游客为主要客源的高级别的旅游景点，因此受到的打击非常严重。

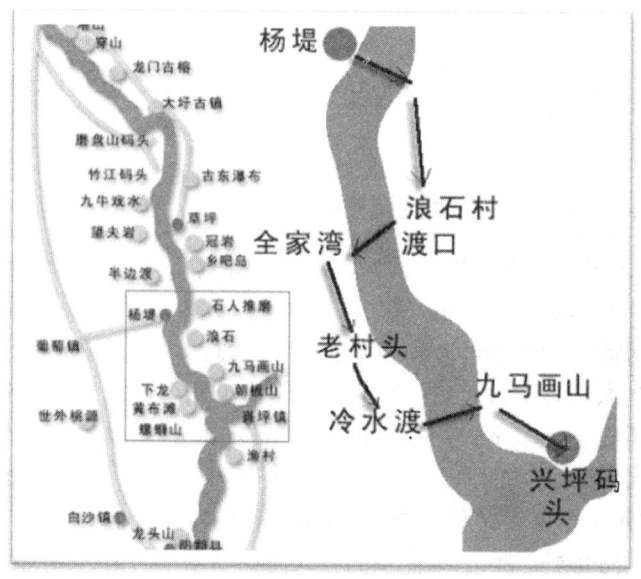

图4-4 漓江徒步游线路示意图

为尽快摆脱"非典"对旅游业的影响，桂林市政府在2003年6月举办了"绿色健身，千人徒步漓江"的活动，正式向市场推介"徒步漓江"这一旅游项目。这一项目有别于过去乘坐大船游江省时省力的方式，提倡通过徒步与大自然的亲密接触，获得身心健康，这种宣传方式迎合了试图尽快从"非典"恐慌中走出来的人们的心理。

"非典"之前，旅游需求就已经日益成为人们的必需追求，"非典"给人们带来的恐慌压制了这种需求，这种需求只是被暂时贮存起来了，一旦有了可以满足需求的市场，这种压抑的需求会快速膨胀。徒步游线路的火爆正是这种膨胀的需求得以释放的途径。徒步游线路一经推出，受到了市场的追捧，旅行社和俱乐部都开始组团到漓江开展徒步游。2004年黄金周期间，徒步游客人每天可达2000人次以上，节假日也能维持在五六百人左右。徒步游线路不收取门票，游客只需支付两三元的渡船费，这与漓江游船动辄上百的船票比起来，更能吸引到年轻、追求时尚的工薪族和学生；旅行社和俱乐部通过经营这个项目，也能获得很好的利润，这也是团队游客到来的主要原因。游客的到来，带来了旅游消费，其主要的消费就是徒步游线路中三个渡口的摆渡费。应该由谁来收摆渡费，谁可以收到摆渡费，摆渡费应该如何分配？围绕这几个涉及切身经济利益和权利的问题，乡镇政府、村民、游客和市级政府之间展开了利益的争夺，由此引发了一系列的矛盾和冲突。

4.3.2 旅游收益增长，减贫效果初步显现

（1）旅游收益引发利益冲突

徒步游刚开始兴起时，游客还比较少，村民们并没有将摆渡作为一种旅游经营的方式，而是本着与人方便的思想，游客来了，和村民们给一样的过渡费1元就可以摆渡到对岸。游客有时候也愿意体验一下坐竹排过渡的感觉，村民们收得也不多，和游客坐渡船的钱差不多，游客慢慢多了之后，冷水渡口摆渡的船老板挣到了钱，但是渡口的经营权属于村集体，于是村里和船老板协商后，将过渡一个渡口的费用固定为4元/人次，2元归船主，2元归冷水村集体，村集体将这部分钱用于村里的道路等基础设施建设，剩下的钱平分给村民，当时村民分得的钱并不多，游客都是散客，并不固定。

2003年后，桂林市政府的推介带来了团队游客，改变了原来零星的小规模的消费方式，游客数量的增多意味着突然收入增加。杨堤乡政府和兴坪镇政府分别成立了旅游服务公司，将原本由村和渡船主共同经营的渡船垄断起来，将所得的过渡费除了按照原来支付给船主的2元之外，剩下的全部收归乡镇政府。这种做法激起了沿江几个村的反抗。村民们已经从原来的经营中尝到了甜头，而乡镇政府的做法无疑对村民的利益造成了损害。沿江村民组织起来，将乡镇府设在渡口的卖票点堵起来，不让游客买票。开渡船的船老板本人就是村里的，因此也配合村里的行动，拒绝给游客摆渡。乡镇政府并不想将这块旅游收益拱手还给村民，多次组织工作人员跟村民做工作，但是村民就是一个要求，将渡口的经营权还给村里，在几次交锋无果后，村民们还与政府工作人员就卖票纠纷发生了冲突，影响到了漓江的旅游形象。此外，当时在杨堤还有村民自行购买船只，没有经过任何手续，就私自在江面上载客游江，带着客人不买乡镇售票点的票，为此，乡镇的工作人员与这些船主和游客经常发生冲突，在乡镇和县级政府都没能很好地处理这场纠纷的情况下，桂林市政府介入了。

（2）利益冲突下的执法受阻

面对这种有可能影响到漓江景区形象的混乱市场秩序，桂林市政府"整顿和规范旅游市场秩序领导小组办公室"在2004年的6月下达了一份"暂停徒步

游"的通告，通告要求桂林市和阳朔县的旅行社和相关部门不得组织徒步游，并且要求阳朔县政府派工作人员到各渡口蹲点，劝阻来徒步游的游客。桂林市政府"暂停徒步游"的政策一出台，引起了全国媒体和游客的广泛关注，并产生了对桂林市政府出台这一政策的动机的质疑，普遍认为桂林市政府是因为担心游客都去徒步，不去坐游船，影响了财政收入，所以才禁止徒步游的。面对这些质疑，桂林市漓江游览调度结算中心的主任是这么回应的：

> 市里禁止徒步游，还是阳朔县主动提出来的。沿江老百姓为了争夺渡江的客人冲突不断，没有渡口的村民就自己在水面架桥收费，跟着客人强买强卖，最主要的是几个渡口，村民要自己收费跟乡镇有矛盾，阳朔县根本处理不了，反映到市里，市里也拿不出什么办法，干脆停掉。漓江徒步游一年才2万游客，相比正规游船一年150万游客，对其根本构不成威胁，从游览方式来讲，游船游览省力，观景的角度又好，这都是徒步游比不上的，根本不存在市政府和村民争客源这种讲法。

结算中心主任的话至少反映了三层意思：第一层意思，暂停徒步游是阳朔县和乡镇提出的，桂林市政府只是顺应了这个要求；第二层意思，桂林市政府也不希望徒步游过程中的这些冲突和游客对环境的破坏等行为影响到漓江风景名胜区的形象，也想停掉徒步游，将漓江旅游资源的使用权、经营权重新垄断起来；第三层意思，徒步游的游客量还少，威胁不到大游船的经营，因此不存在与民争利。

但是主管旅游的副市长的话则从另一个方面道出了禁止徒步游的原因：

> 漓江徒步游不卖票，旅行社组团来漓江搞徒步，不需花费购买船票的费用，报价低，旅行社还可以拿回扣，利润高过漓江正规游船，所以旅行社就将客人从正规游船游江项目转到漓江徒步游项目，导致了正规游船的客源流失。

可以发现，如果仅仅是少数散客的行为，徒步游对漓江游船的游览确实是构不成威胁的，但是因为旅行社掺和了进来，造成团队游的客源流失，这才使得桂林市政府开始担心起来，桂林市政府自从实行"四统一"以来，严格限制任何不经市政府批准的使用漓江旅游资源的行为，而徒步游要使用到船只，在游船经过渡口所在江段时，如果渡船和竹筏停留在江面，容易造成安全事故，这也是桂林市政府所担心的，因此借着这个机会，桂林市政府下达了"暂停徒步游"的指令。

为了配合这项政策，桂林市政府联合海事、工商、交通、公安等部门联合执法，对沿江的竹筏和非法营运的渡船进行打击，并且要求阳朔县政府和乡镇政府派工作人员守在杨堤路口和兴坪路口，禁止旅游大巴进入，对散客也要劝阻。桂林市政府的这一举措引起了村民的反抗。冷水的周姓村民回忆说：

> 当时有客人来，不是坐旅游大巴来的，我们就带这些客人绕过路口的关卡，进到渡口，但是排子开出去，遇上水上执法的人，我们就把客人放上岸，赶快往下游划，不过如果碰上了，很难跑开的，执法的人就把我们的竹排拖走锯掉。那时候，排子都是竹子做的，又不值钱，只是我们自己再去砍竹子，就是费点事吧。

村民的话反映出，在"暂停徒步游"的指令发出后，村民和游客并没有遵照执行，游客照样来，只不过团队游的客人少了，散客并没有受到太大的影响，村民借助地理上的优势，可以带领游客突破政府的防线，继续开展徒步游。但是这种行为是有风险的，政府不会对游客怎么样，而是在江面拦截竹筏，惩罚的手段就是锯竹筏。这样的惩罚对村民来说，损失并不大。由于桂林市政府采取联合执法的手段，只能在一段时间内集中治理，且江面很长，执法的成本比较高，不能持久。而村民则不同，村民傍水而居，进出江面非常方便，而乡镇政府本身在徒步游中就是既得利益者，也不可能对村民和游客的行为起到很好的监督作用，因此，"暂停徒步游"的禁令并没有维持多久。

对当时禁令颁布后游客量的变化情况，冷水的周姓村民还大致记得：

> 当时工作组在杨堤路口拦车，刚开始个把月，管得蛮紧，没什么客人，但是后来就慢慢松了，只是到了周末那两天才出来拦客人，主要是拦大巴。广东那边的客人还是多，周末来，他们也晓得不给游，不过，我们有办法带他们游，有些是从网上就联系好了的。

2004年6月开始发布"暂停徒步游"的指令，到2005年的"五一"期间，徒步游全面恢复，桂林市政府也没有再采取任何其他的措施。

（3）冲突各方妥协，利益重新分配

桂林市政府的介入，不但没有解决乡镇政府与村民之间的利益冲突，反而由于其实施的禁令，减少了进入兴坪和杨堤的游客，乡镇和村民都不能获利，在这种情况下，乡镇政府不再保持强势态度，乡镇领导主动走进村里，与村民代表协商。但是协商的过程和结果在兴坪镇与杨堤乡出现了不同，前面提到，徒步游的路线要经过兴坪的一个渡口，渡口所在的村冷水自然村以一个村集体的名义与兴坪镇协商，协商的结果是：冷水渡继续由兴坪镇政府管理，摆渡的费用上升到16元/人次，其中2元给船老板，2元给冷水村村集体，冷水村接受了这一安排，村民只是对16元的渡船费提出了异议，2004年"五一"收4元渡船费时，进入兴坪段的游客有上万人，而2005年的"五一"，村民们只收到了4391人的渡船费，但是这种异议并没有形成任何行动，冷水村与兴坪镇就冷水渡的摆渡问题达成了新的分配方案。杨堤乡则不同，当时杨堤的渡船是9个自然村集资购买的，因此在乡镇府与村民协商时，9个村的村代表集体参与了协商过程，村代表要求乡政府退出渡口的经营，全家洲渡口、浪石渡口由9个村成立的"徒步游公司"经营，政府可以参与指导，但不能参与分红。杨堤乡政府也试图从渡口经营中分一部分利益，但是遭到了村民代表的一致反对，村民们认为渡口本来就是村里的，渡口的收益关系到9个村2700人的生活改善问题，乡镇应该为村民着想，最终，杨堤乡退出了渡口的经营和收益分配。杨堤乡的旅游站站长作为公司名义的老总，负责召集9个村的村委开会和协调工作，但是乡政府并不从公司利润中分成，9个村的村长担任副总，每个村出1个工作人员，负责卖票，排班，每天算20元的加班费。公司成立后，将徒步游2个渡口一次性收费16元。

2005年5月，阳朔县物价局下发批文，兴坪段冷水渡的摆渡费为16元/人次，杨堤段全家洲和浪石渡口两个渡口一次性收费为16元/人次。2006年进入杨堤和兴坪的徒步游客人达到了8万人次，冷水村从冷水渡口获得的摆渡费在2006年达到了16万元，村集体留了一部分作为建设基金外，其余全部分给了600多村民，年人均获益200元左右。杨堤乡的徒步游公司2006年年收入达到128万元，2700人参与分配，人均获益400多元。

（4）收入差距导致村民内部矛盾

徒步游带来的旅游收益使得兴坪的冷水村和杨堤的9个自然村从经济收入上实现了初步的减贫，但是随着游客的增长，收益的增加，新的矛盾又产生了。这种矛盾表现在两个方面：第一方面是参与经营渡口的村庄和没有参与经营的村庄之间，第二方面是在杨堤的"徒步游公司"内部。

徒步游游客属于背包客的一种，这类游客的平均年龄在18岁到33岁之间，消费支出低，以节约和讨价还价为特征，[141] 其旅游花费与别的旅游形式相比要少得多，[142] 漓江徒步游游客的主要花费就是摆渡费，其他还有部分游客会选择在沿途的村庄吃农家饭，除此之外，花费非常少，人均不到10元。

我们都自己带了吃的和水,基本不需要买什么了。顶多就是水不够的时候,在沿途买瓶水。要是晚上太晚了,就在洲子上搭个帐篷,我们都不用花什么钱的。

——在全家洲访谈的桂林本地徒步游客,男性,48岁

徒步游游客对当地的基础设施使用较少,"吃苦"对他们来说是一种锻炼,这种违背日常消费习惯的行为,让他们获得了一种满足感。但是他们的消费习惯却引起了当地人的反感:

徒步游的人都好抠的,没什么买东西的,连水都不舍得买,他们也不会走进村子里面来,基本上都是绕着村子外面的路走。我们村有小卖店,都是在村子里面,卖点百货给本村的人。搞徒步游赚不到什么钱,还不如出去打工。

——浪石村民,女,23岁

徒步游游客给村民的印象就是抠门,这也从一个侧面反映出,沿江村民无法从这类客人的消费中获得更多的收益。这就导致了徒步游沿线村民与渡口所在村村民的在旅游收益上的差距,也引起了一些矛盾。如沿江村民会在沿途设卡,收"买路钱",或者尾随游客兜售农副产品和其他劣质的旅游小商品,游客如果不肯消费,这些村民就会与游客起冲突,村民的这种行为破坏了景区的旅游声誉,间接也会影响到渡口所在村的村民收益。

而另一方面则是"徒步游公司"内部的矛盾。参与公司经营的9个村一个季度开一次会,开会的主要目的就是对上一季度的摆渡收益进行分配,分配的标准是按组建公司时各个村的户口上的人数平均分。当时进入杨堤景区的徒步游游客必须购买16元的门票,靠近渡口的村村民的竹排就停在江边,他们发现16元/人次的门票分到自己手上一年才几百块,而如果游客不买票选择坐竹筏过渡,他们能获得更多的利益。这种发现还基于另一个发现,当时"徒步游公司"的工作人员是9个村轮流派的,这些工作人员自己出现了逃票和多占多分摆渡收益的"作弊"行为,而这种行为并没有受到处罚。另外,杨堤的村民自己联系的游江客人,不愿多支付一次徒步游门票,而是采取了逃票的方式。由此,9个村内部出现了分化,村民们已经不再满足于平均分配的收益,而是想要凭自身的经营获得更多的收益。江边出现了抢客的现象,村民们不买票,收游客10元/人次的摆渡费,这样游客也觉得划算,愿意选择竹筏,有竹筏的就可以挣得比平均更多。"徒步游公司"作为一个组织,其特征是一种松散的联合,

除了有分红的目标和方案外,没有形成任何策略对村民进行管束,组织内出现分化,有能力的不愿继续呆在组织内,而希望通过单干获得更多,从而导致了组织瓦解。2007年左右,公司虽然还存在,但是渡船只能用于两岸村民的出行,不能够载客,客人都被村民拦走了,2007年还勉强分了红,但是每个人只能分到70多元。

(5) 小结

徒步游作为一种新的旅游形式,打破了大船一站式观光游对漓江旅游资源的垄断,更重要的是给沿江的村民带来了旅游收益,实现了初步的减贫。但是因为徒步游这种旅游形式本身的特点:消费低,人数规模小,减贫的范围相对就小,仅仅局限在有渡口的几个村,沿途的其他村庄从徒步游中获得的收益较少,这也使得沿江村庄内部出现了收入差距。

杨堤9个自然村在与乡镇政府进行利益争夺的过程中组织起来,这个组织在与乡政府的谈判中发挥了作用,为村民争取到了完全自主独立的经营权,乡政府被迫退出了渡口经营收益的分配,这个以经济利益联结起来的村级组织获得了比单个村集体更多的利益。但是这个组织是松散的,没有能够转化为有机的政治或者经济组织,这使得村集体在后来与阳朔漓江景区管理公司的斗争中失去了协商和对等的能力,这些内容笔者还会在后面的章节做出详细的分析。

如果说徒步游拉开了沿江村民参与漓江旅游经营,实现减贫的序幕,那么下一个阶段,竹筏游的兴起和蓬勃发展则加速了沿江贫困村庄减贫和发展的历程。

4.3.3 旅游发展快速减贫阶段

(1) 脱胎于徒步游的竹筏游

竹筏游并不是突然出现的新兴游览模式,它是从徒步游阶段就开始酝酿和兴起的。

徒步游线路全长将近20公里,且行走的路段都是峰林峡谷,道路崎岖,全程走完最少需要6~7个小时,对人的体力要求非常高。选择漓江徒步的游客部分是真正的背包客,尤其是外国人,来徒步追求的就是这种吃苦的体验;而另一部分游客,则是为了更近距离地接触漓江,享受在大自然中的悠闲,这部分客人对走完全程的兴趣不大,转而追求更为舒适的游览代步方式。据浪石村最早从事竹筏游经营的卢队长回忆,他从事竹筏游经营已经有10多年,最开始他的排子是竹子做的,就停在江边,为的是自家出行方便。当时,徒步游兴起,游客基本上都是坐渡船过渡,但是也有部分游客出于好奇,希望坐村民的竹排体验一下,进而有少部分游客提出希望坐竹排从杨堤顺流漂到兴坪。卢队长说:

那时候我们的竹筏都是竹子做的,用手撑,从杨堤下兴坪顺水,还不怎么费力,但是从兴坪回来逆水,蛮难撑,我有力气,总是一个人撑的,当时撑一次排子比现在得钱多,从杨堤到兴坪一趟下来,客人一般给160~170元,还有给200元的,纯赚的,2003年,这个价钱是好好的了,我们那时一个月的生活费也才几百块,但是一趟来回时间花得多,基本上一天只能跑一趟,平时也没什么客人,旺季的时候一个月可以跑十几趟。

从卢队长的回忆中可以发现,竹筏游最初的形态是,竹筏是用真正的竹子扎成的,成本低,完全依靠人工撑,对筏工的技术要求不高,但是对体力要求较高。浪石村在徒步游时期从事竹筏游的村民并不固定,以像卢队长那样的有力气的青壮年为主,一个村也就四五个人,利润非常好。但是因为当时,选择竹筏游的客人并不多,客源不固定,村民并没有把旅游作为一项重要的收入来源,大部分村民还是以农业生产为主。

(2)竹筏游缓慢发展

2003年到2007年间,进入杨堤和兴坪的游客逐步增多,尤其是2004年"印象·刘三姐"项目在阳朔开始公演,阳朔的过夜游客数量激增,2005年阳朔县共有旅游饭店270家,比2002年增长39.8%;床位13000多张,比2002年增长96.7%,随着阳朔游客的增加,选择在杨堤—兴坪段开展徒步游和竹筏游的游客也逐步增加。阳朔旅游人数统计如图4-5所示。2004年,兴坪和杨堤出现了在竹筏上装置机械动力的简易机动竹筏,卢队长在得到消息的两个月后也给自家的竹筏装上了机械动力,当时改装机械的竹筏并不多。2005年,竹筏装置机械动力的数量开始多起来。2006年,卢队长将竹子换成了塑料管,当时这种塑料管较小,成本价是200元一根,一个竹筏大约需要8根塑料管,一个竹筏的成本上升到2000元左右。

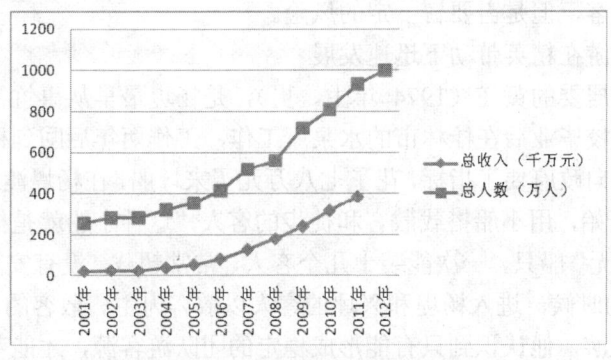

图4-5 阳朔旅游人数统计

2006年,杨堤的浪石村已经有80多架竹筏,但是从事竹筏游的只有十几人,大部分村民将竹筏停在岸边,供自己家里出行和打渔用,仍然以务农为主。卢队长的客源较稳定,一个月能跑十几趟,他曾经在杨堤"徒步游公司"担任会计,当时导游买票结账都是找他,所以他跟很多导游认识,导游将客人介绍给他。有机械动力竹筏以后,一天能跑两三趟,但是一趟的价格也相应地调低了,导游带来客人,导游付给卢队长从杨堤到九马画山一筏80元,80元中还要扣除35元的油费,一趟下来能挣45元。导游一般能从对游客的开价和给筏工的工钱的差价中赚取差不多120元左右。

　　对于当时为什么竹筏游发展缓慢的原因,卢队长回忆道:

> 2005年、2006年时候,徒步游的客人转到竹筏游的多了起来,旺季多点,尤其是黄金周,但是我们没怎么敢在江面上跑,政府的执法人员白天都在江面上守着,周末和节假日管得严,平时没那么严,我们都是在他们下班的时候,中午或者是下午四五点钟开出去,如果不走运,碰到执法的,要缴发动机。客人也不是很多,村里面有客源的还是少,没有客源的守在江边也很少等得到(客人),其他时候,没有人在江边守。

　　从卢队长的回忆中,可以发现当时竹筏游发展缓慢的主要原因有两个:一是选择竹筏游的客人并不多;二是政府对竹筏的打击力度比较大,管得比较严。而对于第二个原因,笔者也从多个村民和乡镇领导口中得到了证实。当时桂林市政府每年拨款给阳朔县政府以补偿其不能经营漓江游的损失(每年200万元),县政府的公安、水警负责维持江面上的秩序,乡镇也配合县政府的工作,不允许竹筏载客游江,特别是游船在江面上行驶的两个时段(早上9点至11点,下午2点至4点),村民基本配合县政府和乡镇的禁令,但是也会在有客人的时候偷偷载客,但是需要冒一定的风险。

(3) 竹筏游在精英带动下迅速发展

　　杨堤渔业居委的黄F(1974年生,男),是杨堤最早从事竹筏游生意的一批人,他从技校毕业后在桂林市的水泵厂工作,工作两年后回到杨堤,当时他和其他五六人向政府要了指标,花了七八万元买来圩船,在杨堤渡口摆渡,2001年、2002年开始,用小船搭载散客和徒步的客人,这种小船就是桂林市政府重点打击的"三无"船只,一次能装十几个客人,常常超载,没有安全保障。2006年、2007年的时候,进入杨堤和兴坪的客人以散客为主。散客的客源不固定,黄F一贯做旅游,他认识到只有能形成稳定的团队游客源,才能获得更多的收益,因此,他与那几个同乡一起到旅行社推广这条线路。但是,当时还有一个现实的困难是，县里成立了联合执法组，他们几天到码头来一次，给村民发传单，宣传不能用"三无"船只和圩船载客，黄F他们的小船和圩船经常需要躲避执法组，客人和旅行社都有怨言。2007年底的时候，阳朔县航管处的一个科长给黄F出主意，说他们主要的执法对象是"三无"船只，竹筏是老百姓出行的工具，不属于他们管辖的范围，建议黄F他们将船换成竹筏。黄F他们几个于是将原来自家用来打渔的竹筏全部装载上7匹马力的马达，将竹子换成8跟粗塑料管，专门接旅行社的团队客人。

因为给旅行社和导游的回扣远高于游船给的7元/人的标准，旅行社给黄F带来了大量的团队客人，有时一个团五六十人，黄F等的竹筏一次都装不完。同村的村民，原来都是出身渔业队，有很好的水性，看到黄F他们通过搞旅游挣到了钱，尝试着问黄F，他们能不能也加入竹筏游的队伍，黄F能否给他们分一些客人。此时，黄F等人正愁客人多，竹筏不够，而且大家都是乡亲，能帮一把就帮一把，所以一口答应。当时渔业居委的村民都是渔民上岸，政府只给他们分了宅基地，没有田地，村里的老人靠用传统的渔网捕鱼的方式保证生计，年轻人都到竹江摆摊，收入不稳定，连温饱都成问题，为了能挣到旅游的钱，村里的十几户人家纷纷借钱买机动竹筏，靠黄F等人联系来的团队游客，2008年时每个月每户每张竹筏，旺季能收益1000元左右，淡季也有五六百元，基本能解决生计问题，还可以有些剩余。

杨堤的渔业居委的村民成为沿江最先也是最成气候的竹筏游经营者，别的村看到经营竹筏游能挣到钱，政府也没有像以前那么管得严，纷纷加入到竹筏游的经营行列中。

漓江竹筏的变迁历程是从天然取材手工制作开始的。最开始在漓江上从事旅游接待的竹筏是用竹子扎成的，没有机械动力，全靠手撑，从杨堤往兴坪顺流而下省力，而从兴坪返航时逆流而上非常费力，一趟来回需要大半天的时间；村民们一来为省力，二来也为了安全，手撑的竹筏进入航道后难以躲避游船行驶时造成的漩涡，非常危险，就给竹筏装上了简单的动力，当时的动力是7匹，烧汽油，7匹的动力在逆流而上时，以及搭载客人较多时动力不足，为此，村民们将7匹换成了13匹，将竹子的根数加多，这样能增加竹筏的动力和稳定性，但是竹子在水里泡久了容易腐坏，而且竹子的浮力不够，用塑料管可以增加浮力、省油，且更能经得起水泡，漓江的竹筏在2008年以后全部换成了塑料管。竹筏形态的变化也反映出竹筏游经营的变化：前期以散客为主，参与的村民以熟悉水性的渔民和码头边的村民为主，竹筏的成本较低，客源分散，旅游收益较少；中期一些村里有经营头脑、技术、资金和人脉（政府、旅行社）的"经济精英"将竹筏游推广到旅行社，成为一条旅游线路，招徕了团队游客的到来，竹筏游带来了稳定的客源和经济收益；后期，在"经济精英"的示范效应下，沿江村民大范围地加入到竹筏游的经营中，参与竹筏游的人数和分布可以从笔者的统计图看出来（参见图4-6和图4-7）。

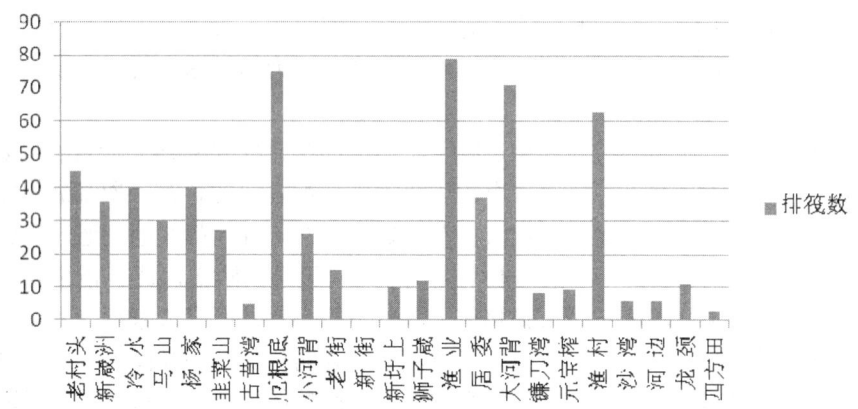

图4-6 兴坪各村竹筏数统计

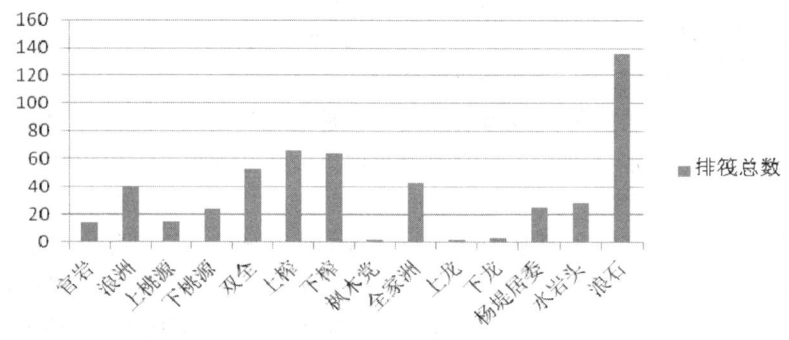

图4-7 杨堤乡各村排筏统计

据笔者2011年对兴坪镇和杨堤乡的竹筏数量的统计，沿江从事竹筏游的村民有1000多户，有的一户有两三架竹筏，最多的有四架竹筏。目前从事竹筏游的村民获取客源的方式主要有四种：第一种，到杨堤路口、汽车站和火车站揽客，揽客的基本上是40岁左右的妇女，往往成群结队，2009年和2010年两年，这种方式能揽到大部分的散客。第二种，通过网络，这种方式逐渐开始流行，以"漓江""竹筏""卢师傅"三个关键词在百度上搜索，会发现两种不同的宣传方式，一种是通过网友的游记进行宣传，网上出现大量以漓江竹筏游、徒步游为主题的游记，这些游记中往往对搭载他们出游的筏工不吝赞美之辞，如：

来桂林之前，我以为村里的人说话肯定是听不懂的，但是出乎我的意料，卢师傅不但普通话流利，而且很风趣健谈，每到一个景点，他都放慢速度，详细耐心地给我们讲解，还用了很多优美的形容词来描绘景致，非常形象。①

卢师傅不但服务好，摄影也很专业，到每一个景点都会尽量给网友介绍清楚，看到漂亮的风景还会主动帮网友拍照留念，我非常感动。他的筏子收拾得干净，卢师傅也很敬业，很多地方都停下动力用手划，让网友在漂浮的竹筏上慢慢看风景，卢师傅还很贴心呢，江上起风了，把自己的厚衣服放在竹椅上给网友挡风。②

最重要的是，每一篇游记的末尾都会留下这位师傅详细的联系方式，手机号和 QQ 号，有的网站上直接将筏工的相片配上联系方式。另一种则直接是在淘宝店中以漓江竹筏游产品的形式销售，据笔者访谈得知，筏工通过朋友介绍与淘宝店店主取得联系，从淘宝店介绍来的客人，淘宝店从游客的付费中扣除中介费后将钱转给筏工；浪石的廖 L（28 岁，男）家就有两台电脑，他的客人一半来自淘宝店，但他自己没空经营淘宝店，因为需要耗费时间，还要应付差评，村里也已经有十几户都买了电脑装上了网络。

第三种主要的方式是通过旅行社，前面提到的黄 F 就是典型的代表，他们与旅行社和导游建立了关系，从旅行社和导游手中能接到相对稳定的团队客人，收益稳定，淡旺季并不分明。第四种则主要靠口碑和回头客，在访谈中了解到，很多筏工都会尽量在途中通过讲解提供较好的服务，并且经常作为背景与游客合影，给游客留下联系方式，与游客建立联系，通过游客重游或者介绍获得长期的客源。这四种方式中，第三种通过旅行社、导游获得的主要是团队客人，而其他三种都是散客，目前占多数的是第一和第四种，第三种因为需要电脑知识，掌握电脑知识的村民的年龄基本在 20 岁左右，而从事竹筏游的筏工以 40 岁～50 岁年龄段为主，所以电脑技能难以在筏工中普及，而第三种，需要有经营头脑和人脉，也只有村里的少数"精英"有这种能力，大部分村民还是依靠口啤和回头客。

（4）竹筏游带动村民减贫

在受访的村民和筏工中，100%的人认为旅游给他们带来了明显的收益增加，阳朔县的领导普遍认为旅游给沿江村庄的村民带来了脱贫致富的机会：

---

① 遛遛社区：http://bbs.51766.com/article/1034111.html
② 百度贴吧：http://tieba.baidu.com/p/778231645

> 漓江河段流经我们阳朔的兴坪、杨堤两个乡镇10来个自然村。这些村子大部分都不通路，人多地少，自然条件恶劣，这么多年来为了漓江的保护，经济上也没得发展，村民们的生活在我们县里一直是相对贫穷的，"旅游致富"是他们改变贫困状态的一条捷径。
>
> ——阳朔县旅游局领导

以竹筏游推动的沿江旅游参与给村民带来的减贫效果可以从以下几个方面反映出来：

①解决村民不充分就业和隐性失业问题

漓江沿岸的村民的生计来源比较单一，主要从事农业种植和渔业。但是沿江村庄面临着中国农村目前普遍存在的土地问题：人均耕地少。导致耕地面积少的原因，主要有三个：一是特殊的地形地貌，漓江沿岸属碳酸岩石峰丛和岩溶盆地地貌，沿江村民面江背山，可用于耕作的平地面积较少，兴坪、杨堤两个乡的人均耕地面积仅为0.8亩左右；二是目前农村家庭户的耕地面积是在1981年土地承包改革时分的，三十几年来，家庭人口数不断增加，而土地数量却没有增加；三是洪水等自然灾害导致土地面积缩小。

土地面积少，沿江村民的农业生产的劳动强度不大，以果树种植为例，一年里除了几次施肥和杀虫，就要等到挂果后采摘才比较忙碌，其余大部分时间是不需要特别护理的。村里的成年男性除了农业生产外，还有一项生计来源，是帮其他村民盖房子，但是这项活计并不是经常有的。原来沿江还可以养羊，但是景区后来禁止养羊，这项活计也没有了。村里20岁~35岁的年轻人大部分都已经出外务工，村里35岁~55岁之间的村民靠种田、种果树获得的收益有限，而且这个年龄段的村民还要承担老人的养老和未成年子女的教育支出，生活压力大，又没有别的技能和外出务工的机会。这群人事实处于不充分就业状态，或者说是隐性失业中。

沿江参与竹筏游经营的筏工年龄段在35岁~55岁之间的成年男性的比例高达70%，年龄在20岁~35岁之间的男性筏工比例为25%，有少部分的女性开竹筏，但是是在丈夫和儿子都不在家的情况下，年龄最大的是60岁。去汽车站、火车站、杨堤码头拦客人的全部为女性，年龄集中在35岁~45岁，她们基本上是在农闲的时候，或者是旅游旺季，帮自己家拦客人，还会拦下客人分给其他筏工，收取中间差价。

从事竹筏游经营对村民来说，日益成为一项主业，尤其是在旅游旺季和黄金周期间。村民廖L说，他原来是在外面打工的，一个月1000~2000元，累得要死，回来撑排子，有客人的时候才用出去，而且现在是机械排，不花太多力气，又能照顾家里的老人和小孩，一个月随便都可以挣到1000～2000元，比起来，在家更划算，生活开销要小得多。

竹筏游的收入并不是村民的唯一收入，却成为重要的补充，甚至占据了家庭收入的支柱位置，以一个核心家庭为例，1981年以后出生的村民是没有土地的，所以一个四口之家的土地为2亩，即使在果树挂果的年份，果树收入一年为5000元左右，而竹筏一年的收入为1万元至3万元。如果客源固定，收入可以达到5万元至6万元。漓江竹筏游的价格主要根据游程的长短在50～200元之间浮动，淡旺季由于游客人数的浮动，收入并不固定，但是一张排子平均下来每个月能挣到1000～2000元。没有钱买排子的向亲戚借钱买排子，或者帮别人开排子。从朝板山到画山，帮别人开排子10元/排，自家的排子别人的客源35元/排。

> 以前没开排子前，要贷款买农药肥料。开了排子，就不用贷款了。现在村子里中年人开排子，年青人出去打工，老人种田。
>
> （全家洲村民廖L）

对于杨堤渔业居委的渔民来说，竹筏游带给他们的经济收益更加重要，因为上岸后没有地，他们的收入来源更加单一，竹筏游并不需要整天守在江边，有客人了才去撑排子，没客人的时候则可以打渔。

② 增加商业机会，扩大生计来源

竹筏游不仅仅给村民带来了直接的经济收益，还通过延长游客逗留时间和增加服务项目等方式，给其他村民创造了商业机会，沿江村民从事农家饭、民居旅馆、照相、纪念品售卖和农副产品买卖的都获得了经济收益。根据2011年阳朔县对沿江的各个旅游摊点统计的结果，共有210处照相及旅游纪念品摊点。

> 我煮的菜好好吃的，过去我的餐馆里面总不缺客人，现在还有客人打电话来，要在我家住，要吃我炒的菜。不过我现在不开店了，我老公开竹筏，我在家里当医生，实在是找不到人帮忙，我们村个个搞旅游，前两年旺的时候，我姨妈七八十岁了，去洲子上摆个摊，卖点炸鱼仔，一个月也捞得到千把块，哪还有人帮做事，只好把店关了。（画山村村民谢J）

谢姓村民是冷水村的党员，在村里还开有药店，家里也有竹筏，因为找不到人帮忙，徒步游时期开起来的农家餐馆已经歇业了。

在冷水村，80%以上的农户都盖起了新房，这个村子有个洲子正对着九马画山，村民们就在洲子上摆起了照相摊，一共有7家照相摊子，还有几个老人家摆的卖炸鱼的摊子。在冷水尾，另一个洲子上还有20家照相的摊子。照相的设备要3万元一套，都是年轻人，因为照相打印需要用电，都是从自己家拉出来的电，别的村没有这个地利条件，只有本村的人可以经营。一张相片4元的成本，分给带客来的筏工1.5元/张，一天一个摊可以收到100～200元。

竹筏游带动了各种旅游经营，老人通过摆摊卖农副产品、年轻人通过照相，沿江村民真正从旅游发展中获得了直接收益，实现了减贫。

徒步游、竹筏游的兴起给沿江村民带来了参与旅游经营的机会，让村民切切实实地感受到了旅游对收益增长的好处，但是旅游在实现减贫的同时，也造成了一些负面影响。

（5）竹筏游泛滥及旅游发展的负面影响

① 景观质量受到影响

漓江给游客的印象是青山秀水，宁静闲适，漓江的典型宣传画上常常是一个身披蓑衣的渔夫撑着一排竹筏漂在清可见底的江水上。很多游客就是怀揣着这种想象来到桂林，来到漓江，但是如果他们在2008年以后来到漓江，见到的就是另一幅画面了：狭窄的江面上挤满了竹筏，竹筏发动机的声音轰鸣，江水在发动机的搅动下日益浑浊。游客们反映，这样的江面更像一个竹筏集市，而不再是风光秀丽的风景区。

②竹筏游的安全隐患

竹筏游与游船共用一个航道，容易引发安全事故，对游客的生命和财产安全带来威胁，[①] 以网上公布的两则新闻为例：

> I（2009年8月4日）桂林晚报讯，8月4日桂林市发生一起游客乘坐旅行社安排的竹排游览的安全事故，这家旅行社将接待的安徽旅游团安排到阳朔杨堤坐竹排游览，当时游客分乘5条竹排从杨堤下往兴坪。游览至下龙湾一带江面时，竹筏为避让游船造成倾覆，游客落水，其中一名30岁左右的男性游客溺亡。事发后桂林市旅游局向各县（区）和各旅行社发出紧急通知，要求各单位规范组织水上游览经营行为，一定要确保水上游览安全，以防事故发生。
>
> （记者 唐林洪）

[①] 中新网：桂林漓江一载客竹筏与游船相撞 一游客落水身亡 http://www.chinanews.com/sh/2010/09-10/2525115.shtml

Ⅱ（2010 年）中新网 9 月 10 日电，根据广西桂林市阳朔县政府披露的情况显示，9 月 7 日一艘搭乘了 5 名游客的机动竹筏在行至漓江杨堤河段时因避让不及，与返航的旅游船发生碰撞，竹筏翻沉，导致 5 名游客 1 名筏工共 6 人全部落水，包括筏工在内的 5 人被救起，1 名福建籍游客则不幸溺水身亡。

（记者 唐梦宪 伍章明）

Ⅲ 据统计，2011 年 1 月至 7 月期间，桂林漓江共发生了 8 起水上交通事故，事故造成共 21 人落水，2 人轻伤。[①]

漓江上的水上交通事故每年都发生，在这些事故中，竹筏导致的事故成为一项主要内容。由于这些竹筏并没有购买保险，筏工（村民）本身的赔偿能力有限，因此一旦发生事故，游客很难索赔。

除了与游船抢道，竹筏还存在超载现象，据村民黄 F 介绍，2012 年以前，政府对竹筏超载不管，他们接到的团队游客一般按照 5~6 个人一筏来排，黄 F 很自信地说：

> 现在的塑料管好粗的，莫讲是 4~5 个人，就是 6~7 个我都能装，这种塑料管做的排子浮力大，可以装 8~9 个人都没关系，都不会翻船的，就算翻船，我们都是渔民出身，水性好，不怕。

村民们为了节约成本，往往将 5~6 个客人拼到一张竹筏，竹筏的浮力有限，在筏行至九马画山一带时，水流在这里产生回旋，超载的竹筏筏工很难控制，容易造成倾覆，给游客的生命安全造成了隐患。来游江的客人自己都有朋友或者亲戚，不愿与陌生人拼筏子，但是不拼筏子，团队的费用就要增加，为此组团的筏工经常跟游客发生争执。

竹筏上原本并没有配备任何救生设备，后来在政府的要求下，每张筏子上都配上了救生衣，但是客人游江时为了拍照或者是天气太热都不愿穿，筏工也不会主动要求客人穿上，而且竹筏没有护栏等防护措施，存在着严重的安全隐患。

---

① 上述案例根据广西新闻网和桂经网 http://www.gxi.gov.cn/zlgx/lygx/hydt/201202/t20120229_415866.htm 等多个网站上的新闻整理。

③竹筏及相关旅游经营项目收益导致的利益冲突

竹筏游及相关的旅游经营项目给沿江的村民带来了经济收益，一定程度上减轻了沿江的贫困现状，甚至给部分村民带来了致富的机会，但是也因为旅游发展导致了各种矛盾和冲突。

第一，游船企业与筏工之间。

2005年，杨堤兴坪段的游览只接待了2万多人次，即使以210元每张票价来计算，总共也就420万元的收入，与此同时，漓江游览正规航线年均接待游客数量是150多万人次，因此这个时期矛盾并没有凸显。随着游客量的增加，杨堤—兴坪段的游览项目逐渐成熟，从2008年起，受沿江村民经营的竹筏和"野马游船"的冲击，漓江正规旅游航线游客锐减，政府资源使用费收入增长缓慢，尽管到桂林游览漓江的游客逐年增长，但乘坐正规游船的游客数量却以平均每年20%的比例下降，2010年上半年，下降幅度更是高达40%。正规游船目前每个月平均只能开3个班次，许多航运企业出现了大幅亏损。① 在进入漓江景区的游客总量增加的前提下，2010年上半年，桂林—漓江段正规航线上半年接待游客为56.70万人次，总收入为12142.83万元，桂林市政府从中获得的地方财政收入为5646.06万元；与2009年上半年相比，游客人数、门票收入和桂林市财政收入分别减少了33.14%、34.38%、33.20%。②

游船企业的漓江游经营指标都是经过拍卖从桂林市政府获得的，当时为获得经营指标游船企业向桂林市政府支付了一笔数额较大的费用，此外，游船的每一张船票，都需要从中提取100元的资源使用费给桂林市政府。从这两方面考虑，游船企业与桂林市政府的利益是一致的。因此在面临巨大的竞争压力情况下，游船企业向桂林市政府施压，要求桂林市政府尽快出台措施，打压漓江上的竹筏游，维护市场秩序。桂林市政府也多次联合多部门和阳朔县、乡镇对漓江上的竹筏进行执法，但是收效甚微。村民对这种联合打击习以为常，形成了"你来我藏，你走我游"的策略，桂林市的联合执法组要来的消息会在前一天就传到乡镇，乡镇将消息再传给沿江村民，村民会和导游、游客商量好，等到执法队下班再出游，这种猫抓耗子的游戏，村民们见怪不怪，游客也能体谅配合。

但是竹筏游对游船的打击还是显而易见的，尤其是对上市公司桂林旅游股份有限公司，该公司拥有游船89艘，约占桂林市漓江游船总数的46%，漓江涉外游客的接待量约占桂林市漓江涉外游客总量的84%，漓江国内游客的接待

---

① 漓江旅游：理顺体制迫在眉睫 http://finance.jrj.com.cn/2010/11/2500598640705.shtml
② 数据来源：漓江游览调度结算中心。

量约占桂林市漓江国内游客总量的40%。[143]竹筏游的冲击使得该公司年报上反映出来的收益增长放缓，市场对该公司的盈利能力信心不足，导致了该公司股价的低迷。

游船企业与竹筏游之间的利益竞争关系，使二者的矛盾难以调和。

第二，游客与筏工之间。

游客与筏工之间也形成了各种矛盾，这些矛盾甚至有时会爆发冲突。第一方面的矛盾是由于筏工间不成文的规定"谁跟上的客人别人不能抢"造成的。团队客人或者网上预约过的客人，都是有固定的联系好的筏工负责接待的，别的筏工绝对不会去抢这部分客人，筏工们争的客人都是散客。出租车司机会极力游说前往码头搭游船客人搭乘竹筏游江，再把同意的客人送到杨堤或者兴坪，交给相熟的筏工，事实上出租车司机或者类似的"野马导游"已经与筏工达成了交易，客人就只能坐这个筏工的竹筏，如果客人觉得价钱不合适或者想选择别的竹筏，这个筏工是不答应的，别的筏工也不会来抢这种客人，这个规矩是不成文的，但是却很好地约束着筏工们的市场行为。游客并不清楚这个规矩，想要试图脱离这个筏工的控制，筏工就会对游客放狠话"你不坐我的排子，今天你就游不成江"，客人迫于压力最后只能选择这个筏工的竹筏，这样的市场行为被游客理解为"强买强卖"，虽然消费了，但是消费是非自愿的。

第二方面的矛盾则在于筏工们的"偷工减料"行为，淘宝网店上打出的杨堤—兴坪段竹筏的价格是80元/人次，事实上这个价格只能游完杨堤—九马画山，游客需要从九马画山坐电瓶车回兴坪镇，杨堤—兴坪全程应该是在兴坪的朝板山码头上岸，走出去就是兴坪镇。旅游旺季的时候，游江的客人多，筏工为了能多载几趟客，往往采取把客人拉到半途（九马画山）就返航的方式或者将竹筏的马力开足，飞速送往目的地，游客没有时间拍照和欣赏景色，三四个小时的游程一个小时就结束了。而通过这种方式，竹筏一天可以跑三趟来回。游客们经常会为了这种欺诈行为向乡镇政府、阳朔县政府甚至是桂林市政府的旅游管理部门投诉，但是这些部门的说辞是，竹筏属于非法经营，是村民的个人行为，发生了纠纷只能自己协商解决，如果发生斗殴和冲突，派出所才会出面调解。据杨堤派出所的所长反映，以前没有竹筏游的时候一个星期报警电话响一次，有了竹筏游后，报警电话一天响一两次，都是处理游客与筏工之间的纠纷的。

第三，村民内部。

竹筏游兴起后，村民内部也出现了矛盾，最初这些矛盾集中体现在"抢客"上，散客一下车，"喊客"的妇女们会一拥而上，游说客人坐自己家的竹排，在这种争抢过程中，摩擦和争吵甚至是身体碰撞都是难免的。随着游江游客的增多，矛盾转移到经营徒步游渡口的村民和经营竹筏游的村民身上。无论是杨堤的民营徒步游公司，还是兴坪的政府办徒步游公司，都在杨堤路口和兴坪的码头入口设立了徒步游景区门票售卖亭，不管游客是要徒步还是坐竹筏游江，都需要购买16元的徒步游门票。从事竹筏游经营的村民认为这不合理，游客选择的是游江不是过渡，不使用渡船，就不应该交这个门票。而渡口附近的村民和政府则认为，游客只要进入了景区，使用了渡口，不管是以坐渡船还是以坐竹筏的形式，渡口是村集体的，游客都要交渡口使用费和景区门票。为了是否购买徒步游景区门票，村民之间经常发生矛盾。尤其是随着竹筏游的兴起，徒步走完全程的客人越来越少，大部分客人选择走一程坐竹筏游一程的组合方式，这就使得徒步游和竹筏游不同的经营主体之间发生了更为复杂的利益纠葛，导致了矛盾和冲突。

④环境问题

江面上的竹筏数量迅速增长，除了影响到漓江的景观形象外还带来了一系列的环境问题。一方面，筏工为了省力以及装载更多的客人，将机动竹筏的动力从7匹换为13匹，为了节约成本，使用的是低标号的汽油，这种动力装置油耗大，正常情况下，从杨堤到兴坪，油费为35元左右，由于燃烧不充分，竹筏启动时经常会冒出黑烟，还会出现漏油的情况，废气和漏油污染了漓江的环境。这种动力装置还有一个最大的问题是噪声，从杨堤往兴坪顺流而下时，可以暂停机动，竹筏漂在水上，相对安静，但是从兴坪往杨堤逆流而上时，则需要开足马力，马达的轰鸣声造成了噪声的污染，这都是竹筏本身带来的环境污染。另一方面，徒步游、竹筏游的兴盛，给沿江带来了大量的游客，这些游客对漓江鱼的需求量日益增长，导致了漓江鱼的价格上涨，沿江只有原来的渔业队是有合法捕鱼资格的，但是在高启的鱼价刺激下，沿江村民也加入到捕鱼的行列中，与渔业队的渔民传统的用渔网捕捞的方式不同，村民们采取了电鱼的方式，用网捕捞，小的鱼苗可以从网里漏走，形成正常的生态循环，而电鱼则无论大小一并电死，采取的是涸泽而渔的短期行为方式，电鱼还会对鱼的生殖造成影响，鱼类无法正常繁殖。尽管渔民向政府再三反映这种危害，政府也下达了有关禁止电鱼的禁令，但是"漓江的水域面积这么大，江这么长，很难管理"，村民们基本上都是在晚上出动，政府也制止不了。据渔民们反映，这两年漓江可以捕捞的鱼的种类越来越少，鱼的数量也越来越少，渔民们单靠捕鱼已经很难维持正常的生活了。

各种负面影响和矛盾促使桂林市政府和阳朔县政府都努力寻求应对的措施，同时漓江竹筏游带来的巨大的经济收益也刺激了政府参与管制和分享利益的积极性，在这种情况下，阳朔县政府决定对漓江竹筏游、徒步游实行统一管理。

4.4 重新"自上而下"的旅游发展对贫困减轻的影响

4.4.1 各方利益博弈中诞生的阳朔漓江公园

阳朔县政府一直都试图开发漓江的旅游资源，1999年阳朔县政府在漓江的下游，从阳朔镇至普益乡段，经营游船。这种经营行为被桂林市政府以行政命令的方式制止了，但是桂林市政府对阳朔县政府做出了一定的补偿，每年从漓江资源使用费中划拨2000万元给阳朔县政府，作为阳朔县不能经营漓江旅游的补偿费。1998年，克林顿到访桂林，其乘坐的游船在兴坪镇内的渔村停靠，这个事件使得渔村从此成为漓江上一个重要的人文旅游景点。兴坪镇政府组织了几家兴坪的私营船主，成立了"总统之旅"游船公司，经营从兴坪镇码头到渔村之间的旅游线路，这是一条横穿过漓江主航道的游程，只要能避过大游船途经此处的高峰期，并不会对漓江游览造成太大的影响，此外，这段游程较短，并不能反映漓江的全貌，与漓江精华游并不存在太大的竞争。但是，即便如此，这个旅游经营项目仍然破坏了桂林市政府对漓江景区旅游资源管理的完整性，游船主只与兴坪镇和阳朔县交通局构成利益合作关系，直到今天，经营"总统之旅"的游船仍然被桂林市政府认为是包含在需要取缔的非法营运船只之列，但是桂林市也没有找到有效的办法禁止这段游程的经营。可见，阳朔县政府一直试图从旅游收益中获得利益，只是限于与桂林市行政级别上的隶属关系，这种努力一直是小心翼翼地试探着。"总统之旅"是阳朔使用漓江旅游资源较为成功的经验之一。竹筏游带来的一系列问题，使得桂林市政府不得不谋求阳朔县政府的管理配合，阳朔县政府也正好借机重新将漓江旅游资源经营权的使用提上议事日程。

阳朔县政府2010年向各乡镇、机关发布了《阳朔漓江景区建设运营总体实施方案》（以下简称《方案》），正式启动了筹建阳朔漓江景区的行动。根据这份《方案》显示，阳朔县首先成立了阳朔县漓江景区管理委员会，管理委员会的主任由县委常委、政法委书记担任，3名副主任分别由副县长、县公安局局长和农业局书记担任，成员则包括了兴坪镇镇长、杨堤乡乡长、县公安局和县旅游局的领导。阳朔县政府还组建公司营运管理机构：阳朔县漓江公园管理有限公司。而这个公司与一般的旅游经营企业不同之处主要体现在：一是公司的管理人员全部是兼职，从公司的老总、副总到财务均为政府各部门的工作人员；二是成立了综合执法大队，执法大队的执法权由县政府授予；三是公司从景区经营收益中直接拿出部分经费作为沿江景区内群众的分红资金,参与分红的群众的界定是从草坪与杨堤交界的官岩村,到阳朔镇与兴坪镇交界的四方田村,在漓江沿岸第一重山内的村民(含兴坪、杨堤集镇);四是整合了漓江阳朔段的旅游项目,包括渔村"总统之旅"、竹筏游和徒步游,将阳朔段建成一个封闭景区。而对日后引起各方争议和矛盾的竹筏游,《方案》也做出了详细的规定,首先是关于景区内竹筏的指标问题,原来景区内的竹筏总数达到了1600多张,根据与桂林市协商的结果,将景区内的竹筏指标总数定位在590张,其中杨堤190张,兴坪400张(参见图4-8)。

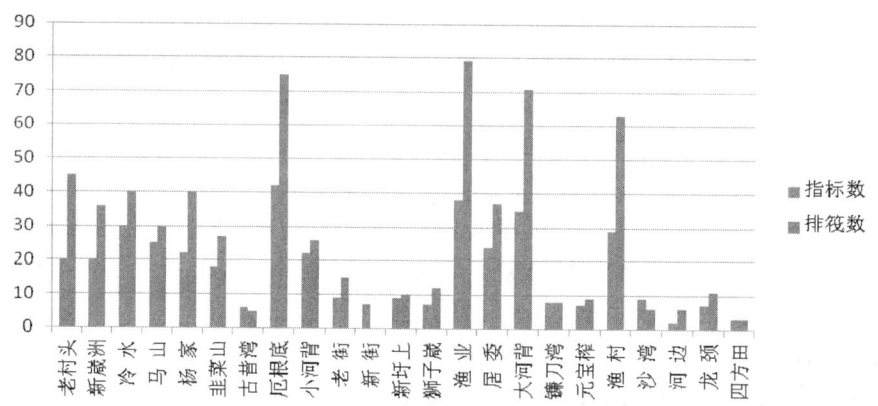

图 4-8 兴坪镇指标数与竹筏数对比

具体指标的分配以各村现有的竹筏数和自然村(居委)人口数的比例来进行,同时做出规定,不准景区界定范围外的竹筏进入景区载客营运。竹筏游票价也进行了统一的规定,如兴坪的票价是80元/人,不足4人的情况下算包筏,即320元/筏;从杨堤至冷水(马山)的票价是110元/人,不足4人也算包筏,即440元/筏,但是与兴坪乘竹筏返程原价不同,冷水返回杨堤可适当优惠;其他的行程如果游客要求进行的短途游也统一要购80元/人的竹筏票(这项规定引发了后来徒步游收费风波)。在具体的竹筏游收入分配比例中,首先要扣除每人10元作为景区建设基金,其余的收入按照旅行社(导游)佣金20%,筏工28%,公司管理费10%,卫生保洁费3%,游客保险1%,物价调节基金10%,宣传促销费3%,乡(镇)和相关部门管理工作经费5%,缴税10%,景区群众10%,其中兴坪和杨堤是分开售票的,所以杨堤竹筏游收入的8%平均分配给杨堤乡界定的受益群众,兴坪竹筏收入的8%平均分配给兴坪镇界定的受益群众,兴坪、杨堤竹筏游收入的2%平均分配给景区界定的所有受益群众。

阳朔漓江公园景区从 2011 年开始进行基础设施建设，最主要的是对兴坪和杨堤景区的大门的修建（参见图 4-9），景区于 2012 年 1 月开始试运营。

图 4-9　阳朔漓江公园管理有限公司与新建的景区大门（杨堤）

在谈到景区成立的过程时，阳朔县政府的领导是这样说的：

　　我们景区来之不易，首先要与市有关部门博弈，跟他们开了很多次协调会，谈判；还要和市相关利益群体如游船公司、旅行社博弈。最后得到市委市政府肯定、批准，拿到营业执照。但是市政府又给我们出难题，要我们从坐船的源头收门票，门票和船票分离，市里面要将门票全部收掉。

从这位领导的话里可以看出，阳朔漓江景区的成立得益于县政府与桂林市政府和游船企业的协商和博弈。桂林市政府一直不同意阳朔在漓江风景区范围内再单独成立一个景区，并且试图对这个景区从行政的角度进行规范，当时兴建杨堤景区大门（参见图 4-9）时，桂林市漓江景区管理委员会曾经以大门修建在漓江沿岸 50 米可视范围内，属于违章建筑，要求阳朔县政府、漓江景区管理公司立即停工拆除，限期内不拆除，桂林市要对其进行处罚。这则处罚决定落到管理公司老总手上时，老总对具体负责的工作人员说：

　　管他桂林市什么事，不用理他，我明天跟县里面讲一声，大门还是要建，抓紧建，争取快点建好。

大门最终在 2011 年底修建完工。2012 年景区试运营后，桂林市政府对景区的态度转变，从原来的反对到无可奈何地承认。2012 年 3 月 1 日，桂林市海事局联合其他8个部门联合颁布了《广西桂林漓江排筏航行安全监督管理办法（暂行）》（简称《办法》）以及《桂林市规范漓江风景名胜区排筏载客营运管理工作方案》（简称《方案》）。《办法》明确提出，漓江景区排筏载客营运的原则是"政府引导、市场运作、各方受益、依法管理"，具体的管理措施包括限区域、限时段、限数量，规范服务、规范标准，并且在这个《办法》中承认了阳朔对竹筏实施的公司化运作的方式，明确了排筏营运管理公司的责任和义务，将排筏载客营运的"四统一"（统一调度、统一售票、统一票据、统一结算）管理方式作为合法的管理方式。至此，阳朔漓江公园景区得到了桂林市政府的承认，"竹筏游"也结束了长达10年的非法身份，成为漓江游览中一个合法的游览方式。

4.4.2 规范化公司运营的成效

阳朔漓江公园景区管理有限公司从2012年1月5日开始试运营，其间因为筏工罢工停运一个月，共运营了11个月。全年接待游客总量为99.7万人次，总收入6600万元，其中：排筏收入4319万元，渔村"总统之旅"（2月份纳入统一管理）收入2296万元。支付筏工费1402万元，"总统之旅"船主费592.2万元，工程款约1700万元，缴税367万元，物价调节基金660多万元，景区群众资源保护补助费800万元，参与分配的1.5万沿江群众每人平均分得540元左右。

景区规范化管理后，桂林市政府和游船企业基本认可了景区的管理成果。桂林市海事局的主要领导谈到：

> 漓江阳朔段规范化管理以来，水上交通事故发生率逐年下降，2011年内部通报的水上交通事故有二三十起，且有人员伤亡，2012年只有几起事故，没有人员死亡，这主要归功于规范化管理后，游客都穿上了救生衣，竹筏也避开了游船下行和回程的高峰，这对于主管安全的海事部门来说是好事。

对于游船企业来说，利好主要体现在两方面，一方面由于规范化管理，统一了竹筏游的价格，高启的票价导致了选择竹筏游的游客减少，选择游船的游客人数出现回升；另一方面，规范化管理后，竹筏游在航行过程中尽量错峰，避开主航道，减少了安全隐患。

阳朔县政府也从这种管理中获得了经济收益和政治利益，经济上扣除各项支出后，阳朔县获得包括税收、物价调节基金在内的共2000万元的收入。政治上通过对漓江阳朔段的封闭式管理，获得了桂林市政府承认的合法的漓江旅游资源的经营权和收益权。

景区规范化管理对贫困减轻及减贫的持续性方面也做出了有益的尝试，并且取得了一定的成效。

首先，在生态保护补偿方面，过去沿江村民为漓江风景区的生态保护付出了相当的成本，如按照景区保护的条例，村民们被禁止砍伐、禁止养羊、禁止采石等，减少了村民的生计来源，制约了村民通过种养减贫的可能性，由于保护景观的需要，两岸不能修路修桥，交通基础设施的落后也成了两岸村民减贫的重要制约，一直以来，桂林市政府和游船企业都没有对村民付出的生态保护成本做出相应的补偿。阳朔县政府通过建立阳朔漓江公园景区，从景区收益中拨出10%的比例作为景区群众对资源保护的补偿，2012年共支出800万元，参与分配的1.5万沿江群众每人平均分得540元左右。比例就意味着这笔费用并不是固定的数额，而是随着景区盈利能力的上升而增加，比起固定的数额来，更能激发保护区内的群众对生态和景观进行保护的愿望。

其次，景区管理有限公司还创造了一些新的就业岗位，如票务员35人，排筏管理员30人，游船管理员15人，电瓶车司机70人，协警及综合执法人员65人，其他办事人员15人，共210个就业岗位，全部是附近乡镇的农民。这些岗位的年人均工资都有1万5千元左右，就业机会和工资收入给村民提供了稳定的家庭收入来源，而且景区公司还按照国家的规定为员工购买了各种保险，这些福利保障增强了村民抵御疾病、失业等危机的能力，减少了返贫的可能性。由于漓江风景区保护的需要，景区内缺失支柱性的其他产业和乡镇企业承载剩余劳动力，景区公司提供的就业机会不但解决了剩余劳动力的去向问题，还因为景区就在农村，剩余劳动力可以实现就地非农化，这对于解决我国社会二元结构对贫困减缓的制约问题有重要的现实意义。

最后，规范化管理要求对景区内的从业人员进行培训，这些培训包括筏工的安全技能培训，服务技能培训等，根据桂林市海事局的统计，2012年全年，桂林市海事部门对杨堤景区的200多名筏工进行了培训，提高了筏工的安全意识和应对危险情况的能力。景区公司还组织了对导游人员和筏工的服务技能培训，提高了筏工的服务技能。规范化管理之前，筏工们是没有获得这些免费培训的机会的，各种培训提高了村民的技能，提升了村民的发展潜力，为村民的减贫致富提供了持续的动力。

以上这些方面反映出，"自上而下"的规范化公司运营对区域内的贫困减轻和致富有一定的积极作用。但是这种规范化管理在收获成效的同时，也引起了各种各样的矛盾和冲突，这种矛盾和冲突都是围绕利益展开的，集中表现为景区公司与沿江村民之间的矛盾和冲突。

4.4.3 封闭式的景区管理引发多重矛盾和冲突

（1）两次冲突

景区自 2012 年 1 月 5 日开始试运营，统一管理后形成了高价门票，使得景区内的客源与去年同期相比明显减少，村民以堵路、堵河、罢工等形式来表示不满，其中两次较大的冲突都发生在兴坪，每次冲突持续时间都长达一个月，影响景区正常营业。

第一次冲突发生在 2012 年 2 月，景区刚开始试运营。1 月本来就是漓江游览的淡季，加上去年的 1 月天气非常冷，景区的门票刚刚涨上去，游客和旅行社一时还没法适应，1 月份的竹筏游游客人数非常少，筏工这么形容当时的处境：

> 景区成立以后，对竹筏实行统一管理，我们自己不能私下拉客，要按照景区的规定进行轮班，我们的收入只是门票价格中的一小部分提成。如果客人多，能保证收入也就算了，现在这个门票价格涨得那么高那么快，游客都没反应过来，根本就没人来坐竹筏。我第一个月的收入连 100 块都不到，与去年一个月少说 1000 元的收入相比，简直是天壤之别。

2012 年 2 月 2 日，兴坪镇马山村村民堵塞漓江景区道路，不让景区观光车通行，面对接到消息赶来调解的兴坪镇派出所和兴坪镇政府工作人员，村民代表提出了 5 点要求：①景区道路施工损坏了灌溉农田用的水渠和田间的道路，影响了农业生产，要求景区派人修好灌溉渠道和田间道路的台阶；②马山码头建设占用了村民的土地，补偿是按照国家的道路建设征收土地的标准，和景区用来经营的性质不同，补偿的标准不合理；③码头所在的村村民享受的分成太少；④景区将原来的旅游品摊位和摄影点都取缔了，村民的日常收入受到了很大的影响，要求景区按照原来的标准重新安排摊位和照相点；⑤景区取缔村民私有电瓶车运营后，村民出行困难等问题。得到工作人员尽快解决问题的承诺后，村民们将路障清除。

2 月 3 日，工作组在与县领导、公司领导沟通后，进村向村民进行答复和解释。大多数村民对多项答复表示认可，但有部分村民又进一步提出，马山村民分成过低，要求对上马山码头的游客收取人头费，并要求马上给答复，工作组提出要向县委县政府汇报，经过领导讨论研究后方能答复，但是当时群众认为工作组在敷衍，没有解决实际问题，再次将景区道路堵塞，并阻止排筏到马山码头靠岸，准备将工作组船只推向漓江时与维护秩序的协警发生冲突。马山码头所有排筏无法停靠，游客被滞留江面。兴坪镇人大主席到现场维护秩序，组织兴坪排筏返航，杨堤排筏下至厄根底码头停靠下客，并与村民代表商谈。村民在原来提出的问题基础上，加上了要求景区安排马山村民就业的问题。当天下午，县领导带领工作人员再次向群众解释，由于具体的细节上村民对县领导的答复不满，拒绝清除路障并坚决组止排筏靠岸。之后厄根底村民、小河背村民也出来阻止排筏在厄根底码头、朝板山码头停靠和出筏，兴坪、杨堤排筏只能到榕树潭码头停靠和出筏。

2月4日，部分村民又把榕树潭码头封堵，阻止排筏的停靠和出筏，景区的竹筏筏工开始罢工停运。2月5日上午10点左右，榕树潭码头聚集了100多名群众，为首的是兴坪老街的黄姓村民，他们说：榕树潭码头是属于兴坪村委的地盘，要求兴坪—渔村（总统之旅）将所得的利益应分成给兴坪村委的居民，要求镇政府领导立即到现场给予答复，否则，所有船只和竹筏不准在兴坪码头搭客运营，村民们不准游客买票登船游江，这导致兴坪至渔村的所有船舶停运。兴坪镇党委、政府主要领导立即带领工作人员赶到现场，做群众的思想工作，聚集的群众于下午1点左右有序地自行离开。2月6日，村民们继续到兴坪榕树潭码头聚集，景区被迫停运所有船只，同时他们还准备在晚上召开会议，商议2月7日召集兴坪村委8个队的群众在兴坪码头聚集，继续干扰票亭售票，不准游客买票登船游江。景区所有的船舶、竹筏都处于停运状态。

2月7日，县领导、兴坪镇政府、兴坪镇派出所主要领导，漓江景区公司中层以上主要领导针对此次群众阻止景区营运事件召开了会议，讨论和研究解决村民提出的要求，并组织工作组进村入户摸底排查，向群众解释相关问题，收集群众意见，落实工作。当天，景区公司和兴坪镇政府组织了相关人员确定照相点如何摆设；马山村民提出的要修建好水渠和下田间道路的台阶，政府也派人去修了，但是有村民出来阻拦，还提出要先解决好马山码头的问题后再修建水渠和台阶。接着在1点钟左右，杨堤乡的筏工也罢工了，所有的排筏停止运营。

整个罢工时间持续了1个月，村民提出的部分要求得到解决，如修水渠、田间道路，重新安排照相点和摊点等，但是对于涉及利益分配的问题并没有得到解决，如村民提出的提高筏工分成比例，提高码头所在村村民的分成比例等，虽然景区在县委县政府的协调下恢复了营业，但是问题没有完全解决的后果是第二次冲突的发生。

第二次冲突发生在2012年6月11日至7月10日，历时1个月。冲突的起因是郑姓村民为首的厄根底村民30多人认为朝板山码头的所有权属厄根底村，原修建的码头没有得到补偿,景区使用该码头半年多没有给任何补偿,他们在6月11日组织起来,用水泥砖将朝板山码头一带所有出入口全部封堵(参见图4-10),造成游客不能在朝板山码头上船筏。这次政府并没有同意村民提出的要求,而且态度较为强硬,朝板山码头被封堵期间,景区组织游客在兴坪大码头和小河背码头上下排筏,政府在村民不同意恢复码头使用的情况下,动用工作人员强行拆除了封堵的石头,在7月恢复了朝板山码头的正常使用。

图4-10 被堵住的朝板山码头

两次冲突都是围绕着利益分配展开的,利益分配方案中涉及两个不同层次的矛盾:一个是村民之间的分配比例,一个是村民与景区公司之间的分配比例。参与堵路和罢工的第一类人是码头所在村的村民,这些人认为平均分配10%的收益是不合理的,码头对景区的经营起到了重要的作用,因此应该提高码头所在村村民的分配比例。第二类人则是筏工,他们认为筏工所得的分配比例太低,景区占的比例太高。按照原来的分配方案,景区运营后是要收取景区门票的,100元/人的景区门票中有20元/人作为景区内电瓶车的费用,由景区管理公司收取,但是因为在实际运营过程中,并没有收取100元的门票,电瓶车的费用就包含在了竹筏游的票价中,按照现在的分成比例,以杨堤—兴坪(朝板山码头)为例,一张票的价钱是98元,其中20元付给公司的电瓶车(从朝板山至兴坪街),34.5元给筏工,以一筏4个人来计算,筏工获得的分成是138元,但是138元里还要扣除40~45元的油费,一趟下来筏工实际的收入只有90元左右,而电瓶车一车可以坐10人,一趟就是200元,距离近且不耗油,这使得筏工对这种分配比例持反对态度。

在谈到县政府、景区公司与群众的冲突时,县里领导说:

> 景区的大部分群众是配合的、支持的,一点碰撞都没有是不可能的,

今年 1~7 月份，兴坪发生的两次堵码头的事件产生了重大影响，耽误了差不多 1 个月的时间，六七十万元收入没有了，损失的是大家的利益。

这两次冲突最终得以解决，县委县政府发挥了协调作用，第一次冲突，涉及的面比较宽，村民们提出的要求比较多，部分是可以立即解决的，县委县政府通过先解决部分要求安抚群众的方式，缓和了群众的对立情绪，以较为平和的方式解决了冲突。在第二次冲突中，村民人数不多，提出的要求单一，且牵涉大部分人利益的重新分配，县政府没有妥协而是采取了暴力手段，不但显示出政府在面对村民时仍然处于强势地位，还表明政府对利益分配方式上不愿谈判和调整的意愿。

（2）利益比较后形成的不同群体对景区的影响

不同的村民对景区成立后的旅游发展的影响存在着不同的感知，这些村民通过利益比较后形成不同的群体，不同的群体对景区持不同的态度，并且通过各自的行动反映出他们的态度，从而对旅游发展产生正面或者负面的影响。[144]

冲突反映出部分村民对阳朔县政府实行"自上而下"的管理模式的不满，但是并不是所有的村民都不满，景区的分配方案中涉及对部分没有参与旅游发展的村民的利益补偿，仅仅因为他们的户口在景区内，这部分人有的在外务工，有的以农业养殖为主要生计，对他们来说，人均 500 多元的利益补偿费是政府额外给的，这部分人对利益分配方案持的是赞成的态度。

景区成立后还对杨堤和兴坪两个景区造成了不同的影响，兴坪的客人 2012 年只有 2011 年的 30%，杨堤的村民在 2012 年头三四个月客人很少的情况下，也有过怨言，甚至参与过罢工。但是自下半年开始，杨堤的游客回升，甚至超过了去年同期的游客数量，而形成这一现象的原因是，原来导游私自带游客乘坐竹筏是不被允许的，桂林市政府派出旅监在杨堤和兴坪的码头查，如果被旅监发现，导游就要被吊销证照。但是兴坪自 1998 年以来，经营了从兴坪镇到渔村的"总统之旅"这条航线，因此也有导游会带客人到这条航线，旅监难以区分导游所带团队是坐竹筏游江还是去游"总统之旅"，因此对兴坪镇的竹筏监管得不严，这使得旅行社和导游都选择到兴坪码头坐竹筏。景区成立后，导游带团到杨堤合法了，导游不需要担心旅监的检查，这是原因之一；杨堤游客增多的第二个原因是：兴坪坐竹筏到九马画山是逆水行舟，消耗的动力大，机械竹筏的马达声轰鸣，影响了游客的游览体验，而杨堤往兴坪是顺流而下，马达只需要带动，水流急的时候，甚至可以漂流而下，马达声要小得多，游客获得更好的旅游体验；第三个原因是，兴坪镇的村民为了渡口和被取缔的电瓶车，与政府对峙，堵码头和江面，旅行社不敢组团前往兴坪，一来担心没有竹筏，二来担心村民们的行动会影响到游客安全,因此发往兴坪的团队游客人少了很多。在杨堤访谈时,大部分村民对景区的怨言不多,甚至对政府进行统一管理持支持的态度。

沿江村民对阳朔漓江公园景区的态度存在分异,并且随着时间的推移,村民的态度发生了变化。通过上述的描述,可以发现在村民中存在着不同的利益群体,第一个利益群体是马山码头所在的马山村村民,厄根底码头、朝板山码头所在的厄根底村和小河背村村民,榕树潭码头所在的兴坪村村民,这部分村民认为景区现有的利益分配方案没有根据各个村对景区收益的贡献比较做出利益分配比例上的区分,而是一视同仁的平均分配,他们反对这种分配方案,并且通过堵路、堵码头等行动表达自己的不满。第二个利益群体是有固定客源的筏工,这群人的人数不多,景区的封闭式管理对他们的影响不大,而且由于提高了票价,他们的收益并没有减少,甚至有所增加,且因为规范化管理,竹筏都编了号,游客不满意筏工的服务,可以记下号码投诉,公司则根据客人的反馈对竹筏进行扣款,约束了筏工的行为,形成良好的服务氛围,有利于整个竹筏游的健康持续发展,对这部分筏工来说,景区的规范化管理有利于他们的收益实现,因此他们对景区持支持的态度,并没有参与村民的堵路、罢工等行动,而是继续正常地经营。第三个利益群体是没有固定客源的筏工,这部分筏工人数较多,占了筏工人数的绝大部分,景区的高票价使得游客人数大幅下降,对这部分筏工的冲击最大,他们通过比较自己在景区统管前后的收益,自然对景区统管有很大意见;他们将自己所得的收益与同样参与分成的电瓶车拥有者相比,觉得自己的付出与电瓶车相比更多,但回报则少得多,因此为了表达这种不满,这部分筏工就通过罢工等行动与景区管理者形成对峙,希望逼管理者降低门票、增加客源以及提高自己的收益分配比例。第四个利益群体是大部分没有参与旅游经营的沿江村民,这部分村民通过景区统一管理,获得了一笔资源保护补偿费,他们却不需要额外付出劳动和其他资本,这对他们来说是非常大的实惠,因此这部分村民对景区的统一管理持支持态度,这增加了他们对政府的信任,使得政府在推行其他政策时,更容易获得这部分村民的理解和支持。另外,兴坪镇的筏工群体和杨堤乡的筏工群体也形成了两个大的不同利益群体,景区统管后,兴坪镇的竹筏游游客只有往年的30%,而杨堤乡的游客则不降反升,这种情况导致了兴坪镇与杨堤乡的筏工的收益出现了很大的差别,兴坪镇的筏工淡季一个月只能收入100元左右,而杨堤乡的筏工则能收入1000元左右,不同的收益影响到两个乡镇筏工对景区管理的不同态度,兴坪镇的筏工普遍对景区统管持反对态度,而杨堤乡的筏工则赞成并且支持景区统管,这就使得景区内的冲突集中发生在兴坪镇,杨堤乡的管理则没有遇到大的阻力。

阳朔县实行景区规范化管理以来只有仅仅一年的时间,暴露出很多矛盾,但是在带动区域经济增长和区域贫困减轻的方面取得了一些成效,尤其是对竹筏的规范化管理,减少了安全隐患,改善了基础服务设施,增加了游客的满意度,并且协调了与桂林市政府关于漓江旅游资源使用上的矛盾,使得沿江村民的参与合法化,这都有利于漓江旅游的可持续发展。但是在调整竹筏指标分配等关键问题上,阳朔县政府并没有达成原定的目标,原来的 1600 多张竹筏要调控到 590 张,涉及村民的实际利益的重新调整,会触及到很多既得利益者的利益,遇到的阻力会非常大,阳朔县政府和阳朔漓江公园景区管理有限公司的领导目前仍然拿不出有效的行动方案。

各种矛盾和利益冲突的出现对阳朔漓江景区的规范化管理是否可持续提出了重要的考验,事实上也凸显了阳朔县在对景区内村民的减贫和致富的旅游发展政策是否有效的争议。

4.5 小结

近 10 年来漓江阳朔段兴起并发展迅速的徒步游、竹筏游成为影响漓江风景名胜区统一管理的最大障碍,桂林市政府一直试图通过各种手段和方式恢复漓江原有的旅游秩序,但是漓江沿岸村民由于自然条件的限制没有其他的生计来源,一直处于贫困状态。在桂林市政府对漓江旅游资源实施"自上而下"管理时期,他们缺少参与的机会,还为漓江景区的保护付出了成本,却没有获得相应的补偿,漓江的旅游发展不但没有使他们获益,还加剧了他们的贫困。在徒步游兴起后,漓江沿岸的贫困村民获得了参与旅游的机会,并且通过参与获得了经济收益,提高了能力,在不影响农业生产经营的同时获得了新的生计来源,对家庭收入起到了很好的补充作用,有效地解决了由于土地不足等原因导致的部分村民的隐性失业和不充分就业导致的贫困问题,并且通过"自下而上"的参与,培养了贫困村民自力更生的能力,有利于减贫的可持续。但是,这种"自下而上"的参与,由于缺乏引导和规范,导致了一系列的问题,包括对环境的影响和各种利益群体间的利益冲突,在这种情况下,阳朔县政府试图通过"自上而下"的统一管理方式,对漓江杨堤—兴坪段的旅游参与进行规范,这就涉及各个利益群体,包括桂林市政府、游船企业、沿江村民等不同群体之间的旅游收益和经营权的重新分配,对村民已经发展起来的旅游参与形式进行改变,这种管理一定程度上恢复了漓江的旅游秩序,有利于漓江旅游的可持续发展,但是由于阳朔县政府在管理手段上的失误和对自身利益目标的追求,导致了管理过程中各种矛盾和利益冲突的产生，如果不能妥善解决好这些矛盾，漓江的旅游秩序难免会重新陷入无序状态，甚至会引发更大的社会矛盾和冲突，这对于阳朔县政府和桂林市政府来说，都将是一个很大的挑战。

  但是不可否认的是，漓江沿岸尤其是杨堤—兴坪段的村民们，通过参与旅游发展，减轻了贫困。本书的上述描述只是将过程和结果作了梳理，对于贫困减轻是如何发生的，还需要从制度、政策及关键行动者的角度进行分析，以期找到贫困减轻的机制，为本案例地的旅游减贫的可持续提供依据，也为其他希望通过发展旅游减贫的地区提供方向和理论基础。

第五章 行动者的互动对旅游减贫的影响

在一项旅游政策出台后，不同的行动者出于各自的利益偏好形成对政策的基本判断，限于自身的行动能力，对这项政策做出行动决策，从而形成不同的行动者格局定势，行动者格局定势包括合作、非合作、投票和层级指定，不同的格局由行动者自身的力量对比形成，行动者格局分为三层：第一层是行动者中有一方的力量最强，成为强势行动者，他主导整个格局；第二层是各个行动者的力量比较均衡；第三层是外来的势力比较强，打破原来的格局，形成新的格局。每一种格局中都可能有不同的互动模式，包括协商同意、单方行动、多数原则和层级指定。格局会对行动者的互动产生影响，并最终影响到政策的实施和结果。行动者的特征、行动者的格局和互动模式又同时受到不同历史阶段的制度环境的影响，在政策实施过程中，行动者的格局和互动模式都会发生相应的变化，并最终决定了政策实施的结果。政策实施后，会改变原来的政策环境，政策制定者和实施者，会根据政策实施的反馈调整甚至改变政策，出台新的政策，这个过程中，会出现新的困难和政策议题。制度环境与行动者、行动者静态格局和行动者动态互动模式之间处于不断的互动中，整个过程呈现出动态螺旋性的发展特征。

而事实上，无论最初的旅游发展政策是否以贫困减轻为目的，在各项旅游发展政策实施的过程中，不同的发展阶段，影响到了漓江沿岸的贫困村民从旅游发展中的获利程度，漓江沿岸的贫困村民也通过自身的行动对政策的实施产生影响。

5.1 旅游减贫过程中的行动者及其特征

5.1.1 识别行动者

行动者的识别与利益相关者的识别不一样，利益相关者以"影响"为识别标准，以影响的大小来判断利益相关的程度。而行动者识别则通过三个标准进行判别：(1)有利益偏好，(2)有行动能力，(3)行动并且对进程造成影响。

在政策变迁过程中，行动者是能明确认知自身利益，并且有实现自身利益目标的动机，进而采取行动来实现自身利益目标的组织或者个人。行动者付诸怎样的行动来实现自身的利益目标，要受制于行动者所拥有的权威性、行动的合法性、信息和组织资源以及资金等。不同的行动者在利益偏好、行动资源和行动能力等方面的差别，决定了行动者之间的权力对比和地位，形成了不同的行动者格局，每一个行动者的行动策略都会受到格局的影响。通常在格局中拥有最多资源的行动者成为了强势行动者，主导整个资源交换和政策过程。

在实际的政治生活中，行动者并不单指某个理性个人，行动者往往是一个组织或者是有共同利益目标、行动资源和范围的人群，夏普夫将其称为复合行动者，[122] 我们在做分析时，基本指涉的都是这种复合行动者，因为单个理性个体的个性千差万别，会影响到对大的制度主轴的判断，也不利于分析。研究者在用行动者中心的视角进行分析时，常常直接以某类人的代词来称呼，而不是以行动者这个名词来作为名称，本书也采用同样的办法。

5.1.2 漓江旅游减贫过程中的行动者

根据前文对漓江沿岸旅游发展与贫困减轻过程的描述，有以下几类行动者在过程中表现出了自身的利益偏好，并且通过自身的行动影响了旅游发展政策执行和减贫的实际效果：桂林市政府、阳朔县政府、乡镇政府、游客、沿江村民、游船企业及旅游中介。

行动者之一的桂林市政府。漓江风景名胜区全境在桂林市行政辖区内，有关漓江风景名胜区的各项旅游开发政策都是由桂林市政府制定和发布的，因此是漓江旅游发展过程中最主要的行动者。桂林市政府是漓江风景区的主要管理者，各项经营和管理政策的推动者。桂林市政府制定的漓江风景区的政策包括对漓江游览实施"四统一""特许经营权拍卖"和禁止沿江两岸村民伐木、采石、养羊、搭桥，这些政策事实上将所有不经过桂林市政府允许的对漓江旅游资源的经营都界定为非法经营，从而限制了获得特许经营权以外的任何企业和个人对漓江旅游资源的开发与使用。桂林市政府虽然设立了漓江风景名胜区管理局，但是漓江风景名胜区管理局在资金和人员编制配备上面资源有限，只能履行传达桂林市政府的相关政策，监督政策实施的职能，没有能力对漓江沿岸的政策执行中违背政策的行为进行处罚。

行动者之二的阳朔县政府。县级政府中具有行动决策权的县委常委都是桂林市内的交流干部，其出生地都不是阳朔县，但是本届县委书记的任职时间较长。漓江精华段位于阳朔县境内，本研究案例地的沿江两岸的村民也属于阳朔县的辖区内。阳朔县政府负责对阳朔县境内的漓江风景区内执行桂林市政府的有关旅游政策。阳朔县政府通过对下一级乡镇政府下达行政命令来推动政策的实施。

行动者之三的杨堤乡、兴坪镇政府。乡镇政府直接负责对漓江风景名胜区内杨堤—兴坪段的沿江村民的管理，是具体的政策实施者。乡镇政府的领导由阳朔县政府委任。乡镇政府通过发展村级组织，与村民直接接触。

行动者之四的漓江杨堤—兴坪段沿江村民。关于贫困村民被纳入行动者的原因在于，村民在旅游发展中有利益偏好，而且在漓江风景名胜区的环境维护过程中起重要作用，另外由于其对旅游的参与和行动，最终实现减贫，因此本书将其纳为主要行动者。

行动者之五的游船企业及旅游中介。"四统一"政策主要针对的就是游船企业，游船企业是漓江游览的主要经营者，是桂林市政府从漓江获得经济收益的主要来源。旅游中介在漓江游览中承担着联结接待者和游客的作用，且对贫困村民参与旅游起到重要的作用。

以上五类行动者都是目的地系统内的，是参与旅游决策制定和实施的重要行动者，这五类行动者通过各自的行动，对旅游政策的实施过程和结果造成了影响，并且最终改变了各自对漓江旅游资源的使用权和收益权，促成了减贫的结果。

行动者之六的游客。游客并未直接参与到桂林市政府制定的旅游政策的实施过程中，与各个行动者进行政治博弈，但是游客作为旅游收益的直接拉动者，他们的利益偏好和行动能力直接影响到各级地方政府和沿江村民的策略与行动，并且改变其他行动者的格局，最终促使新的旅游政策的产生。因此本研究将其作为拥有较强决定力量的外来行动者。

5.1.3　行动者的利益偏好

其中桂林市政府、阳朔县政府和乡镇政府同属于地方政府核心行动者，[①]但是他们又分别是各自有不同利益偏好的不同的政治行动者，游客和旅游中介作为重要的外来行动者，他们的利益偏好和行动能力会对目的地的行动者格局和互动产生重要的影响。游船企业与桂林市政府在经济利益偏好上存在一致性。

---

① 根据沈荣华教授的观点，地方政府是一个由党委、政府部门和工作人员等相互关联的微观主体构成的复杂的运行系统。在这个系统中，党委和政府的主要领导，将他们的偏好和意图贯彻到整个行政体系的运作过程中，是政策的主要制定者，对决策起核心的主导作用，因此可以将地方政府的行为主体抽象为地方政府核心行动者。具体可参见沈荣华，王扩建. 制度变迁中地方核心行动者的行动空间拓展与行为异化[J]. 南京师范大学学报（社会科学版），2011（1）.

（1）地方政府核心行动者：桂林市、阳朔县、乡镇三级政府

过去的研究将地方政府作为一类行动者，很少将处于纵向行政体系中市级、县级到乡镇一级的政府作为三类不同的行动者。根据鲁先锋等人的研究，在目前中国的纵横向权力配置结构中，地方政府中对各项决策制定和决策实施的走向起决定作用的是所属行政区中的主政官员，[145]研究者将其称为地方政府核心行动者，与过去将地方政府抽象地理解为动机一致的机构不同，研究者发现作为拥有大量公共资源，对辖区治理起决定作用的地方政府核心行动者，是理性的，有自身效应最大化追求的官僚，这个群体在制定决策时有自身独特的行为动机结构，包括政治动机、经济动机和社会动机（参见表5-1）。政治动机是指个体从事政治行为的直接动因，是行动者进行政治活动的心理过程，旅游发展对经济增长的促进作用，使得旅游发展成为官员绩效考核中最重要的一项指标——国民生产总值（GDP）的主要构成部分；贫困减轻已经成为地方官员尤其是县级官员绩效考核的一项重要指标。经济动机是指行动者在政策制定和执行中为扩大集体和个人的经济利益而采取行动的内驱力，旅游资源的开发和利用能促进地方GDP的增长，带来地方政府的财政增收，同时也给官员自身提供了更多的办公经费和便利。社会动机则是指地方官员在制定和执行政策过程中，获得社会认同和社会支持的追求，在制定旅游开发政策时，居民和贫困人口通过参与旅游经营获得直接收入，或者通过旅游收益的再次分配改善生活，从而对政府制定的各项旅游政策采取支持和信任的态度，使得官员获得威望和社会声誉。

表5-1 地方政府核心行动者的行为动机

类型	内容	旅游开发与减贫的政策
政治动机	为获得职位升迁、权力扩大，富有政治责任等，包括权力、威望、安全、任免权、使命感	获得政绩、晋升、成就感及价值实现
经济动机	为扩大个人和集体的经济利益，薪水、收入、津贴、便利	获得旅游资源使用权和收益权、GDP增长及增加个人收益
社会动机	为获得社会的认同、支持，追求良好声誉等	改善民众生活、扩大服务供给、赢得社会声誉

虽然地方政府核心行动者都基本具备以上三种类型的动机和利益偏好，但是这些行动者作为人的动机是比较复杂的，要受到各种因素的影响，社会背景、政策环境和政府层次不同都会影响到行动者的动机，在我国的政治现实中，不

同行政级别的官员的各项动机存在着明显的差异。在我国正在推进的政治体制改革和市场经济体制改革中，各级地方官员通过纵向的分权在社会管理和提供公共服务方面获得更多的授权，"分税制"改革扩大了地方官员供给公共产品的范围和能力，各级地方官员的自主性和自利性在现阶段更加地突出。国家在贫困减轻的政策导向下制定各项旅游发展的政策，市级政府、县级政府在执行政策时，可能会通过改变政策或者减少政策影响来实现自身的目的，下级政府的核心行动者在执行上级政府的政策时，可以通过选择合作或者不合作来影响政策的实际执行效果。

而在前文对漓江沿岸的旅游发展的各项政策制定和贫困减轻的过程的描述中，可以发现桂林市政府、阳朔县政府和杨堤、兴坪的乡镇一级政府在政治动机、经济动机和社会动机方面都存在着不一致的地方。在政治动机方面，中央政府实施风景名胜区的属地管理政策，要求地方政府承担风景名胜区保护的责任和费用，桂林市政府通过制定漓江风景名胜区开发和保护的政策、规定，解决保护风景区的资金问题，完成中央交给的保护风景区的任务，获得相关的政绩；阳朔县政府和兴坪、杨堤乡镇政府执行桂林市政府制定的景区保护的政策，获得桂林市政府的认可，从而获得政绩和晋升的可能。在经济动机方面，桂林市政府通过"四统一"和游船特许经营权的拍卖等政策，希望实现桂林市财政增收，提高桂林市的GDP，从而获得更多的工资、奖金和个人的便利，阳朔县政府则希望通过漓江阳朔段旅游资源的开发，获得县级财政的增收和更多的个人收益与便利，乡镇一级政府的官员则希望通过自己辖区内漓江旅游资源的开发获得乡镇一级的财政收益，也为自身获得更多的收益和便利。在社会动机方面，桂林市政府的官员通过制定漓江旅游开发相关的政策，希望提高桂林市在全国乃至世界旅游业中的影响力，通过各项旅游基础设施的建设和改进，提升桂林市的旅游形象，以及桂林市民的荣誉感和自豪感，进而获得社会认同；阳朔县政府则希望通过开发阳朔境内的旅游资源，使得阳朔县的民众获得收益的增长，增进对县级政府的官员信任和支持，通过沿江群众贫困的减轻和生活改善，获得社会对本级官员的认同；乡镇一级政府的官员与阳朔县级官员之间属于市内流动，这些官员都是本土的，均是从各乡镇内部提拔的，因此在本乡镇内的社会关系网络比较复杂，通过执行或者不执行市级的旅游政策，获得乡镇内的民众的认同是这级官员的社会动机。市、县、乡镇各级政府核心行动者动机比较如表5-2所示。

表 5-2　市、县、乡镇各级政府核心行动者动机比较

	政治动机	经济动机	社会动机
桂林市政府	通过制定漓江风景名胜区开发和保护的政策、规定，解决保护风景区的资金问题，完成中央交给的保护风景区的任务，从而获得相关的政绩	通过"四统一"和游船特许经营权的拍卖等政策，实现桂林市财政增收，提高桂林市的GDP，获得更多的工资、奖金和个人的便利	提高桂林市在全国乃至世界旅游业中的影响力，通过各项旅游基础设施的建设和改进，提升桂林市的旅游形象，以及桂林市民的荣誉感和自豪感，获得社会荣誉
阳朔县政府	执行桂林市政府制定的景区保护的政策，获得桂林市政府的认可，从而获得政绩和晋升的可能	通过漓江阳朔段旅游资源的开发，获得县级财政的增收和更多的个人收益与便利	增加阳朔县民众的经济收益，获得信任和支持，及社会荣誉感
乡镇政府	执行阳朔县政府制定的旅游开发政策，获得县政府的认可，从而获得政绩和晋升的可能	通过自己乡镇辖区内漓江旅游资源的开发获得乡镇一级的财政收益，也为自身获得更多的收益和便利	扩大对乡镇的社会供给，获得乡镇内的民众的认同

通过辨识不同行政级别的地方政府核心行动者，在后文的分析中可以更加清晰地分辨出在不同的利益偏好和动机影响下，在掌握的资源不同、行动能力不同的情况下，他们各自的行动决策，以及由此形成的格局和互动的模式，从而能够准确地判断他们的行动结果对旅游发展和贫困减轻的作用。

（2）游客

游客的利益偏好体现为旅游需求，旅游需求决定了游客的旅游决策，游客的旅游决策对目的地的旅游发展和经济收益增长有决定性的作用。国内外对旅游需求的影响因素的研究已经非常成熟，研究者将影响旅游需求的因素按照不同的标准进行分类，第一类是按照对游客的影响力分为：推力、拉力和阻力；[146]第二类划分在国外比较常见，按照经济因素和非经济因素来划分，但是一般会将特殊事件作为一个特殊因素单列出来与经济、非经济因素并列；[147,148]第三类按照旅游流来划分，分为客源地因素、目的地因素和媒介因素；第四类是我

国学者根据影响我国旅游需求的主要因素，从宏观和微观两个方面进行的划分（参见图 5-1），国外影响旅游需求的主要是经济因素，而国内的消费习惯与国外的有所不同，政治因素、家庭消费习惯和消费观念的改变都是影响国内游客消费需求的主要因素。[149]

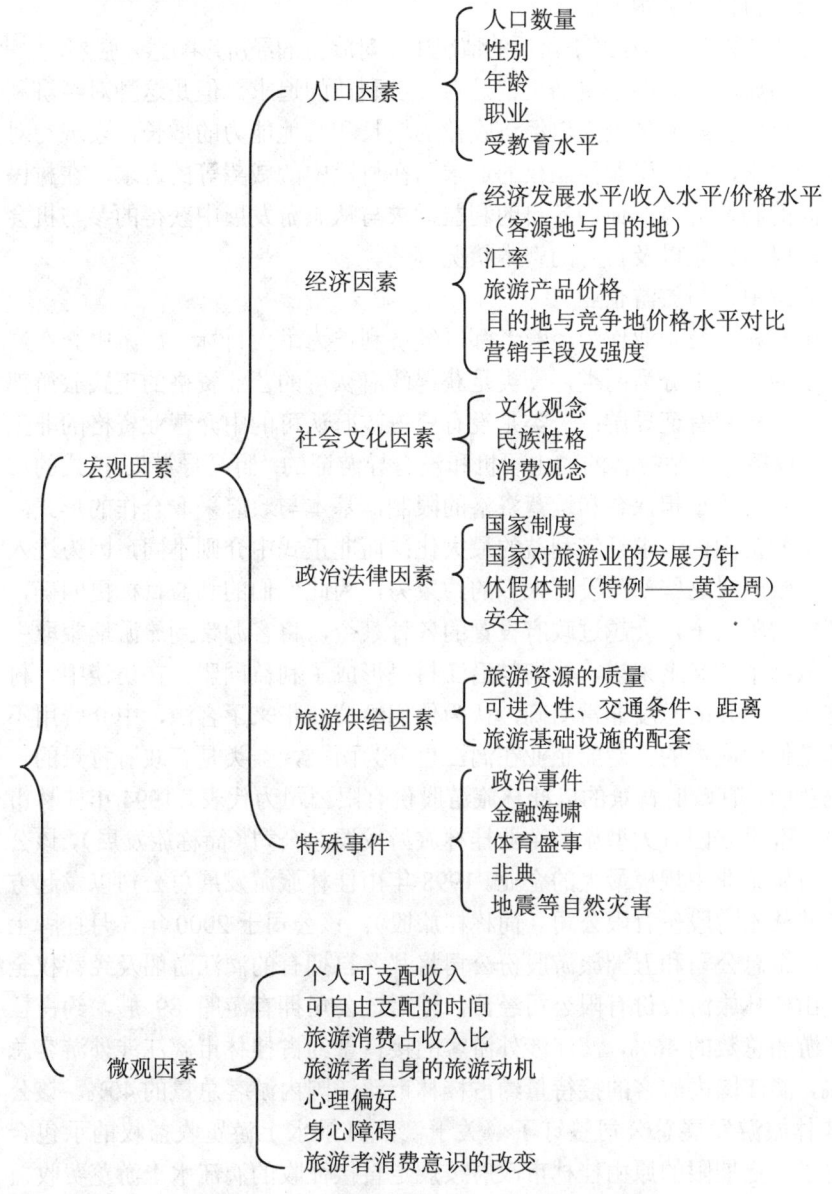

图 5-1　按宏观/微观划分的旅游需求影响因素

在不同的历史阶段，政治环境、经济环境和社会环境都会发生改变，政治法律因素、经济因素、社会文化因素、旅游供给因素对大众游客旅游需求的影响比较明显，旅游需求发生改变会直接影响到游客的出行选择，从而对目的地的旅游发展产生重要的影响。

（3）沿江村民及贫困人口

沿江村民与贫困人口在经济落后的情况下，对旅游的经济影响感知强烈，[113]沿江村民参与旅游发展的主要动机就是对经济利益的追求。但是这种对经济利益的偏好有可能会随着贫困人口经济收益的增长和其他能力的增长，表现为对其他利益的追求，如对资源控制权的追求和在村民中的威望等的追求。在村民中也有不同的利益群体，他们各自的利益诉求与从旅游发展中获得的参与机会和与地方政府的关系以及自身的资本状况有关。

（4）旅游中介与旅游企业

旅游中介和旅游企业作为经营者都以经济利益为最大目标。旅游中介在漓江旅游发展的过程中分为两类，一类是获得政府认可的营业资格的正式旅游部门，包括旅行社和有证导游；一类是没有获得政府认可的中介营业资格的非正式的中介，包括在车站拉客的的士司机和没有导游证的"野马导游"。正式的旅游中介受到政府关于担保金和运营资格的限制，基本与政府采取合作的形式，在政府许可的范围内追求经济利益的最大化；而非正式中介则不同，因为进入的门槛低，政府对这些部门没有太多的约束力，因此他们的利益目标更明确，在经济利益的驱动下，会越过政府设置的各种禁令，将客源带到旅游地赚取中介费用，从这个意义上来说，他们与沿江村民形成了利益同盟。在访谈中，村民们对这部分中介的态度非常明确，认为他们给漓江带来了客源，中介费用不管多高都是他们应得的。游船企业在漓江也分为两类，一类是有政府背景的，一类是民营的。有政府背景的以桂林旅游股份有限公司为代表。1994年桂林市人民政府批准设立国有大型旅游企业桂林旅游发展总公司（简称旅发展），该公司是桂林市旅游业中规模最大的企业。1998年由桂林旅游发展总公司以发起方式设立了桂林旅游股份有限公司（简称桂旅股）。该公司于2000年5月挂牌上市交易。旅游总公司和五洲旅游股份公司将其各自拥有的漓江游船及经营权全部统一交由桂林旅游股份有限公司经营，使得该公司拥有游船89艘，约占桂林市漓江游船总数的46%，漓江涉外游客的接待量约占桂林市漓江涉外游客总量的84%，漓江国内游客的接待量约占桂林市漓江国内游客总量的40%。该公司还与桂林旅游发展总公司签订了《关于漓江风景水上游览收益权的承包合同》，取得了一定期限的原由桂林市政府按规定直接征收的漓江水上游览费收益权的承包收入。桂林旅游股份有限公司和桂林旅游发展总公司的政府背景不仅表现在桂林市政府在公司中所占的股金比例,更重要的是桂旅股和旅发展的领导层基本上都是从桂林市政府的各个部门离职的干部,部分还在政府内兼有职务。这就使得这一类型的游船、旅游企业与桂林市政府在漓江旅游发展中的利益偏好具有了很大的关联性。另一类民营的游船企业,没有政治的背景,单纯以企业经营利益最大化为动机。

5.2 制度环境及行动者的资源

制度是为利益服务的,有些时候它为多数人服务,有些时候它为少数人服务,但总的来说,制度通过设定约束和规则将资源和利益在不同的行动者之间进行分配,从而界定了行动者之间的相互关系。[110]

5.2.1 制度环境

(1) 风景名胜区属地管理的制度环境

根据我国《水法》的规定,河流作为自然资源,归全民所有,实行属地管理,不得买卖、出租、抵押或者以其他形式非法转让,但是可以由单位和个人依法开发利用。[150] 另据我国宪法的规定,"矿藏、水流、森林、山岭、草原、荒地、滩涂等自然资源,都属于国家所有,即全民所有;由法律规定属于集体所有的森林和山岭、草原、荒地、滩涂除外"①。在本研究中,漓江作为一条河流,是自然资源,按照我国现行的法律,漓江属全民所有。按照我国 1985 年颁布的《风景名胜区管理暂行条例》和 2006 年 12 月开始施行的《风景名胜区条例》②,风景名胜区内的具有观赏价值和科学价值的自然景观资源,包括风景名胜区内的森林、水流、草原等自然旅游资源属于国家所有。漓江风景区内的自然旅游资源包括漓江、两岸的石山峰林、漓江的水体、河内的生物、河床的沙石,两岸石山的植被等。

国家要对这些自然资源进行全面维护的管理成本和保护成本非常高,因此中央政府将各个景区的管理权下放到地方,"风景名胜区所在地县级以上地方人民政府设置的风景名胜区管理机构,负责风景名胜区的保护、利用和统一管理工作"。为了补偿给地方政府保护风景名胜区资源的成本,国家允许地方政府对风景名胜区进行旅游开发和经营,并且规定风景名胜区的管理机构出售景区的

---

① 《中华人民共和国宪法》第九条 http://www.gov.cn/gongbao/content/2004/content_62714.htm。
② 国务院令 第 474 号《风景名胜区条例》2006 年 9 月。

门票,事实上默许了地方政府对风景名胜区的经营权和收益权。"风景名胜区的门票收入和风景名胜资源有偿使用费应当专门用于风景名胜资源的保护和管理以及风景名胜区内财产的所有权人、使用权人损失的补偿"。中央政府实施风景名胜区属地化管理的初衷是解决风景名胜区保护的费用和管理的困难,同时希望通过地方政府的经营收益能够通过二次分配实现生态保护的补偿,有利于景区内群众的生活和发展。但是中央政府并没有对门票的定价权进行限制,地方政府拥有对景区门票的定价权。

我国现有的风景名胜区的管理制度,使得地方政府拥有对风景区的管理权,并事实上拥有了风景区的经营权和收益权。在这种制度背景下,桂林市政府对漓江旅游资源的使用和开发制定了相应的政策。

(2) 我国政治场域中的官员委任制

我国的行政体制中,对地方官员评价和选拔采用的主要是委任制,在这种晋升系统中,对政府官员进行评价的主体是拥有组织和人事决定权的上级政府领导,评价的指标则以可测度的经济指标为主。1978 年以来,中国的政治体制改革的一项重要内容就是一系列的放权,中央政府将一系列的政治、经济和社会任务及事权下放给了地方政府,地方政府拥有在多任务中进行选择的权利。下级政府可能出于自身利益最大化的目标,而偏离上级政府的政策目标,由此出现在任期内经济增长的情况。上级政府对下级政府的任务分配是多种多样的,目标也是多维的,这就导致在设计官员晋升的可测度指标时的困难,除了经济增长指标外,基本上在评价中采取的都是主观性较强的模糊评价。[151]

(3) 我国的财政体制改革

随着 20 世纪 90 年代我国分税制改革的深化,中央与地方各级政府之间就行政权和财政收益权进行了重新分割,导致了层级产权和各级政府及部门间不同的利益。[152] 在这次分税制改革中,中央通过对中央税、地方税和共享税税种以及比例的重新配置,将财权进一步集中到中央,然后运用财政转移支付等手段对地方实施调配,加大了对地方的控制力度。但是由于财权与事权的倒挂,导致了地方支出缺口。地方政府为扩大财源,平衡收支,对市场进行行政性的干预,甚至直接投资办企业,在追求本地区经济发展的过程中,减少社会公益项目的投资和对公共产品的供给,形成"地方政府公司主义",这种现象表面上是地方政府自身的原因,实际上却是分税制财政体制本身结构导致的。

(4) 行政体制改革中的"省管县"

2005 年,我国开始提出"省管县"的行政体制改革,进一步推进财政和事权上的分权,这项改革主要调整的是市级政府和县级政府的权利关系。根据我国的《宪法》,中国政府的行政级别只有中央、省、县和乡镇四级,但是在实际的政府架构中,省与县之间还有"地市"级,"省管县"就是要调整"市管县"的体制,甚至将其取消掉。中央通过出台一系列的政策来推动这项改革:2008年10月在十七届三中全会上,通过了《关于推进农村改革发展若干重大问题的决定》(简称《决定》),在这份《决定》中,明确提出了有条件的地方可以探索"省管县"的体制;2009年2月,在中共中央和国务院发布的《关于2009年促进农业稳定发展农民持续增收的若干意见》中,再次强调了有条件的省份应该依法探索"省管县"的体制,率先减少行政层次,将"扩权强县"进行改革试点;2010年,在中国经济和社会发展第"十二五"规划中,中央提出要优化政府结构,行政层级和职能任务,在条件具备的省份探索"省管县"体制。事实上,在这些改革推进的过程中,一些省份已经率先实施了试点,浙江省从1992年就开始对一些经济强县进行放权改革。[153]

5.2.2 行动者的资源和行动能力

(1)桂林市政府

风景名胜区的属地管理制度,使得桂林市政府拥有了对漓江风景区封闭式管理的权利。2004年桂林漓江风景名胜区管理机构成立,包括市级机构、县区乡级机构和执法队伍。市级机构为桂林市漓江风景名胜区管理委员会,管委会主任由市长兼任,副主任分别由市委分管副书记、市政府分管副市长兼任;管委会下设办公室,在市人民政府挂牌;市容局城管支队五大队为漓江风景名胜区执法队伍,负责漓江风景名胜区市区段水域43公里(叠彩区大河乡南洲岛—雁山区草坪乡)的管理执法工作。

1988年桂林市交通局组建成立桂林市水路客运管理中心,对漓江游船实行"四统一"管理。漓江旅游船票210元/张,其中桂林市政府在每张门票中提取100元作为漓江资源生态保护费。

桂林市政府不仅拥有漓江风景名胜区的管理权,还通过对漓江经营权的转让和拍卖实现了漓江景区旅游收益分享的权利。这部分收益直接进入桂林市政府财政,使得桂林市政府拥有了资金资源。

虽然桂林市政府通过国家的风景名胜区管理制度获得了管理旅游风景名胜区的权利,并且在自身利益偏好和相关责任的基础上制定了限制漓江旅游资源使用的各项政策,但是在执行这些政策时却面临能力上的不足。

我国的风景名胜区现有的管理体制中存在着属地管理与垂直管理交叉,致使原来漓江江面上的事务除了桂林市政府成立的漓江景区管理机构有管理权外,园林、海事、公安等9个职能部门也都对漓江行使本部门的管理职能,被戏称为"九龙治水",随着各个职能部门所管辖范围的细化,跟漓江事务有关的部门从原来的9个扩展为将近20个职能部门,各职能部门自成体系,部门间职责交叉,桂林市政府所成立的景区管理机构的行政级别与各职能部门相当,且有些职能部门与桂林市政府部门不属于同一个系统,各系统间缺乏协调机制,部门利益、局部利益往往凌驾于整体利益之上,因此在对漓江的非法营运进行治理时,难以形成整治的合力。

在一份桂林市漓江风景名胜区执法监察支队署名的发给阳朔县漓江公园管理有限公司的行政执法调查通知书上,发现桂林市漓江风景名胜区管理局对漓江两岸的违法建筑的管理,只需要承建人提供县以上相关单位的批文就可以了,也就是说,县一级的相关单位有权在景区内修建码头和停车场等违规建筑,而桂林市漓江风景名胜区管理局却无权进行处罚,桂林市漓江风景名胜区区管理局的权限与县一级平级,甚至职权范围更小。

桂林市政府在对漓江景区内的违反政策的行为进行执法时,依靠的主要是各个部门包括阳朔县政府、乡镇的联合执法,这种联合执法的短期效果比较明显,打击力度比较大,但是因为各个部门联合涉及时间安排、人力安排和资源安排,难以持久。因此,对漓江风景区内尤其是精华段沿岸的管理,桂林市政府的能力不足,需要依靠阳朔县政府。

(2)阳朔县政府

漓江的精华段位于阳朔县内,但是长期以来阳朔县的旅游形象被桂林市所遮蔽,阳朔县只是漓江精华游的过境地。从现行的行政架构来说,阳朔县政府处于桂林市政府的管辖范围内,阳朔县政府主要官员的晋升掌握在桂林市政府手中。阳朔县政府没有合法的漓江风景名胜区的管理权。但是前文也提到,桂林市政府没法自己实施各项限制沿江村民使用漓江旅游资源的能力,必须依靠阳朔县政府对沿江村民进行管理。阳朔县政府作为县一级政府是真正与农村、与村民打交道的一级政府,且县政府手中拥有一定的资金资源和执法资源,这是县级政府对沿江村民进行直接管理的合法资源。

县财政是县级政府拥有的资金资源和政治资本,县级财政增长可以为县政府官员带来政绩,也可以通过增强其自身的经济实力在全自治区范围内与其他县相比得到更多的领导重视和话语权。因此县级政府的核心行动者有利用开发漓江旅游资源获取旅游收入促进地方财政增收的动机。但是,由于在行政架构中处于下级地位,使得阳朔县政府不得不服从上级政府的行政命令,不能私自开发漓江旅游资源。

随着进入阳朔的游客数量的激增,阳朔县政府旅游收益大幅增长,这不但使得阳朔县政府成为旅游强县、经济强县,更能为其争取到省一级政府甚至是中央的重视。"省直管县"的行政架构改革,使得阳朔县政府看到了自身权利扩大的希望，因此从经济上、政治上都掌握了更多的行动资源，有了与桂林市政府进行协商和博弈的能力。

（3）乡镇政府

乡镇一级政府拥有的各种资源比较少。杨堤乡位于兴坪镇的上游，人口数仅为兴坪镇的 1/2，两个乡镇都以农业为主，没有乡镇企业，因为人均耕地太少，乡镇政府拥有的经济资源较少，政府的经费基本完全依靠阳朔县政府的拨款，乡镇政府的领导层由阳朔县级政府任命，无论是从经济上还是政治上，乡镇政府对阳朔县政府的依赖都比较强。阳朔县通过发展旅游成为经济强县后，拨给乡镇的款项比以前多，有效地改善了乡镇政府的办公条件，给乡镇政府核心行动者提供了更多的资金和便利，加深了乡镇一级政府对县级政府的依赖。

乡镇政府直接与景区内沿江的村民打交道，需要具体负责农村的生活基础设施建设，对于村民出行必需的圩船，乡镇除了补贴船舶购买费用之外，还需要补贴给开圩船的船工油费和人工。这部分花费是从乡镇政府一级财政里支出的，因此乡镇政府不但有对村民的管理职责，还要承担公共服务的供给。乡镇政府也有自身的利益目标，而且相对于村民，乡镇政府获得旅游政策方面的信息渠道更畅通，能够用于投资购买旅游服务设施的资本更充足，并且比村民更容易获得阳朔县政府的支持。2008 年兴坪共接待了 120 多万人次的游客，杨堤共接待了 30 多万人次的游客，总人数与漓江游船接待的游客人数持平。游客的到来刺激了消费，但是兴坪和杨堤乡镇政府却没有从旅游中获得税收的制度保障，因为杨堤、兴坪的旅游都是以非正式部门形式存在的。

乡镇一级政府对村民的管理一般通过村委开展，按照我国的《村民委员会组织法》，村委会应该是村民的自治组织。虽然这种自治是受到法律保护的，但是在实际的生活中，村主任的当选仍然要由乡镇一级政府来批准，每个月村主任和村委委员的补贴也是由乡镇来发放，另外乡镇还给村委配备一定的办公经费和资源。这就使得村委在日常的工作中，接受乡镇政府的管理和指导，工作以协助乡镇政府完成土地征用、核对人口和发放各种补偿金为主，同时对于乡镇的各项指令，村委需要召集各个村民小组长开会、宣传，还要配合乡镇对村民进行说服工作等。乡镇一级政府通过发放补贴和做出留任的许诺的方式，将村委这一重要村民自治组织发展成了乡镇的下一级行政组织，从而具备了对村民进行管理的能力和资源。

（4）游船企业

游船企业拥有资金资源，在我国正在深化的市场经济体制改革中，逐渐脱离了政府的行政控制，并且通过资金的积累，在漓江旅游发展中拥有了一定的话语权。但是风景名胜区的管理与其他旅游资源的管理不同，国家赋予了地方政府极大的管理权,这就使得政府可以通过使用行政手段,建立特许经营制度,游船企业必须通过与政府的交易获得特许经营权,这就使得游船企业要想进入漓江的旅游市场,只有与政府达成一定的协议,建立合作,而客源和票价都不能由企业作主,这实际上限制了企业的自主能力,使得企业在很大程度上依附于桂林市政府,影响了企业的市场竞争力和与政府进行博弈的能力。

(5) 旅游中介

与漓江风景名胜区的旅游经营发生关系的旅游中介分为两类,一类是拥有合法营业资格的旅行社和导游,一类是没有获得合法营业资格的旅游中介,以"野马导游"为主。前一类中介属于旅游正式部门,后一类则属于旅游非正式部门,二者拥有的资源不一样,承担的责任不一样,受到的限制也不一样。属于正式部门的旅游中介,能够提供给游客一定的安全保障,受到游客的信任,能够获得相对稳定的团队游客,后者则不能提供安全保障,难以取得游客的信任;政府是前者合法性的来源,其进入的门槛较高,需要一定的资质和保证金,违法的成本较高,后者则没有进入的门槛,违法的成本较低。

(6) 游客

游客所拥有的资源包括资金和旅游时间,前者与我国国民经济增长的速度和总量有密切关系,而后者则主要依赖于我国政府出台的各项与休假相关的制度。我国休假制度的改革与经济增长有密不可分的关系,如为应对金融危机和刺激内需,我国政府提出了"大力发展国内旅游"的旅游发展战略,2007年,国内游的旅游人数已经达到了 1611 亿人次,国内旅游收入也达到了 7771 亿元。为增加国民的闲暇时间,刺激公民的出游意愿,提高出游频率,2007 年,国家将法定的节假日调整为 2 个 7 天的黄金周和 5 个 3 天的小黄金周,至此,我国公民的法定休息日达到了每年 115 天。[154] 这项休假制度的出台,为游客出行提供了充足的闲暇时间。

游客的选择对目的地有重要意义,游客的消费意味着旅游收入,因此虽然游客不参与目的地系统内的行动者博弈,但是却能作为一个非常重要的外来力量改变目的地系统内的行动者格局,从而影响目的地行动者之间的互动,改变旅游资源的使用权和收益的分配。

(7) 沿江村民

沿江村民世代生活在漓江沿岸,他们主要的生计方式都与漓江和沿岸的自然资源有密不可分的关系。由于长期居住在江边,村民们部分是以打渔为生的,水性非常好,能够熟练地掌握各种水上谋生的技能,如撑竹筏、捕鱼、凫水等。沿江的其他村民虽然不如渔民一般拥有熟练的水上技能,但是由于长期出行依靠的就是渡船和竹筏,因此不但家里都备有竹筏,且全家老少都能够使用竹筏作为交通出行的工具。因为漓江沿岸竹林茂密，竹子是比较常见和易得的资源，竹筏的制作成本很低，村民们即使家里再贫困，也都可以制作一张竹筏，尤其是不通路造成的交通出行困难，更加凸显了竹筏在沿江村民日常生活中的重要地位。

漓江的江面狭长，两岸难以封闭，且涉及村民人数较多，村民们进出江面非常便利。

沿江村民虽然拥有使用沿江自然资源维持生计的部分权利，但是根据《宪法》和《水法》，沿江村民不能成为个体意义上的自然资源的产权所有者，因此也无权对自然资源行使完全的管理权、使用权、经营权和收益权。我国的风景名胜区的相关管理条例中，只规定了对部分有产权所有者的自然资源使用的补偿（如集体所有的森林、土地），但对绝大多数没有自然资源产权的农村贫困人口，则没有任何相应的补偿规定。在这种产权制度环境中，沿江村民处于事实上的无权状态。这使得村民无法从漓江旅游资源的使用中获得合法的收益分配。

但是因为沿江村民拥有的水上技能和进出江面的便利，使得市级政府难以监管村民的水上经营行为，尤其是当违法成本较低时（竹筏的制作成本较低），村民的水上经营行为容易陷入失控状态。

5.2.3 小结

通过分析，可以发现在漓江风景名胜区旅游发展的过程中，各个行动者所拥有的资源和行动能力受到制度环境的很大制约，即使行动者有追求自身利益偏好的动机，但是受限于自身的资源和行动能力，只能做出相应的次优决策。制度环境并不是一成不变的，随着制度环境的变化，行动者所拥有的资源和行动能力也会发生相应的变化，从而影响到行动者的决策。因此，在用行动者中心的视角进行分析时，应该根据历史、经济等的变迁和制度环境的改变，对行动者的格局和互动做出动态的过程分析。

5.3 行动者格局

桂林市政府通过制定与漓江相关的旅游发展政策试图限定其他行动者对漓江旅游资源的使用和收益，从而实现自身利益最大化的目标，而在政策的实际实施过程中，随着制度环境的变化，行动者自身所拥有的行动资源和行动能力也发生了变化，行动者对自身的利益预期和对形势的判断都发生了变化，由此会决定采取不同的行动策略。而行动者的资源和能力决定了他们在不同阶段对漓江旅游资源使用拥有不同的权利和处于不同的地位，从而构成了不同的行动者格局。

行动者格局指的是行动者之间分权和各方的不同阵线，是一种相对静态的画面，同时包含了各个行动者的策略，表现为四种博弈的模式：合作的（Cooperative）、非合作的（Noncooperative）、层级指定的（Hierarchical）和投票式的（Voting）。

5.3.1 "自上而下"旅游发展阶段（2002年以前）的行动者格局

在漓江风景名胜区实行单一的大船一站式观光游时期，桂林市政府由于拥有中央委托的对风景名胜区的管理权，同时在行政架构中处于景区所跨区域内的最高行政级别，因此拥有绝对的主导权。同时由于我国实行的财政体制改革，桂林市政府的地方财政需要承担对景区保护的支出，而由于要保护景区的生态，桂林市政府必须关停景区内的工业企业，这笔损失也需要桂林市政府来承担。桂林市政府的核心行动者需要通过GDP的增长来体现政绩，获得晋升机会，景区的旅游经营收益又直接与地方财政挂钩，在这种情况下，桂林市政府有强烈的动机实行限制景区旅游资源使用的政策。限制能够提高景区旅游资源经营资格的标价，同时限制使用可以在不支出或者尽量少支出生态保护成本的情况下保护好环境，以利于实现景区收益的最大化。

阳朔县政府在现实的行政架构中处于桂林市的下级，阳朔县政府核心行动者的晋升主要依赖于桂林市政府的委任。2002年以前，阳朔县仍然以农业为支柱产业，阳朔县政府的财政收入还不高，在这种情况下，阳朔县政府对桂林市政府的各项政策以积极的配合为主，无论是政治上还是经济上都还没有能力与桂林市政府进行抗衡。桂林市政府与阳朔县政府之间是上下级行政机关间的层级命令的格局。

阳朔县政府将桂林市制定的关于沿江两岸禁止使用景区内的自然生态资源的政策下达给乡镇政府，乡镇一级政府事实上承担着执行这项政策的责任。乡镇一级政府的核心行动者由于与沿江村民接触比较多，且都是本地干部，因此比县政府的核心行动者更能体会到沿江村民与自然资源的紧密关系和沿江村民事实上贫困的生活状态，因此在推行这项政策时心里并不十分同意，而且还对推行的效果表示了担心：

> 漓江沿岸的这些老百姓真是顺民啊，当初县政府下文，喊不给养羊，不给捞鱼，不给在河里捞沙，不给在山上炸石头，我们接到文件，心里头就打鼓，喊不给就不给，断了生计，老百姓不跟我们反啊。哪晓得，文件

布置下去，喊了村长、支书来开会，回去一宣传，老百姓真的都按文件办了。其实我们也觉得老百姓穷，他们靠山吃山、靠水吃水，现在这样做，不是让他们更穷了吗？

（G02，C镇镇长）

乡镇领导的话反映出作为主要的政策执行者的心态，既要完成上级发布的行政指令，但是又不忍心断村民的生计，最终仍然是选择了执行上级的行政指令，并且主要通过村级组织将政策推行下去。乡镇一级政府与桂林市政府之间不存在直接的上下级关系，一般情况下对市级政府的政策都采取合作的态度，但是因为桂林市政府并不能直接决定乡镇政府官员的晋升，因此乡镇一级政府对县级政府的指令更加重视，在二者不矛盾的情况下，合作是最好的选择。

沿江的贫困村民因为对自然生态资源的依赖程度没有特别高，从心理上虽不愿意接受这项限制其生计来源的政策，但是在这个阶段，乡镇政府给村民们提供了一定的公共服务设施，并且帮助村民解决了生活基础设施如道路修建、水利灌溉设施的修建和电网改造等现实困难，改善了民生，因此村民对乡镇一级政府基本上是信任的，对乡镇下达的指令也都能够持合作的态度。

这一时期，由于只有单一的大船一站式观光游览项目的存在，旅游中介只能与桂林市政府合作才能赚取利润，而游船企业由于特许经营权的审批权在桂林市政府手中，因此也只能选择合作获得经营机会。

综上所述，"自上而下"阶段的行动者格局如表5-3所示。

表5-3 "自上而下"阶段的行动者格局

行动者	桂林市政府	阳朔县政府	乡镇政府	贫困村民
桂林市政府		层级指定	合作	合作
阳朔县政府	层级指定		层级指定	合作
乡镇政府	合作	层级指定		层级指定
贫困村民	合作	合作	层级指定	

在这一阶段的行动者格局中桂林市政府拥有绝对的权威，其他行动者都选择了合作的策略，这种格局是典型的单方强势的行动者主导的格局。

5.3.2 "自下而上"的旅游发展阶段（2003~2011年）的行动者格局

随着漓江景区内徒步游客的到来，徒步游作为一种大船一站式观光游之外的新的旅游样式兴起，改变了漓江风景区内长期以来只有一种旅游模式的局面，同时也改变了与之相关的各个利益群体的行动格局。徒步游阶段的行动者格局如表 5-4 所示。

表 5-4　徒步游阶段的行动者格局

行动者	桂林市政府	阳朔县政府	乡镇政府	沿江村民
桂林市政府		层级指定	非合作	非合作
阳朔县政府	层级指定		层级指定	非合作
乡镇政府	非合作	层级指定		非合作
贫困村民	非合作	非合作	非合作	

"非典"是一次非常特殊的事件，"非典"结束后，一方面人们需要释放被压抑的旅游需求，另一方面人们迫切需要有利于身心健康的户外运动，徒步游这一从西方引介进中国的旅游方式成为能够满足游客新的旅游需求的旅游模式，因此备受游客所推崇。游客由此改变了来漓江游览选择大船一站式观光的游览单一决策，而转向大船观光游览和徒步游相结合的组合游览模式，甚至是徒步游单一的游览模式。

游客的选择最先被沿江村民观察到并且通过摆渡获得了旅游收益，由于沿江村民世代生活在江边，渡船是他们主要的出行交通工具，因此具备为游客摆渡的资源基础，而游客的过渡给三个渡口的村民带来了新的收益，对于迫切希望通过获得经济利益改善生活的村民来说，具备经营徒步游的动机。而经营徒步游与桂林市推行的单一旅游模式和限制漓江旅游资源使用的政策是相违背的，此时由于沿江村民拥有地理上的优势和旅游接待设施上的优势，桂林市政府难以直接进行管制，沿江村民选择了与桂林市政府不合作的策略来获取收益。

乡镇一级政府明知道经营徒步游是违背桂林市政府的政策的，但是出于自身经济利益目标实现的动机，乡镇政府选择支持徒步游的经营。同时，乡镇政府拥有资金上的优势，乡镇政府购买了新的渡船，聘用工作人员加入到徒步游经营中。由于长期以来，乡镇政府通过村委对村民形成了事实上的行政管理机制，因此在徒步游经营上，乡镇政府试图使用行政手段垄断徒步游经营，这种行为形成了与沿江村民争利的局面，村民们以渡口是村民共有财产为由，反对乡镇政府的行为，采取了不合作的策略。

阳朔县政府默许了乡镇政府的行动，原因是乡镇政府从阳朔县政府获得的办公经费并不足以支付乡镇政府用于管理各项事务的开支，如果乡镇政府能够自己创收，就缓解了阳朔县财政的压力。在乡镇政府与村民关于徒步游经营权的争夺中，阳朔县政府站在乡镇政府一边，反对沿江村民用渔船等船只为游客摆渡。因此阳朔县政府在禁止沿江村民参与漓江旅游经营的策略选择上与桂林市政府站在了同一条战线上。桂林市政府并不希望任何试图改变漓江既有的大船一站式观光游览的模式的行动发生,因此对于沿江村民和乡镇经营徒步游的行动持反对态度,并且对阳朔县政府下达行政命令,要求阳朔县政府配合禁止徒步游。

徒步游游客的人数并不多,这个群体还没有对目的地内的行动者格局产生太大的影响力,但是由于他们的到来,改变了乡镇政府与沿江村民之间原来的利益结构和合作关系,村民对乡镇政府产生了不信任的态度。

徒步游原来仅仅是先锋游客和探索游客的游览选择,尤其以外国游客为主,但是随着中央刺激内需的新的旅游政策出台以及新的休假制度的建立,国内旅游需求的激增,给徒步游带来了大众游客,大众游客并不能完全适应徒步游这一高强度的户外旅游项目,而此时更为灵活和休闲的竹筏游成为部分徒步游游客的选择。竹筏游需要的物质资源比较简单,但是对撑竹筏的技能和水上救生技能要求比较高,而这二者正是沿江村民所拥有的,而且相较于徒步游,竹筏游的参与面更广,不需要限定在三个渡口所在的村庄村民,所有沿江村民尤其是靠近有公路联通的乡镇政府所在地的村庄居民都有参与的机会,另外游客在竹筏游中的花费远高于徒步游,这就使得沿江村民更有经营竹筏游的动机。

竹筏游与徒步游相比,对漓江大船一站式观光游览方式的影响更大,首先,从安全的角度考虑,竹筏占用了主航道,容易与游船发生碰撞事故,影响游船的行船安全,也直接影响到竹筏上游客和筏工的安全;其次,竹筏游影响了漓江风景名胜区的景观构成,影响了游船游客的审美需求;最后,竹筏游游客属于大众游客,与漓江游览的游客构成基本一致,这就使得竹筏游形成了对大船游的竞争。桂林市政府强烈反对这种游览方式,并且要求阳朔县政府整治这些与桂林市政府之前出台的政策相违背的非法经营行为。

从第四章对村民的访谈描述中,可以发现最先从事竹筏游,并且将竹筏游推介给旅行社,给竹筏游带来团队客人的乡村旅游精英,选择放弃用渔船和渡船经营徒步游转而从事竹筏游,是由于听从了县里相关部门的干部的建议。从这个侧面反映出阳朔县政府对竹筏游持支持态度,并且阳朔县政府还将自己的态度传递给了乡镇政府,乡镇政府也对竹筏游持支持态度。

这一阶段,阳朔县政府已经通过发展县域内的乡村旅游获得了客观的旅游收益,并在2007年成为了广西壮族自治区的经济强县,随着阳朔游客人数和旅游收益的增长,阳朔县成为国内知名的旅游目的地,阳朔旅游强县的地位得到自治区级政府和国家旅游局的认可。在阳朔县的经济资源和政治资源越来越充足的情况下,国家出台的"省直管县"的行政体制改革,使得阳朔县政府认知到自身资源和能力的变化，为了实现自身的利益目标，阳朔县政府选择支持竹筏游，而不是继续履行桂林市政府要求的限制各种对漓江旅游资源进行开发经营的政策，与桂林市政府形成了不合作的格局。竹筏游阶段的行动者格局如表5-5所示。

表5-5　竹筏游阶段的行动者格局

行动者	桂林市政府	阳朔县政府	乡镇政府	沿江村民
桂林市政府		非合作	合作	非合作
阳朔县政府	非合作		层级指定	合作
乡镇政府	非合作	层级指定		合作
贫困村民	非合作	合作	合作	

对这一阶段的格局进行分析时可以发现，原来由单一强势行动者主导的行动者格局发生了改变，阳朔县政府的实力和能力的增权，沿江村民在新的旅游模式中所拥有的物质资源和经营能力，使得二者改变了原来与桂林市政府合作的策略，选择了不合作的策略。而乡镇政府与沿江村民之间由于利益竞争关系的存在，使得沿江村民对乡镇政府由原来的信任和支持，转变为不信任和不合作的策略，但是在竹筏游阶段，乡镇政府没有能力经营也没有能力限制，选择了合作的策略。此时，各方实力相对均衡，没有一方特别强势，各方都在试探。

5.3.3　重新"自上而下"旅游发展阶段（2012年至今）的行动者格局

漓江竹筏游的泛滥，使得桂林市政府下决心对其进行治理，但是此时，面对江面上近两千张竹筏，数千沿江村民参与的局面，桂林市政府没有进行有效治理的能力，只能依靠阳朔县政府。阳朔县政府从竹筏游中看到了巨大的经济收益，之前竹筏游完全是村民的自主参与行为，由于是非法经营，所以一直无须向阳朔县政府和乡镇政府缴纳任何收益，阳朔县政府和乡镇政府都没有从竹筏游中获得经济收益，这就使得阳朔县政府有动机对竹筏游实行统一管理，以从中实现自身利益增长的目标。

桂林市政府虽然不希望阳朔县政府参与经营，分享漓江游览收益，但是因为本身缺乏治理的能力，同时因为阳朔县政府自身经济实力和政治实力的上升，广西壮族自治区政府对阳朔县政府的支持，使得桂林市政府对阳朔县的统一管理行为只能选择合作的策略。

随着阳朔县政府经济实力的增强，对乡镇一级政府的控制力进一步增强，乡镇政府通过支持阳朔县政府的"统管"决策，不但能获得县政府的财政支持，还可以从景区成立后的收益中获得一定的管理费和分成,促进乡镇财政的增收和个人的收入增长及其他便利(如公款消费),因此乡镇政府选择支持和赞成县政府实施的"统管"。

沿江村民通过前一阶段的旅游参与,已经获得了较多的经济收益,并且极大地改善了生活,旅游成为沿江村民一项重要的生计来源。前一阶段虽然村民们能够获得收益,但是由于这种经营并没有获得政府的认可,始终是非法经营,随时有可能因为被禁止和取缔而失去这项生计来源,而县政府的"统管"将这种经营合法化,使得村民们产生可以获得稳定收益的预期;县政府承诺的分红,实施的对象范围比较宽,基本涵盖了沿江15000多群众,这份"非劳"收益对沿江群众来说,是之前没有过的,仅仅因为居住在江边不需要额外付出劳动就能获得,因此群众基本上对这一政策持赞成态度,选择合作的策略。重新"自上而下"阶段的行动者格局如表5-6所示。

表5-6 重新"自上而下"阶段的行动者格局

行动者	桂林市政府	阳朔县政府	乡镇政府	沿江村民
桂林市政府		合作	合作	合作
阳朔县政府	合作		层级指定	合作
乡镇政府	合作	层级指定		层级指定
贫困村民	合作	合作	层级指定	

前一阶段,各个行动者还不清楚对方的资源和能力,因此处于实力较为均衡的试探阶段,而这一阶段,阳朔县政府的权力明显增强,成为主导这一阶段的单一强势行动者,其他行动者对其都采取了合作的策略,这一阶段的行动者格局与第一个阶段相比,虽然都是单一强势行动者主导的格局,但是主导的强势行动者由桂林市政府变成了阳朔县政府,因此格局已经发生了重大变化。

5.3.4 小结

行动者格局描绘的是行动者之间力量对比和策略选择结果的静态画面,通过比较各个不同阶段的行动者格局,各个行动者的利益目标,拥有的资源和行动能力决定了行动者的策略选择,而制度环境对行动者的利益目标、行动资源和行动能力都有非常大的制约,制度环境发生改变,行动者拥有的资源发生改变,进而影响到行动者的行动能力,最终影响到行动者策略的改变。

制度固然是一个非常重要的制约因素,但是也要看到,对于目的地系统来说,游客也是一个至关重要的影响因素,游客需求和游客行动策略的改变,直接关系到目的地各个行动者拥有的资源的改变，对于有着自身利益最大化目标动机的各个行动者而言，追求游客带来的旅游经济收益是做出行动策略的重要依据，因此，游客成为改变行动者格局的关键力量。

三个阶段的格局事实是各个行动者之间的博弈，出现了合作的和非合作的不同的博弈模式，并且在行动者的行动过程中，出现了由非合作向合作的变化，这种格局变化的过程实际上是通过行动者之间的互动促成的。

5.4 行动者互动

在对行动者格局进行分析的过程中，可以发现每一个行动者拥有的资源和能力都是有限的，没有一个行动者能够通过单独的行动完成政策制定和实施的全过程，换言之，没有一个行动者可以完全决定政策的结果，各个行动者必须通过交换资源形成互动，才能达成一定程度上的妥协，从而推动政策的实施。在资源交换和政策实施的过程中，各个行动者由于利益目标的不一致，可能会形成一定的冲突，互动实际上是解决冲突的过程，不同的解决冲突的方式，就是互动模式，相对于静态的行动者格局，行动者互动是一个动态的过程，包括单方行动、协商同意、少数服从多数以及下级服从上级四种互动模式。每一种行动者格局中都可能形成四种互动模式中的任何一种，政策实施的结果会同时受到行动者格局和行动者互动的影响,行动者的互动既要受到具体的规则约束，也要受到制度环境的约束。

5.4.1 "自上而下"的旅游发展阶段的行动者互动模式

桂林市政府要实现自身对漓江风景区内旅游资源经营收益最大化的目标必须限制三类行动者对漓江旅游资源的使用，第一类是游船企业，第二类是阳朔县政府，第三类是沿江村民。

对于游船企业，游船是一项资产专用性很高的投资，必须根据漓江航道的特点与游客接待人数及服务要求进行设计和购买，一旦投入，很难将游船转作其他的用途。桂林市政府拥有的政策资源和组织资源使其通过使用漓江旅游航道的专项经营权与游船企业进行单边交易，并且通过"四统一"与游船企业达成进一步的合作契约。这类合约约束的是游船企业单方的行为，游船企业需要投入资金购买游船以及向桂林市政府交换专项经营许可，并且将游客的组织权和游船票价的定价权、收益分配权都交给了桂林市政府，以换取长期使用漓江航道获得稳定投资回报的经营行为，合约签订后，游船企业一旦违约，如自行安排客源、自己收门票等行为非常容易被观察到。桂林市设立了漓江游览调度结算中心来实际控制大船游览的经营项目,桂林市政府通过协调工商、税务、旅游等各个职能部门对桂林市内所有的正式旅游部门进行监管,这些部门购买漓江游览船票的唯一途径就是通过漓江游览调度结算中心,船票的费用通过转账直接划归结算中心。游船企业没有违约的渠道,同时如果一旦违约,桂林市政府可以通过行政手段收回特许经营权,而对于资产专用性很高的游船投资来说,游船企业的违约成本非常高,因此根据威廉森(Williamson)对交易特征的归纳和分类,桂林市政府与游船企业通过交易达成了一份单边合约,[155] 这份单边合约的达成,使得游船企业的经营行为很大程度上受到桂林市政府的控制和制约,游船企业缺乏对漓江旅游经营的发言权。

桂林市政府既要依赖阳朔县政府对沿江村民使用旅游资源的行为进行管理,又要限制阳朔县政府出于自身利益最大化目标使用漓江旅游资源的行为。前文曾提到,阳朔县政府曾经在漓江的下游,阳朔镇至普义段经营过漓江游览,使用的模式与桂林市政府的游船游览模式如出一辙。当时,桂林市政府曾经试图使用行政命令的单边行动制止阳朔县政府的行为,但是阳朔县政府则提出,漓江精华段全部位于阳朔县境内,阳朔县为了保护漓江的生态环境做出了牺牲,阳朔县除了农业,不被允许发展其他的工业和产业,限制了阳朔的经济增长和人民生活水平的提高,桂林市政府使用的是漓江的上游和中游,阳朔县政府使用下游,下游的景观质量不如上、中断,且不影响漓江原来的游船游览航线,又可以为阳朔县的财政增收,弥补阳朔县政府公共事务支出的缺口。一方面,桂林市政府如果强行使用单边的行政指令,在政治上容易打击县级政府核心行动者的积极性,引发县级政府核心行动者的不满情绪,不利于政治稳定局面和社会发展;另一方面,阳朔县确实为漓江的环境保护付出了相应的人力成本和资金成本,如果没有相应的补偿,会损害县政府的行动积极性,从而导致原有的管理措施的失效,不利于漓江风景名胜区的保护和发展。在这种前提下,桂林市政府与阳朔县政府进行了双边的协商,从漓江旅游资源经营的收益中拿出部分收益,作为对阳朔县政府不经营漓江旅游资源以及对漓江风景名胜区的管理和维护成本的补偿,这笔费用从最初的200万元,增加至800万元,最后涨到2000万元,这笔补偿费用的变化是阳朔县政府与桂林市政府不断讨价还价和协商的结果。虽然在桂林市政府与阳朔县政府的行动格局中,二者存在着行政级别上的层级指定的格局,但是在实际的互动过程中,并不是一种单边行动,而是采取了双边互动、协商的模式。

沿江村民在整个行动者格局中处于最弱势的一方,政治上无权,经济上没有投资的资本。不太可能通过购买游船和通过交易从桂林市政府手中获得特许经营权,从而加入到与游船的竞争中去;也没有能力迫使桂林市政府和游船企业为他们付出的保护漓江生态的成本做出补偿。尽管这类行动者处于权力的末端,但是桂林市政府也没有能力直接对沿江村民下达行政指令,要求他们不使用漓江的旅游资源,而只能通过阳朔县政府将行政指令下达给乡镇政府,乡镇政府与阳朔县政府之间是一种行政级别里的下级服从上级的互动模式,乡镇政府再把行政指令传达给村委,由村委具体负责对村民的宣传,乡镇政府具体负责对村民执行这项限制政策的实施情况进行监管。村民出于对政府的畏惧和信任,服从了乡镇政府传达的政策信息,虽然村民与乡镇之间没有法律上的上下级隶属关系,但是在实际生活中,村民习惯于服从通过村委传达的上级的政策,因此形成了下级服从上级的互动模式。

在这个阶段各个行动者之间的格局都倾向于对桂林市政府制定的旅游发展政策的同意和合作,这个政策在实施过程中虽然会影响到各个行动者利益目标的实现,但是通过交易、协商和下级服从上级等行动者之间的互动,最终使得这项政策在这个阶段顺利实施,漓江风景名胜区的管理秩序相对顺畅。但是沿江村民的贫困状况却没有随着景区的旅游收益增长而有所缓解。

5.4.2 "自下而上"的旅游发展阶段的行动者互动模式

2003年的"非典"和随后桂林市举行的推广徒步游的行动,使得游客的旅游需求从单一的大船一站式不停靠的旅游模式部分转向沿江岸徒步的游览模式,徒步的路线需要穿越沿江兴坪和杨堤两个乡镇,经过三个渡口。游客的到来,将市场带到了沿江村庄,给沿江的村民尤其是渡口所在村的村民带来了旅游收益。游客这一外来行动者的行动,带来了新的资源使用方式和资源使用收益,从而改变了行动者之间基于原来的资源配置和资源收益分配格局之上的互动模式。

渡口所在村的村民首先投入到徒步游经营中,通过摆渡获得旅游收益。由于渡口属于村集体共有,渡船的经营收益需要拿出一部分给村集体,由村集体统一分配给村民。渡船作为乡镇政府提供给沿江村民的基本生活服务的公共设施,渡船原来只具有公共服务功能,而当渡船用于旅游经营时,就扩大了渡船的功能,改变了渡船的公益性质,乡镇政府认为自己理应从这种功能和性质改变中收取部分利益,作为提供设施的补偿。由于一直以来,沿江村庄村民对乡镇政府的各项措施和指令都采取了服从的互动模式,因此这一次,乡镇政府也认为可以要求村民服从乡镇垄断渡口的旅游经营权的决策。但是村民已经从渡口经营中获得了收益,而且随着游客的增多,村民们预期这种收益还会继续增加,由此对乡镇政府垄断渡口经营的行为采取了不合作的行动。杨堤乡9个自然村的村民小组联合起来与杨堤乡政府的经营行为做斗争，要求乡镇政府将经营权与收益权还给村集体和村民。在这场利益冲突中，村民们通过共同的利益联结起来，形成了村民自治的利益组织，由于村民就居住在江边，人数众多，且有组织地采取堵渡口等行动，乡镇政府想单纯通过行政手段压制村民的努力失败了，合作的格局被打破。乡镇政府核心行动者除了自身的经济利益目标外，还有政治目标和社会目标，村民基于共同利益联结起来的组织拥有更强的行动力，如果一味压制甚至使用暴力手段，容易导致群体性事件，影响社会稳定，在现有的政治环境中，群体性事件反映出一个地方政府政治管理能力的不足，严重影响到上级领导对地方政府领导的政治印象，也会令乡镇政府核心行动者失去晋升的机会，不利于乡镇政府核心行动者政治目标的实现；此外，乡镇领导中绝大部分都是本地人，对自己的乡亲们的利益要求，不能完全不顾及，因为如果一旦失去村民们的信任和支持，乡镇政府核心行动者的社会目标就无法实现。乡镇政府选择通过协商的方式来解决冲突，兴坪镇政府与村民协商的结果是，乡镇政府继续经营渡口，但从经营收益中拿出部分收益分给村集体，由村集体将收益用于村内基础设施建设和将剩余部分在村民中平均分配；杨堤乡政府与村民协商的结果则是杨堤乡政府退出渡口的经营，将渡口经营权交还给村民自己的利益共同体，乡镇政府对共同体的经营进行指导，但不从中分享经营收益。至此，乡镇政府与村民通过协商解决了徒步游造成的利益争端，再次形成了合作的格局。

  桂林市政府对于徒步游形式的出现持反对的态度，因为徒步游不仅分流了部分漓江正规游船的客源，还因为游客和沿江村民的一些不文明的举止，破坏了风景区的环境，影响了漓江风景区的口碑和旅游形象。桂林市政府试图通过下达"禁止徒步游"的行政指令，禁止徒步游经营行为。阳朔县政府在徒步游禁令下达的开始阶段服从了这一指令，原因是在前一个阶段，阳朔县政府已经通过协商，从桂林市政府获得了对于漓江旅游资源使用的补偿，达成了合作关系，因此出于维护这种合作关系的目的，阳朔县政府要采取行动，如派出工作人员劝阻游客等，另外，在乡镇政府与村民关于徒步游经营权的争端中，阳朔县政府是站在乡镇政府一边的，在乡镇政府一时无法从徒步游中获取更大利益的情况下，阳朔县政府认为禁止徒步游对乡镇政府损失不大，如果能推行这项禁令，将徒步游行为控制住，不仅能获得桂林市政府的信任，还利于树立在县里的权威，出于这样的目的，阳朔县政府以实际行动服从了桂林市的行政指令。

  但是随着乡镇政府与沿江村民经协商后达成合作关系，以及耗费在劝阻游客进入徒步线路的人力、物力成本的加大，阳朔县政府逐渐改变了态度。一方面，虽然正式部门的旅游中介服从了这一禁令，没有再组团进入徒步游线，但是非正式部门的中介在经济利益的刺激下仍然将游客带到景区,而且徒步游已经成为部分游客(尤其是广东游客和本地年轻人)的旅游需求,游客并不买政府的账,仍然以各种方式进入景区;另一方面,漓江徒步游线涉及杨堤、兴坪多个村庄,难以进行封闭,村民们有着熟悉地理环境的优势,能够带领游客轻易突破封锁,进入景区。想要严格执行禁令,阳朔县政府需要派出大量的工作人员守在各个路口,阳朔县政府之前并没有专门管理漓江景区的部门,没有专门的人力和物力资源,需要借调各个事业部门的工作人员兼职来守路口,不仅扰乱了其他部门正常的工作秩序,而且即使耗费了人力物力,也不能有效地禁止徒步游。阳朔县政府最终选择了不再严格服从这项"徒步游禁令",采取了放任自流的策略。桂林市政府迫于各种舆论压力,以及没有能力监管,也因为徒步游本身对漓江游船游览模式的威胁并不大,因此对阳朔县政府的策略采取了默许的态度,徒步游没有被继续公开禁止,继而成为漓江风景区内游船游览模式之外的补充。

徒步游在繁荣了几年后逐渐被竹筏游所取代。由于竹筏游的成本低、利润高、参与人数更多,在短期内迅速蔓延。竹筏游在客源竞争上对游船经营形成了威胁,减少了桂林市政府和游船企业的经营收益,桂林市政府对此持坚决的反对态度。

但事实上,竹筏游之所以能在短时间内迅速蔓延,与桂林市政府和阳朔县政府对徒步游的放任态度有关。阳朔县政府观察到桂林市政府无力维持漓江风景区内阳朔段的正常管理秩序,同时在这个阶段,阳朔县政府已经从县域内其他形式的旅游经营带来的收益增长中意识到了旅游对促进经济增长和改善农村生活的重要性,阳朔县政府有了支持漓江两岸村民参与旅游经营的动机。阳朔县政府并没有采取公然违背桂林市政府对于限制沿江旅游资源使用的行政指令的行动,而是采取了"明修栈道,暗度陈仓"的方式。这与这一阶段的制度背景有关,从行政架构上,阳朔县政府作为下级政府,需要服从桂林市政府的行政指令,但是在实际的政治生活中,阳朔县政府承担了多项桂林市政府指派的发展任务,虽然桂林市政府治理漓江的目标明确,就是要使江面上除了正规的游船不出现任何其他的经营形式,显然这一任务随着徒步游的"禁而不止"变得不再那么简单,桂林市政府也意识到自身在管理上的缺憾,因此阳朔县政府只要不是公开支持,桂林市政府就不能对阳朔县政府采取任何行政处罚。阳朔县政府虽然在江边树立了各种警示标志,并且在桂林市下达联合执法指令时,配合桂林市政府的行动,但是对乡镇政府下达了不限制、不鼓励村民参与漓江竹筏游经营的指令,这项指令并没有以政府公文的形式下达,而是通过漓江调研报告的形式传达的,在这份由阳朔县人大组织撰写的调研报告中,突出了漓江沿岸村民为保护漓江生态所付出的牺牲以及沿江两岸村民的贫困状况,对现有的大船一站式观光游览的弊端进行了重点分析,并提出应该在漓江实行分时分段游览的建议。这份报告从政治上、旅游发展的特色上为沿江村民经营竹筏游造势。对阳朔县政府屡次提及的沿江两岸群众的生计问题和生态补偿问题,报告将其作为放开对漓江两岸群众参与旅游的限制的主要依据。

一方面,桂林市政府对于日益泛滥的竹筏游的管理"心有余,力不足";另一方面,也迫于阳朔县政府屡屡打出的"富民"牌,桂林市政府只能做出回应,在 2009 年 8 月一次由市委、市政府召开的漓江流域管理工作会议上,市长李志刚就专门强调了要将漓江两岸的富民惠民工程提上议程,在保护漓江的同时,对两岸农民和渔民参与漓江旅游的经营行为进行指导与管理,要让这些群众分享漓江风景名胜区旅游发展带来的新成果。

由此,在竹筏游的管理上,相对于桂林市政府的让步,阳朔县政府在政治上和舆论上获得了主动权。

在乡镇政府与沿江村民的互动中,乡镇政府与村民通过协商,在渡口经营上达成了合作关系,对所有进入渡口的游客收取 16 元的徒步游门票。随着竹筏游的出现,部分游客进入兴坪、杨堤渡口并不是为了徒步,而是希望坐竹筏游江,为了是否购买徒步游门票,沿江村民与兴坪镇政府经营的徒步游公司和由村民自己组织的杨堤徒步游公司产生了冲突。由于经营竹筏游受益的村民人数远多于徒步游的受益人数,经营竹筏游的村民选择主动逃票来解除与徒步游公司的合作关系,两个乡镇的徒步游公司在力量上都无法与这些村民抗衡,最终同意了竹筏游游客无需购买徒步游门票,形成了少数服从多数的互动模式,竹筏游脱离徒步游成为一种独立的旅游经营模式,游客进入杨堤、兴坪段,可以自由选择徒步游或者是竹筏游。

5.4.3 重新"自上而下"的旅游发展阶段的行动者互动模式

阳朔县政府通过默许沿江两岸村民发展竹筏游,刺激了两岸村民参与旅游经营的热情,增加了他们从旅游中获得稳定收益的预期,使得沿江两岸村民从 2008 年开始大规模参与到竹筏游经营中,阳朔县政府通过这种行政管制上的不作为违背了桂林市政府制定的旅游发展的相关政策和下达给阳朔县政府关于管理沿江两岸村民的行政指令。但是,竹筏游的泛滥除了改善了两岸村民的民生,为阳朔县政府赢得了社会声誉和完成了贫困减轻的各项指标外,并没有为阳朔县政府带来地方财政的收益增长,换句话说,"民富了官没富"。在这种情况下,阳朔县政府表现出对竹筏游实行统一管理,从管理中获取经济收益的强烈动机。

阳朔县政府在漓江流经的兴坪和杨堤两个乡镇实施封闭式的景区管理,将竹筏游等经营项目收归地方政府直属的旅游企业管理。这与之前阳朔县政府采取行政不作为鼓励沿江村民发展旅游的行动相比，进一步挑战了桂林市政府的权威，将漓江旅游资源的管理权之争凸显了出来。阳朔县之所以采取这样的行动，与这一阶段的制度环境有关。"省直管县"的行政体制改革正在推进，阳朔县政府通过前一阶段的旅游发展，进一步增强了经济实力，成为广西的"经济强县"，获得了中央和自治区的重视，在与桂林市政府的博弈中增强了行动能力。"强县扩权"成为阳朔县政府这一阶段获取更多政治资源的重要动机，因此不排除阳朔县政府为了获取漓江旅游资源的经营权，有意放任竹筏游做大，从而将沿江村民与桂林市政府之间的矛盾激化，对桂林市政府形成改变传统经营模式的压力的可能。阳朔县敢于采取成立阳朔漓江风景区的方式公然与桂林市政府叫板的第二个政策原因，是 2011 年初国务院通过了批准桂林市政府成为第一批国家旅游综合改革试验区，阳朔县领导对改革试验区的理解是"所谓试验就是要做以前的人没做过的事""改革就是把旧的、制约发展的所有东西都改变掉"，在这种理解下，阳朔县政府认为原来成立的桂林漓江风景名胜区，由桂林市政府统一管理、统一经营、统一分配收益，不利于阳朔县政府及沿江村民的经济发展，因此可以进行大胆的改革。通过成立阳朔漓江风景区，将漓江阳朔段的旅游资源管理权、开发权和经营权收归阳朔县政府。这种下级政府与上级政府争夺管理权和经济利益的事情在目前的行政架构中从来没有出现过，阳朔县政府要开先例。阳朔县政府与桂林市政府之间解决关于漓江旅游资源部分管理权的争端的方式是"双方协商"，这可以从前文提到的县政府某位领导在对沿江村民召开的景区监事会成立大会上说的一段话反映出来：

> 我们景区来之不易，首先要与市有关部门博弈，跟他们开了很多次协调会，谈判；还要和市相关利益群体游船公司、旅行社博弈。最后得到市委市政府肯定、批准，拿到营业执照。但是市政府又给我们出难题，要我们从坐船的源头收门票，门票和船票分离，市里面要将门票全部收掉。

为了获得争端解决，取得景区的经营资格，重新形成合作的格局，阳朔县政府通过多次与多个部门反复开协调会、进行谈判，并且与市政府关于景区利益分成进行了协商之后，获得了桂林市政府、下属各个部门以及游船企业等的合作。之所以桂林市政府能够达成合作的最后协议，与这一阶段"省管县"的行政体制改革的趋势有关，更主要的还是阳朔县通过发展已经拥有了与桂林市政府博弈的政治和经济实力，桂林市政府也在试图乘着成为"旅游综合改革试验区"的机会，扩大行政区划，延伸城市空间，争取将阳朔县改为区，以获得对漓江保护和开发的独占权。桂林市市委书记刘君曾在各个场合说过："改革，就是要改革一些与现行机制和体制不相适应的地方。而试验，就是要做别人没做过，或者是别人不能做、做不了的事情，我们去做，这样才能体现出试验的本质，否则就不能叫改革试验区了。"因此关于漓江旅游资源的管理权之争反映出更深层的市县两级政府政治权力的争夺。

阳朔县政府成立阳朔漓江风景区，从阳朔县政府直接调派干部兼任景区公司的负责人，并且把兴坪和杨堤两个乡镇的主要领导也吸收进公司的管理层。这种管理结构的本意就是要将阳朔县关于景区经营的各种涉及沿江村民管理和利益争端解决的途径仍然按照原来的行政管理的级别，从县到乡镇，由乡镇到村委逐级下达指令。而在景区成立后，解决与村民关于经营权和收益分配方面的争端中，乡镇政府只起到了宣传、说服的作用，问题的解决是由县政府出面与村民进行谈判、协商的，村民们不满县政府通过正式渠道解决问题的速度和方式，将争端诉诸非正规的渠道，通过堵路、罢工等体制外的手段，要求县政府解决争端，在整个争端解决的过程中，会发现村民与县政府之间是通过了两种途径最终达成合作的：一种途径是村民通过写申请书，向村委、乡镇、县政府逐级反映问题，县政府派人了解情况，与乡镇和村委开会协商解决，这是体制内的正常解决问题的办法；另一种途径是村民通过更为激烈的手段，通过堵路、罢工等方式阻挠景区正常营业，县政府出动警力使用暴力手段，"以暴制暴"强行压制争端，这是一种体制外的非正规的解决问题的途径，但是在目前的政治环境中，仍然有效。阳朔县政府，兴坪、杨堤乡镇政府与沿江村民之间通过以上两种互动方式重新达成了合作，景区恢复正常经营，并于2012年底进行了收益分配。

伴随着不同阶段行动者格局不断变化的过程，原有的旅游发展政策已经无法应对新的格局，面临着实施的困难，行动者通过自身的行动对政策实施施加了影响，并推动了新的政策制定和实施，改变了原来的政策环境和各个行动者之间的资源与权力配置格局。

5.4.4 新的旅游发展政策的制定与实施

(1)《漓江流域富民特色旅游项目规划》

桂林市政府迫于专家学者要求增加漓江游览项目和线路的呼声，迫于漓江沿岸村民参与竹筏游屡禁不止且愈演愈烈，严重影响漓江游览收益的形势，不得不将漓江流域的进一步旅游开发和富民项目提上议事日程。桂林市政府将漓江沿岸的民生问题纳入旅游规划，委托专家制定《漓江流域富民特色旅游项目规划》，希望通过在漓江沿岸规划新的旅游项目，以发挥旅游经济的带动、辐射功能，实现漓江流域贫困人口的脱贫致富。该规划分析了桂林漓江流域旅游对沿江村民的脱贫的功能和作用，探讨了沿江村民参与旅游发展存在的问题、旅游富民的制约因素，并试图找到适合漓江流域的特殊的富民旅游项目和方式。该规划表明桂林市政府终于将漓江流域的减贫和富民的民生问题纳入了桂林市旅游业发展的战略目标。此规划的项目以旅游商业地产项目为主，已经在漓江沿岸平乐县域内启动了"漓江小镇"大型休闲旅游商住房产项目。

这项旅游富民规划制定的背景是漓江沿岸没有支柱产业，村民缺乏减贫致富的途径，而桂林市政府希望通过引进投资，带动经济增长。沿江村民并没有参与到这个与自身发展和利益密切相关的规划制定中，整个规划制定的过程是由市政府、各相关部门和县政府与规划专家共同完成的。规划实施的过程则是由政府、开发商共同参与。土地资源是沿江两岸最重要的资源，但是土地并不在贫困人口手中，政府通过征地将土地用于旅游地产开发，实现本级政府GDP的增长，名为"富民"，实际上却仍然是为了实现本级政府的经济利益目标和政治目标。

桂林市政府希望借由这个规划，巩固对整个漓江流域的管理权和开放经营权，各个县级政府因为有投资投入也基本配合了规划的实施。

(2)《广西壮族自治区漓江流域生态环境保护条例》

2011年11月，广西壮族自治区首次针对漓江流域生态保护与旅游可持续发展的地方性法规由人代会通过，于2012年1月开始实施。这项条例颁布之前，漓江风景区的管理依据是2006年国家颁布的《风景名胜区条例》，但是该条例本身对漓江这种以河流景观为主的景区的针对性不强，具体操作起来，由于漓江沿岸的生态环境和经济社会环境都比较特殊，所以面临相当多的实际困难。漓江流域的生态保护与漓江旅游的可持续发展息息相关，同时也与漓江沿岸生活着的居民尤其是为漓江生态保护牺牲较大的贫困人口的利益息息相关。

《广西壮族自治区漓江流域生态环境保护条例》(简称《条例》)针对沿江两岸老百姓脱贫和致富制定了专门的条款，该条例首先肯定了沿江老百姓在漓江保护中付出的代价，并承诺要建立生态保护的补偿机制，通过改善沿江村庄的基础设施，发展各项适宜生态保护的产业，帮助贫困人口解决就业和提供基本生活保障等措施，实现保护与发展的协调。《条例》中还明确提到自治区要设立专项资金，用于漓江流域生态环境保护的补偿。

漓江风景区和漓江流域全境都位于桂林市行政辖区内，按照属地管理的原则，这项保护条例只需要以市级政府的名义制定和颁布，而现在这个《条例》是以自治区的名义颁布的，实际上就是将有关漓江风景区的保护和开发问题上升到自治区层面，市政府已经没有办法在市级的行政级别层面通过下达行政指令解决问题，使得自治区政府干预到阳朔县政府和桂林市政府之间对于漓江资源的管理权经营权之争中，事实上也体现了阳朔县政府的强势和"省管县"的行政体制改革的趋势。

(3)《广西桂林漓江排筏航行安全监督管理办法（暂行）》《桂林市规范漓江风景名胜区排筏载客营运管理工作方案》

2012年2月，在阳朔县建成并试营阳朔漓江风景区，将兴坪、杨堤段的的竹筏游纳入统一管理后，桂林市海事局发布了《广西桂林漓江排筏航行安全监督管理办法（暂行）》和《桂林市规范漓江风景名胜区排筏载客营运管理工作方案》，这两个文件是最早关于漓江水域排筏监督管理的规范性文件。文件的内容对排筏的航行、停泊、事故调查处理和险情救助等进行了规定。按照规定，今后桂林市海事局将对漓江排筏的操作员进行统一培训，并给培训合格的筏工发放《桂林漓江排筏操作员证书》，只要取得了这个证书，从事排筏工作就是合法的。此外，在这两个文件中明确提及了排筏航行的安全问题，也就是说，排筏只要能够在水深不足0.75米的航段内，不与机动船争抢航道，并且能够在指定水域等候机动船通过，竹筏的航行就是合法的。两个文件对兴坪、杨堤段的竹筏总数还做出了限定。桂林海事局的领导在访谈时提到：

> 漓江江面上有将近两千条竹筏，经常出现筏碰筏、筏碰船的安全事故，海事部门是主管安全的，这种局面对我们非常不利。阳朔县成立排筏经营的公司，对竹筏进行统一管理，我们觉得是好事，我们配合他们搞好筏工的安全和技术培训，减少安全事故，减轻我们的责任。

海事局的领导在谈到竹筏管理时主要是从自身的部门管理权限和部门利益出发的，对于排筏管理办法出台的背景，从这段话里也可以反映出来，漓江江面上的竹筏已经陷于失控，只有阳朔县政府有能力进行管理，阳朔县政府成立公司，对竹筏进行统一管理，分担了海事部门的部分责任，同时也能通过解决航行安全问题为大游船的经营提供保障。

这两个正式文件的出台，事实上承认了竹筏经营的合法性，改变了过去桂林市政府严格限制江面其他经营方式的政策，从而也确立了阳朔县政府在竹筏经营和管理上的合法地位，对漓江旅游资源的使用权、管理权、经营权的分配进行了重新调整。

5.5 小结

漓江旅游发展是一个长期的分阶段的过程，在不同的历史阶段有不同的制度环境，这影响了行动者之间的资源占有和行动能力，从而形成了不同的行动者分权的格局，在这种格局的影响下，行动者采取了不同的互动模式，最终影响了政策执行的结果，并形成新的政策，新的政策的出台改变了原有的政策环境，形成了新的权力和资源分配。在这个过程中，初始处于无权状态的沿江贫困人口，通过参与旅游，获得了经营机会，增加了收益，并最终实现了贫困减轻的效果。漓江旅游发展及贫困减轻的行动者分析框架如图5-2所示。

第一个阶段，市级地方政府在当时的制度环境下，拥有由国家委托的对风景名胜区旅游资源的管理权、使用权、收益权，出于自身的利益最大化目标（旅游资源经营的收益对地方GDP增长的促进和垄断经营权带来的其他便利），地方政府不可能制定出以景区内贫困人口的收益增长为目标的旅游开发政策。而作为这种开发政策的实施者的县级政府和乡镇一级政府核心行动者出于自身晋升的动机，选择与桂林市政府合作，通过获取经济补偿，放弃了对漓江旅游资源的开发和经营，维持了政策的稳定，这项政策的直接施受者，景区内的贫困人口，由于在政治上处于弱势地位，缺乏反对和违反政策的行动资源和行动能力，只能对这项政策做出合作选择。在这个阶段的行动者格局中，桂林市政府处于绝对强势的地位。国家的扶贫开发战略只将工作安排到省级和县级政府，省级政府负总责，县级政府抓落实，县级政府负责落实具体的扶贫政策和措施，扶贫开发的效果只作为县级政府一把手的政绩考核依据，并没有把市级政府一把手的政绩考核中加入扶贫开发因素。我国目前的贫困线只有农村贫困线，没有城市贫困线，贫困人口又高度集中在农村，这使得市级政府核心行动者扶贫动力不足。

第二个阶段，随着游客需求的转变，目的地原本处于稳定的行动者格局受到游客这个强势外来行动者的影响，格局发生了改变，贫困人口与桂林市政府的合作格局被打破，非合作的局面出现。因为"游客"和"旅游收益"这两个外在影响因素，贫困人口采取了私自经营开发的行动，乡镇政府为实现自身的利益目标，从原来与桂林市政府的合作到采取非合作的不作为。这个过程中，阳朔县政府与贫困人口之间从不合作转向了合作的格局，并最终导致了景区内贫困人口通过旅游经营实现了收入增长、贫困减轻的目的。

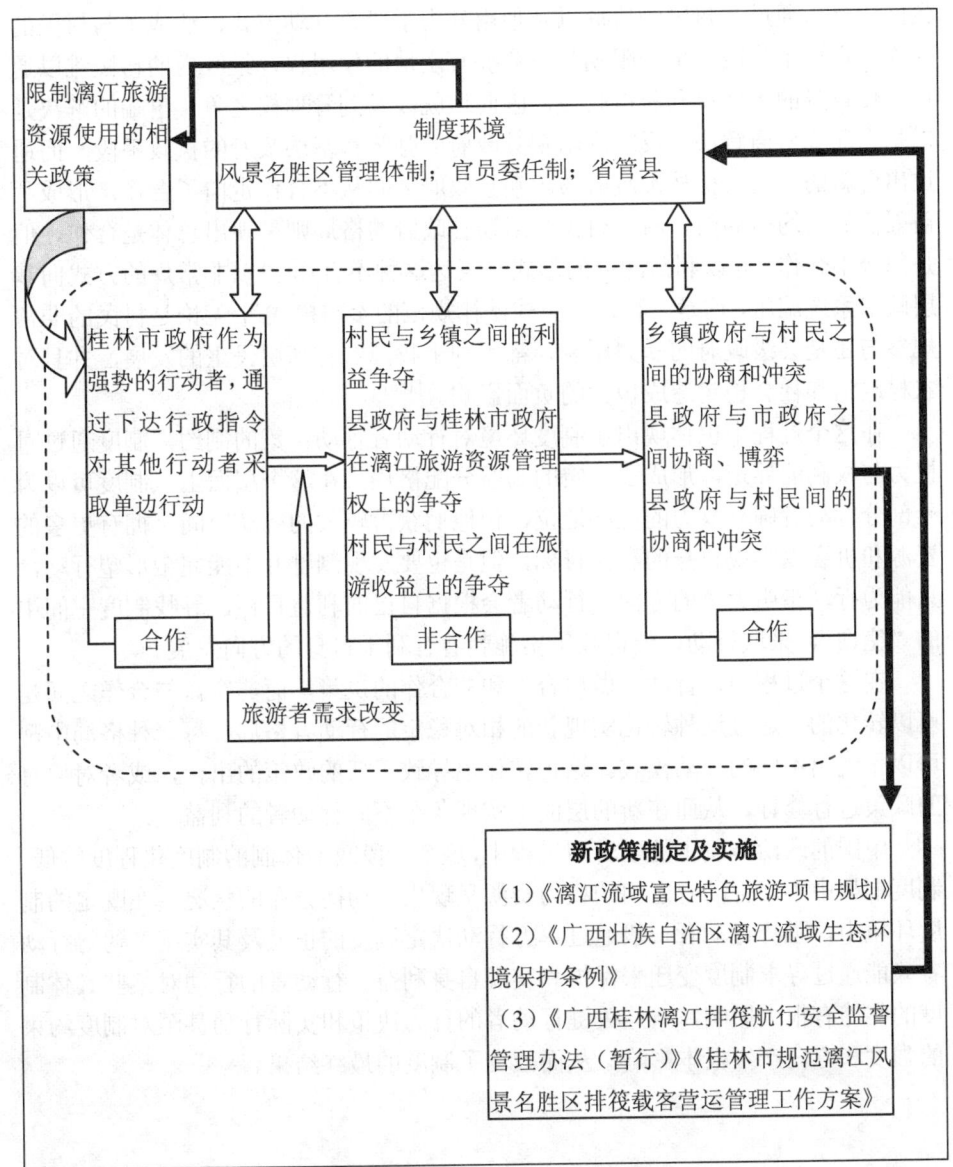

图 5-2 漓江旅游发展及贫困减轻的行动者分析框架

第三个阶段,"省管县"的行政体制改革趋势,旅游综合改革试验区的制度的推出以及阳朔县自身经济、政治实力的增强,使得阳朔县政府在整个格局中的权力地位上升,阳朔县政府与桂林市政府由原来的行政上下级之间的指定关系,发展为协商的合作关系,阳朔县政府通过单方行动成立了阳朔漓江风景区,景区成立后通过与村民的协商以及使用暴力手段等互动方式，达成了与村民的合作。在这个阶段，由于阳朔县政府拥有土地的使用权，景区内的村民难以通过行使自身的土地权利获得收益，因此这就涉及到管理权之争，争端的解决是以暴力而非协商解决，反映出阳朔县政府的强势和基层政府的执政手段。而通过出台新的政策，桂林市政府与阳朔县政府之间从不合作走向了合作，形成利益妥协后的均衡局面。沿江村民与阳朔县政府的格局则呈现出总体是合作，但是部分不合作，并以利益冲突的形式来表达这种不合作，"以非常规的方式向基层政治系统施压，这是一种违反正式法律规范的参与模式"，无论是村民的非常规参与还是县级政府的暴力压制，都不利于我国农村基层民主的发展，并且对农村政治和社会稳定造成极大的负面影响。[156]

在这个过程中也体现出了制度环境对行动者行动决策的制约，制度通过对权力与权利的界定，形成了一定的利益分配格局，在这个层面上，制度可以为一部分行动者确立权力的优势地位，使他们获得较大的行动空间，拥有更多的资源和机会以实现自身的利益目标，但是也要发现制度并不能完全形塑行动，只能为行动指明大体的方向，行动者会根据自己的利益目标，寻找制度空间中的"空白"，采取行动，使得政策实施朝着有利于自身的方向发展。

在这个过程中，行动者做出合作和非合作的决策，而非合作与合作之间是可以转化的，通过这种转化实现新的相对稳定的行动者格局，每一种格局中都可以呈现出不同的互动模式。这种转化也导致了新的政策的出台，或者对原有的政策进行修订，从而在新的层面上实现各个不同行动者的利益。

中国的政治体制正处于转型过程中，这个阶段政治体制的制度化程度较低。制度框架中不同行动者之间的权力资源呈现出不均衡分布的状况。在既定的制度环境中，强势行动者一般通过单方行动决定制度的正义及其实施，弱势行动者只能通过寻求制度变迁来保护和实现自身利益。行动者的行动对某些具体制度的实施有很大影响，一些关键行动者的行为决策和实际行动甚至对制度约束的强度和方向产生根本影响，从而改变了制度的最终结果。

第六章 讨 论

6.1 旅游作为减贫工具的有效性

国际上对贫困问题的研究主要是基于经济学的角度研究，在这些研究中比较有代表性并且被中国扶贫实践广泛应用的理论主要有三类，第一类理论是从资本和投资的角度提出的，研究者认为第三世界国家的贫困主要是由于资本和投资的缺乏，以纳克斯的"贫困恶性循环"理论最为典型，这个理论认为正是由于第三世界国家经济低增长所以缺乏投入生产的资本和投资，投资的缺乏导致了经济停滞、人均收入水平低等，这个理论主张通过引入外来资本，扩大投资，加大基础设施建设的投入等方式来刺激经济增长；第二类理论则是从社会结构的调整和转型提出来的，研究者发现在第三世界国家普遍存在着农村的相对贫困状况，而造成农村贫困的根源是因为农村大量的剩余劳动力以及处于非充分就业状态和隐性失业状态的剩余劳动力，持这一理论主张的研究者提出通过发展非正规部门和劳动密集型产业的方式来解决剩余劳动力问题；第三类理论则是从贫困人口自身的角度提出的，苏尔茨等研究者认为经济增长与人力资本之间有密切的关联，贫困人口缺乏提高自身能力、知识和技能的投资资源，因此无法增加自身的人力资本，解决贫困问题，研究者主张通过各种投入和途径提高贫困人口的人力资本，使他们具备自力更生的能力，减少返贫的风险。

我国研究者在吸收国外贫困问题的相关理论的基础上，开展了中国的扶贫研究，并进行了卓有成效的扶贫实践。我国的扶贫实践是以政府主导的，主要通过制度建设和资金投入两种途径来进行。在制度建设方面，中央对制约生产力提高的农村土地经营制度进行了变革，对限制农民脱贫的各项农业税收制度进行了变革，推出了限制人口增长的"计划生育"制度，以及正在逐步推进的户籍制度、医疗保险和社会保障制度等；在资金投入方面，国家主要通过财政扶贫资金、以工代赈资金、信贷扶贫资金、以及由政府动员的其他社会资金和国际援助资金等方式进行开发式的扶贫，目前正在进行的"整村推进"工作，将扶贫的重点放在扶持农村建立支柱产业和对贫困人口的技能培训上。

前几个阶段的扶贫工作取得了重要的成果，基本解决了我国贫困人口的温饱问题，消除了大范围的绝对贫困现象，为国际扶贫工作的理论与实践做出了巨大贡献，但是我国目前的扶贫形势仍然严峻，主要体现在城乡差距的进一步扩大，减贫的速度放缓，出现了"反贫困"与"返贫困"并存的局面；[27] 在扶贫资金投入上，中央每年投入的资金都在大幅度增长，但是投入产出比却在下降等。

在现有的扶贫途径中，制度建设需要面对较为复杂的利益调整和研究论证，耗费的时间较长；而通过投入各种扶贫资金进行的各种形式的扶贫，首先面对的是资金来源的压力，其次则需要进行资金使用的监管增加投入产出比，这对各级政府的财政都形成了压力。在这种情况下，急需一种能够解决以上难题的扶贫工具，旅游以其"投资小、见效快"的特点被决策者作为一种重要的扶贫工具。而本研究对案例地的减贫过程的描述也印证了旅游在减贫过程中的效应，尤其体现在旅游资源丰富的农村贫困地区。

6.1.1　旅游与其他减贫方式相比的竞争优势

前文也提到，我国大部分贫困地区集中在旅游资源富集的农村，这些地区虽然拥有丰富的旅游资源，但是其他资源条件落后，尤其是农业生产条件缺乏，导致这些地区无法发挥出资源的比较优势，开发旅游能够将这些旅游资源的比较优势发挥出来，为贫困人口增加收入。

本书所聚焦的风景名胜区，自然旅游资源的禀赋高，已经有良好的市场基础，景区内的贫困人口通过参与到景区发展过程中的非正规部门（如小摊贩），获得了与游客交往的基本知识和技能，更为重要的是，他们对旅游的经济收益的认识使得他们迫切希望通过旅游获得生计来源。虽然，目前风景名胜资源的管理权和收益权掌握在地方政府手中，地方政府除了有自身经济利益最大化的目标外，还要实现自身政治利益最大化的目标，当贫困人口的民生改善成为中央考核地方的重要指标和社会舆论关注的焦点时，地方政府不得不让渡部分旅游的收益，以解决景区内贫困人口的减贫问题。这一减贫方式投资小，且能使得贫困人口获得非农经营收益，扩充生计来源。因此，相对于其他的减贫手段，旅游在旅游资源富饶，农业生产条件恶劣的区域贫困减轻的政策选择中，拥有相当的竞争优势。

旅游通过为贫困人口提供商业机会和就业机会，使得他们能够将有限的能力资源和资金资源投入经营，从而扩大了生计来源，使得他们依靠自己也能解决生计问题。贫困人口的参与以非正式部门的旅游经营为主，不需要太多的资金来源，也不受政府的规章制度的约束，不需要办理工商手续，因此进入的门槛低。在本案例地，参与旅游的当地人口以四五十岁的人口为主，这些人没有出外务工的技能和精力，而当地的农业生产由于土地资源的有限又不足以提供充足的家庭供给，这部分人处于实际的隐性失业和不充分就业状态，旅游经营不但能使他们利用自身具有的能力优势（水性好，会撑竹筏），而且不需要他们投入太多的资本，就能带来收益的增长，实现减贫的效果。旅游突破贫困的制约因素如图 6-1 所示。

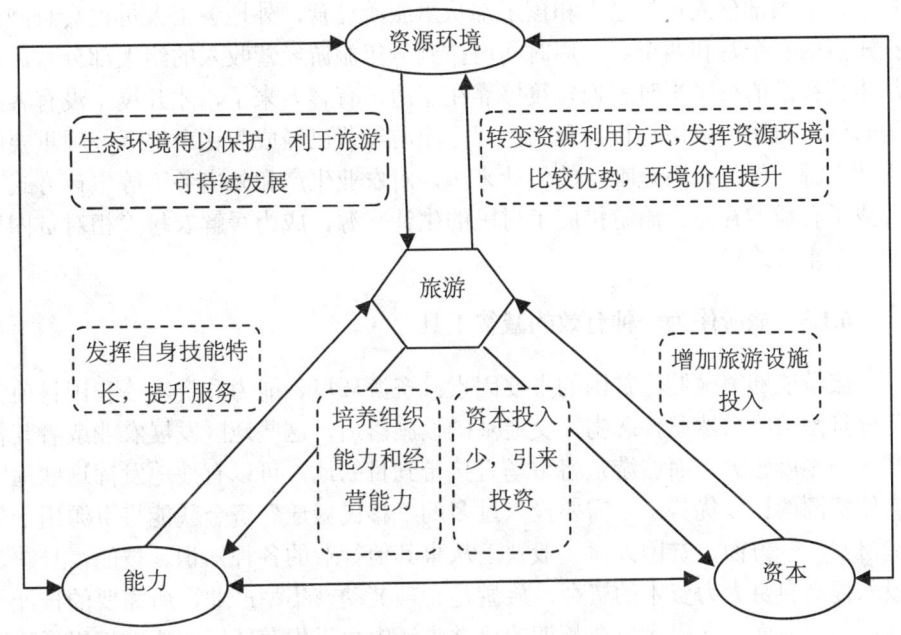

图 6-1　旅游突破贫困的制约因素

旅游是基于当地的自然资源的产业方式，能够通过雇工和当地人自主经营的接待设施等，为农村创造出非农的就业岗位，这些就业岗位与乡村服务业不同，后者受到乡村人口密度的限制，无法吸纳过多的劳动力，而旅游所提供的就业岗位，服务的对象是日益增加的国内、国际旅游需求者，某种程度上，这种需求是无限的。更为重要的是，旅游能够为农民提供"离土不离乡"的现代服务业的岗位，农民从旅游发展中获得的非农收入可以作为对其家庭经营的补充。旅游使得农村社区的贫困人口通过"离土不离乡"的方式重构农民的生计来源，实现减贫，有效地解决了部分农村剩余劳动力问题。

6.1.2　旅游对其他减贫方式的补充

国家正在实施的"整村推进"的扶贫战略，是希望充分发掘贫困村的资源优势,扶持贫困村建立优势支柱产业,形成贫困村持续的减贫能力。农村贫困人口目前主要的优势资源仍然是土地,本研究的案例地所在的农村地区,贫困人口参与旅游发展以前,主要的生计来源一是经济作物(果树)的种植,二是外出务工,即使当旅游在当地发展起来以后,这两种方式仍然占家庭收入的绝大部分。从事旅游经营最大的问题是旅游的季节性很强,尤其在漓江,淡旺季非常明显,淡季村民基本上以务农和外出务工为主,而到旅游旺季,不但留在村子里的大部分人包括老人和孩子都从事旅游经营,外地务工人员也会赶回来在短短的三个月和两个黄金周时间内挣到一年旅游经营收入的绝大部分。漓江从事竹筏游的村民平时就把竹筏停靠在岸边,有客人来了,才开筏,没有客人的时候,村民可以用竹筏捕鱼、出行。旅游经营已经成为这个地区一项重要的生计来源,但是并不是唯一的生计来源,对农业生产和外出务工等生计方式,形成了有益的补充。旅游扩展了村民的生计来源,成为缓解农村"相对贫困"的一个重要途径。

6.1.3 旅游作为一种有效的减贫工具

旅游能够突破制约贫困的主要因素:资源环境、能力和资本。我国目前大部分贫困地区自然条件恶劣,交通基础设施落后,这些地区发展农业或者其他产业的难度较大,而旅游是将市场直接带到目的地,可以有效地发挥这些地区自然资源的比较优势,不需要投入过多的"移民搬迁"资金就能将资源用于创造财富。一方面,贫困人口一般缺乏从事其他行业的各种知识、技能,且缺乏投入提高自身人力资本的资金,旅游是一项劳动密集型产业,所需要的技能不高;另一方面,贫困人口在长期的日常生活中由于生存环境的特殊积累了特别的生活技能,这种技能本身也成为旅游吸引物之一,如鸬鹚捕鱼、竹筏渡江、骑马上山等,旅游将这部分技能发挥出来使其成为贫困人口所拥有的人力资本。在漓江的案例中,贫困人口参与旅游经营的初始阶段,并没有涉及政府和企业的专项资本投入,旅游所需要的启动资金数额不大,贫困人口通过社会网络的资金流动就可以解决,从而突破了资本对贫困的制约。旅游在突破资源环境、能力和资本制约的同时,形成了良性循环,有利于贫困减轻的可持续,减少了"返贫"的风险,能够冲破目前中国农村扶贫工作中面临的"反贫"与"返贫"并存的困境,加快中国农村地区贫困减轻的进程。

但是旅游本身的特点,如季节性和游客需求的多变性等,使得旅游目前并不能取代其他扶贫方式成为唯一的扶贫和减贫工具,尤其是对于旅游经营技能缺乏的贫困人口来说,这部分人缺乏与旅游中介建立长期稳定合作关系的知识和技能,无法获得稳定充足的客源,对游客数量的变化较为敏感,完全依赖市场的自发形成和其他旅游经营能人的扶持，因此在贫困地区，旅游虽然在贫困减轻中发挥了重要作用，但是目前仍然只是对其他扶贫和减贫方式的补充。

在清楚地看到旅游在减贫中的作用的同时，研究对案例地的旅游发展历程的描述显示出旅游并不必然导致贫困减轻，中国的旅游扶贫以及世界旅游扶贫的难题就在于对贫困人口的识别和目标瞄准上，目前中国旅游扶贫中的扶贫目标被置换的现象较为严重，贫困人口被排除在旅游发展的受益人群之外，或者从旅游中获得的收益低，甚至其为旅游发展付出的代价远高于所得。[161] 在漓江旅游发展的第一个阶段，通过"自上而下"的旅游资源使用方式，旅游发展了，地区经济增长了，但是景区内的贫困并没有减轻，甚至还因为景区的旅游发展限制了贫困人口的脱贫，可见旅游要实现减贫，必须具备一定的条件。这意味着我们思考旅游减贫的逻辑需要转变（参见图6-2）：

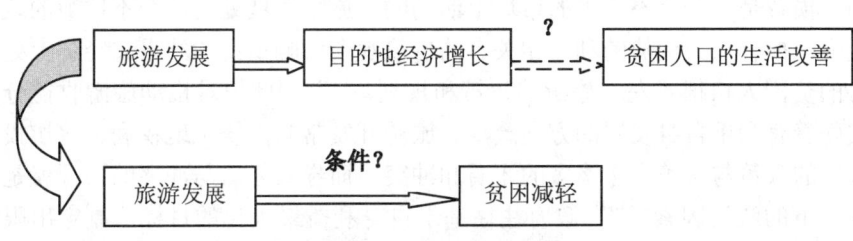

图 6-2　旅游减贫的逻辑转变

旅游发展能够促进经济增长，这已经被各国国家的经验所证实，但是旅游带来的经济增长能有多大部分收益流向了贫困人口，却缺乏有效的评估手段和工具，研究者通过对案例地的研究发现，旅游带来的经济增长并不一定使贫困人口受益，经济增长的成果有可能被拥有权力资源的政府和拥有资本的旅游企业，以及贫困地区中的政治精英、经济精英所占有，贫困人口获得的收益很少，这就促使我们去思考，政府在制定旅游发展政策和旅游发展模式时，是出于怎样的动机，这种旅游发展政策和发展模式是否有利于贫困人口，贫困人口从旅游发展中获得收益的条件是什么？

6.2　旅游减贫实现的条件是什么？

6.2.1　制约贫困人口从旅游发展中受益的因素是什么？

通过旅游发展实现减贫的目标，必须具备两个条件：第一个条件是旅游发展促进经济增长，为减贫奠定基础；第二个条件是通过对旅游收益的分配使得贫困人口从旅游发展中受益。早期的旅游减贫研究集中于探讨第一个条件的实现障碍，而到了20世纪70、80年代，研究者则开始专注于探讨制约贫困人口从旅游发展中受益的主要因素，也就是旅游收益分配方式及其决定因素？

研究者主要从三个方面探讨了旅游收益分配方式不利于贫困人口的原因：第一类是政治、制度环境的原因，第二类是旅游发展方式的原因，第三类则是贫困人口自身的原因。

(1) 政治、制度环境对旅游收益分配的影响

研究者认为旅游是高度政治化的，发展中国家施行的是"自上而下"的治理模式，在这种社会政治环境中，贫困人口处于政治上、经济上和教育上无权的状态，常常被排除在旅游规划、决策制定、项目管理之外。[58] 旅游的盈利者和受损者是在一个不公平的市场上活动的，旅游发展处在一个不均衡的政治环境中，拥有权力优势的利益相关者的价值观会影响最终的结果。经济上处于弱势的贫困人口很难左右旅游的政策和规划，[63] 因此很难推动旅游收益分配方式朝着有利于自身发展的方向改变。旅游开发常常围绕土地权利、旅游投资和政府的政策与决策产生诸多的矛盾和冲突，而导致矛盾与冲突的根源就是隐藏在其下的政治因素。[64] 政府往往基于自身利益最大化的目标，制定出限制本地企业和贫困人口参与旅游发展的旅游政策，如鼓励外资投入的大规模的景区建设，缺乏对本土企业支持的资金、技术和政策投入等，以及政治上的腐败和贪污导致政府与外来投资者合谋，侵占旅游发展的经济成果等。研究者认为只有通过改革现有的政治制度和对贫困人口"赋权"[65]才能改变旅游减贫的限制因素。

(2) 旅游发展方式对收益分配的影响

史密斯（Smith）[57]指出旅游收益在不同人群中的分配比例取决于不同的旅游方式，不同的旅游方式的减贫效果不一定一致。

研究者争论的焦点在于几个方面：一是小规模的替代旅游模式更利于减贫，还是大众旅游模式更利于减贫？二是"自上而下"的社区参与方式更利于减贫，还是"自下而上"的社区参与方式更利于减贫？三是大规模的资本投入的大型旅游企业还是小规模的本地微小旅游企业更利于减贫？

小规模的替代旅游发展模式是20世纪70年代末研究者基于当时出现的旅游发展过程中的"经济漏损"和"飞地"效应提出的，这种旅游发展模式以可持续发展理论和基本需求理论为理论主张，强调对最贫困者这一人群的关注，将妇女、儿童、草根人群的参与放在旅游发展的首位，提出社区旅游（Community-based Tourism，简称CBT）、生态旅游（Ecotourism）、可持续旅游、

负责任的旅游等方式。赞成这种发展模式的研究者认为，这种旅游发展的模式通过保护环境为贫困人口提供旅游发展的持续性以达到减贫的效果。反对者则认为由于权力结构的影响，使得这种旅游方式最终并不能解决贫困问题，[60] 另外生态旅游的模式过分强调保护，限制了发展，目的地居民从中获得的收益小于支付的保护成本，[61] 研究者强调应当尽可能地扩大贫困人口的参与机会，大众旅游模式能给旅游地带来经济收益，经济漏损低，因此是欠发达地区减贫的重要工具，[3] 旅游减贫应该通过更多的途径为贫困人口创造各种层次和各种范围的机会。

发展机构和投资机构的旅游减贫项目一般采取的是由这些机构主导的"自上而下"的社区旅游，研究者发现这种旅游发展方式与当地人自发参与的"自下而上"的社区旅游相比，后者表现出对社区经济更大的增长作用和更强的持续性，[59] 因此主张发展机构和政府从能力、资源上倾向于基于社区和家庭的小企业，并将市场定位为国内市场。

目前各国政府均比较重视外来投资的大规模的旅游项目，认为这种项目能给当地创造更大的经济收益，实现贫困减轻。而研究者则认为，在这些大型企业和项目中，贫困人口很难获得有较好收益的参与机会，而当地人经营的旅游小企业则主要聘用的是当地人，并且在能力培养和社会地位平等上，旅游小企业也体现出较大的优势，[3] 当地的私营企业虽然不以给贫困人口带来净利益为目标，但事实上这种旅游经营形式对减贫很有帮助。

（3）贫困人口自身原因制约旅游减贫

相对于部分学者倾向于将贫困人口描述为政治上缺权受歧视的人群不同，研究者通过对案例的研究发现，旅游经营者之所以不在当地采购商品和货物，并不是因为歧视和制度原因，而是因为当地的生产规模小且不规律，无法满足企业的需求，贫困人口无法将其产品纳入供应链。此外，贫困人口技能低，因此即使获得了就业机会，也难以从旅游业中获得较高的工资，因而不能改变他们的生存状态，除非出现劳动力供应短缺。[66]

以上三类制约旅游减贫的因素都是研究者基于具体案例研究的结论归纳出来的，在本案例的研究中，部分得到证实，而部分结论则与案例地的实际不太一致。

6.2.2 资源使用方式转变促使贫困减轻

在前文的案例描述中，漓江旅游发展经历三个阶段，第一个阶段采取的是一种由市级地方政府主导的"自上而下"的旅游资源开发方式，第二个阶段则是一种"自下而上"的以沿江村民自发参与旅游经营为主的资源开发方式，第三个阶段，经营的主导权重新回到县级政府手中，实行由县级地方政府主导的"自上而下"的旅游资源开发方式。

在第一个阶段中，国家实行的风景名胜区属地管理制度和现有的政治制度环境使得地方政府出台了一系列限制贫困人口使用旅游资源的政策，出于自身利益最大化的目标，以及贫困人口事实上没有土地和其他自然资源产权的前提下，地方政府制定的旅游收益分配方式中，贫困人口没有作为参与分配的对象，贫困人口付出的保护生态环境的成本没有获得相应的补偿，从这个意义上来说，政治、制度环境成为制约贫困人口从旅游发展中受益的主要因素。

但是在第二个阶段中，贫困人口获得参与旅游经营的机会并实现减贫的目的并不是通过研究者主张的"赋权"实现的。游客需求的转变，是最大的动因。乡村旅游的出现是一个最具说服力的例子，农村原来在城市人心中的形象是贫穷、落后，脏、乱、差，没有人想去农村，但是随着城市生态环境的恶化，生存压力的增加，农村回归到陶渊明笔下田园牧歌似的形象，成为城市人逃避现实、舒缓压力的一项选择，同时因为部分农村离城市不远，交通条件较为便利，消费不高，村民友好等原因，乡村旅游成为城市人的一种新的旅游需求，改变了农村资源的使用方式，农家饭、民居等原来农民的生活资源成为消费的对象和旅游资源，农民获得了新的生计来源和减贫致富的机会。阳朔县通过发展乡村旅游成为"旅游强县"和"经济强县"的过程也证实了这种资源使用方式转变带来旅游发展机会与促进经济增长的效果，而"月亮妈妈"这个典型的从农民到"农家饭"成功经营者的个案代表了这种旅游需求变化对农村、农民生活的影响。"月亮妈妈"所在的阳朔月亮山下的历村1998年以前，农民的主要生计来源是种养，人均纯收入不到1000元，而随着乡村旅游的兴起，村民将自家住房改为家庭旅馆和农家饭馆，全村目前有60多家民居旅馆和农家饭馆，80%的农民从事旅游及相关行业，2008年全村农民人均纯收入达到8000多元，90%以上的村民住进了新盖的楼房。[157]

在漓江旅游发展的早期，大众游客的需求以观光游览为主，而"徒步"只是小部分国外先锋游客的需求，等到2002年以后，大众游客的旅游需求日益多样化，徒步游、竹筏游等休闲旅游的方式被更多的游客接受和选择，从而使得原本单一的旅游资源使用方式转变为多种旅游资源使用方式并存的局面，徒步游、竹筏游等新的旅游方式，使得沿江村民原来用于日常生活的交通工具成为了旅游工具，沿江村民也就有了参与旅游的机会和减贫的可能。

旅游需求转变导致旅游资源使用方式的变化，为贫困人口提供了参与机会，从而有可能实现贫困减轻。由此可以推出，旅游资源使用方式也是贫困减轻的制约因素之一，要实现旅游减贫，可以从引导游客的旅游需求，转变旅游资源使用方式入手。

6.2.3 权力结构影响小规模旅游发展方式的减贫效果

在小规模的旅游发展方式与大众旅游发展方式相比，何者的旅游减贫效果更好的争论中，权力结构是一个重要的参考变量。

在漓江旅游发展的第二个阶段，对比徒步游与竹筏游，前者是相对小规模的生态旅游发展方式，参与的人数少，后者则完全是大众旅游的发展方式，其游客人数达到了 150 万人次/年，与游船游览 160 万人次/年基本持平。在徒步游经营中，出现了两次较大的利益冲突，第一次是冷水村村集体与兴坪镇政府，杨堤乡辖区内徒步游线经过的 9 个自然村的联合组织与杨堤乡政府之间关于渡口经营权的争夺；第二次则是杨堤 9 个自然村的村民小组成立的徒步游公司与沿江村民关于竹筏游江是否需要购买徒步游门票的冲突。第一次冲突体现出在农村，乡镇一级政府在权力结构中的强势地位，兴坪镇政府虽然做出了让步，但是仍然最终控制了渡口的经营权和收益权，村民只能从收益中获得很少一部分的收益分配。而第二次冲突中，原来由 9 个自然村共同成立的徒步游公司的管理权、经营权，落在了有乡镇政府支持的在村里拥有一定经济实力和权威的"能人"手中，这些人没有将渡口经营的收入平均分配给村民而是收入了私人囊中，这种满足私人利益目标的行为被村民观察到，并引起不满，而且由于这些人与政府有联系，又有一定的经济实力能请到帮手，因此强令所有使用渡口的村民购买门票，徒步游的旅游收益被少部分人所获取。

而到竹筏游阶段，由于参与经营的人数众多，乡镇政府的权威无法与多数人的利益相抗衡，而村民中的处于强势的"能人"人数和实力也不足以影响和控制沿江 40 多个自然村 2000 多参与经营的村民，权力结构在面对大众游时基本失效。因此在漓江的案例中，徒步游的旅游收益集中在了少数处于权力结构中强势地位的人手中，贫困人口无法真正受益，而大众游的旅游收益则被参与经营的所有人包括贫困人口所直接获得。

但是并不是所有的小规模的旅游方式都会对贫困人口的获益形成制约。云南香格里拉的藏族村雨崩的案例非常具有比较性。雨崩村位于云南省内著名的世界自然遗产、"三江并流"国家重点风景名胜区的核心地带，雨崩村经营传统的农牧业，经济发展水平不高，村民普遍贫困。在旅游发展的初期，经营牵马送客和民宿接待的是个别有经济头脑和服务接待意识的单体家庭，这些单体家庭的经营行为和旅游收益引起了村民间的利益冲突，冲突解决的方式是在村长组织下由全村的"家长会议制"①共同商议拟定了"轮流制"的经营方式,从而使全村人都有机会从旅游发展中获利。"轮流制"遵循资源、利益的共享和共同富裕的共生理念,[158]村民们的行为受到这种基于藏传佛教"平等"价值观的共生理念及由此形成的社会规范的约束,从而能够实现共同富裕的目标。

在以自发参与旅游的农村地区的小规模参与方式为主,权力结构不均衡情况下,旅游收益有可能流向少数精英和少部分人,贫困人口难以获得参与机会和收益分配;在权力结构均衡,形成民主决策的情况下,旅游收益则可能被大部分家庭所分享,实现共同减贫、共同富裕的目标。

因此,并不是旅游方式决定了收益分配方式,而是权力结构决定了收益分配方式。在权力结构不均衡,没有形成民主决策的社会规范的农村地区,大众旅游方式形成更多的参与机会,从而能够打破权力结构形成的利益分配格局,使得贫困人口从旅游发展中获得收益。而在权力结构相对均衡,形成了民主决策的社会规范的地区,小规模的社区参与旅游方式也能够实现贫困人口从旅游收益中受益的格局。

选择何种旅游方式减贫,取决于当地的权力结构和社会规范等非正式制度是否形成了有利于贫困人口的收益分配格局。

6.2.4 "自下而上"的参与方式更利于减贫

在社区参与旅游中存在着"自下而上"和"自上而下"两种不同的方式,区分二者的主要标准就是,社区参与旅游的驱动机制是什么,如果是市场需求驱动的参与就是"自下而上"的,如果是政府决策或者是由外来投资机构驱动的就是"自上而下"的。国外发展机构和投资机构在欠发达国家进行的 PPT 实践采取的都是由项目驱动的"自上而下"的社区参与模式,这实际上是一种干预式的发展。

对这种发展干预的质疑来自于对这种西方中心话语和后殖民话语权力的批判。评论家认为这种干预性的计划是在忽视当地社会、文化等真实情境的前提下制定的,缺乏对本土文化和政治环境的理解,是建立在西方现代化语境下的发展道路。以"生态旅游"项目为例,发展干预的专家通过实施建立在生态环境保护基础上的有限制的小规模的旅游发展方式,将社区纳入旅游系统,以实现减贫目的。而在项目实践的过程中,当地社区对经济利益的负面感知度远远高于环境保护的正面感知,在这种旅游发展方式中,保护与发展构成了主要的

---

① "家长会议制"就是指每家出一位成年人参与村中大事的商讨和决策,由全村人共同选出的村长负责召集"家长会议","家长会议"形成的决策由村长负责实施。

矛盾，当地贫困人口的不配合，使得这类项目在发展机构撤走资金和专家后无法持续。还有一些项目由于缺乏对当地社区自身资源优势的发掘，对社区经营技能培训的缺乏，也导致了项目实践后期各种问题的出现导致项目失败。作为援助提供者的发展机构和专家不得不反思这种"自上而下"的干预方式的有效性。

由市场需求诱导和驱动的"自下而上"的参与方式，则是参与者根据自身所拥有的资源和能力做出的主动的行动决策。在竹筏游的参与过程中，地方精英首先利用自身的信息资源优势从政府渠道获得了以竹筏形式开展旅游经营活动的许可，其所具有的经营技能使得他们通过与旅游中介企业建立合作关系获得了客源，通过他们的示范效应，更多的村民开始加入到竹筏游的经营中。在经济收益方面，参与旅游发展给当地村民带来了持续增长的经济收益，1600多个农户直接参与到竹筏游经营中，还有相当一部分家庭户参与到与竹筏有关的其他旅游经营项目（如照相、旅游纪念品摊贩）中，沿江的村庄新建楼房的比例高达80%；在心理方面，旅游发展使得村民有机会与来自世界各地的游客直接打交道，尤其是在介绍沿江景点的时候，村民们不但通过生动优质的讲解服务获得更多的客源，在传递文化的同时村民们也增强了对自然山水的热爱和自豪感，并且主动与游客和网站、中介等建立联系，将自己的照片和联系方式放到网上进行传播，家庭妇女甚至是失去农业劳动能力的老年人都通过参与旅游，获得了收益，提高了在家庭中的地位；在基础设施建设方面，过去因为漓江旅游景区保护和景观维护的需求，沿江村庄被限制修桥修路，而村民参与旅游后，不但经济收益增长了，自身发展机会的意识也增强了，多次与政府协商并发动村民集资后，终于将与外界联通的道路修建起来，增加了沿江村庄发展的机会和致富的希望。

但是在这种自发参与的旅游形式发展起来后，各种矛盾、冲突也随着产生，村民与政府之间，村民与村民之间，村民与游客之间的利益冲突，破坏了原来和谐的社会环境，而无序的发展也给漓江的生态环境造成了极大的破坏。在这种发展过程中，村民虽然曾经因为利益斗争的需要建立起一个自治的组织，但是由于农村的权力结构的不均衡，这个利益共同体的管理权被少部分强势者占有，使得这个组织最终沦为少部分人利益目标实现的平台，其他的普通村民没有获得参与决策的机会。而之后的竹筏游阶段，就连这样一个涉及更多参与者利益的共同体都没能建立起来，也使得后来在与政府关于漓江景区的各项利益分配决策的制定和实施的博弈中，缺乏有效的组织力量。

沿江村民虽然通过参与旅游获得了经济、能力、教育和社会等各个方面的发展，但是因为缺乏科学引导造成的无序状态使得阳朔县政府获得了介入的机会，以建立阳朔漓江风景区为契机，对漓江阳朔段的旅游资源进行"自上而下"的开发和经营。阳朔县政府和景区公司通过进一步完善旅游基础服务设施（如道路、厕所、码头和区间车），提高了旅游接待能力和游客满意度，通过完善管理和加强培训，增强了景区内的旅游安全，使得景区内形成了旅游可持续和旅游经济收益的可持续的基础，同时，将景区门票收益的10%对沿江所有村民进行平均分配，使得旅游发展的收益被沿江所有的家庭共同分享。但是，由于景区门票定价过高，游客数量减少，景区内村民的旅游收益增长放缓甚至低于前一阶段，村民生活水平改善的程度不明显。由于阳朔县政府将10%的收益进行平均分配，使得在旅游资源占有方面有优势和为景区发展做出更大贡献的村民们产生不满，产生利益相对被剥夺的心理，这部分人通过采取各种非常规的手段阻挠景区经营，不仅导致了村民与政府之间的冲突，沿江村庄之间也因为地理位置上的不同导致的参与机会和旅游收益增长产生了争端和冲突，部分群众（兴坪镇）对旅游发展的未来失去信心，放弃参与旅游经营的机会，出外务工。阳朔县政府成为漓江阳朔景区事实上的领导集体，县政府将沿江村民作为被动的受益者和参与者，在阳朔县制定景区管理和收益分配等各项与沿江村民切身利益相关的决策的过程中，沿江村民并没有获得参与发言的机会，也没有获得参与决策的权力，甚至在他们试图通过自身努力改变决策的时候，受到政府的暴力镇压。

斯彻文思[159]（Scheyvens，1999）从经济、心理、社会和政治四个维度构建了生态旅游对社区影响的评估框架，这个评估框架被中国的旅游研究者广泛应用于分析案例地社区参与的旅游增权分析和评估中。本研究将这个框架用于分析"自下而上"和"自上而下"两种参与方式，何者更利于贫困减轻和村民的发展（参见表6-1）：

表6-1 "自下而上"与"自上而下"两种参与方式比较

维度	"自下而上"	"自上而下"	比较
经济增权	给当地村民带来了持续增长的经济收益，1600多个农户直接参与到竹筏游经营中，还有相当一部分家庭户参与到与竹筏有关的其他旅游经营项目中，沿江的村庄新建楼房的比例高达80%	进一步完善旅游基础服务设施，提高接待能力和游客满意度，形成了旅游可持续和旅游经济收益的可持续，同时，将景区门票收益的10%对沿江所有村民进行平均分配，使得旅游发展的收益被沿江所有的家庭共同分享	景区门票定价过高，游客数量减少，景区内村民的旅游收益增长放缓甚至低于前一阶段，村民生活水平改善的程度不明显

续表

维度	"自下而上"	"自上而下"	比较
心理增权	村民们通过提供游客讲解服务增强了对家乡自然山水的热爱和自豪感,增加了社会参与度,家庭妇女、老年人通过参与旅游,获得了收益,提高了在家庭中的地位	平均分配收益的方式,使拥有资源优势的村民产生利益相对被剥夺的心理,部分村民对旅游发展的未来失去信心,放弃参与旅游经营的机会,出外务工	"自下而上"的参与实现了对村民的心理增权,而"自上而下"的参与则从心理上对村民去权
社会增权	徒步游阶段,渡船的收益分配有部分被村集体用于村基础设施建设;竹筏游则通过精英的带动,形成了村民互相帮扶的局面	收益直接分配到个人,景区公司留存部分共同基金,主要用于旅游基础设施建设,但也部分用于村民基本生活设施维护	"自下而上"的参与方式部分实现了社会增权,"自上而下"的社会增权不明显
政治增权	9个村的利益共同体在与乡镇政府争夺渡口管理和收益权过程中发挥了作用,但主要为强势者提供作为代表参与决策的机会;村民主要通过村委会和村民小组发表自己的意见	阳朔县政府将沿江村民作为被动的受益者和参与者,沿江村民被排除在各项旅游决策之外,在他们试图通过自身努力改变决策的时候,受到政府的暴力压制	"自下而上"的参与为村民实现了初步的政治增权,"自上而下"的参与则在政治上对村民进行了去权化

20世纪末以来对贫困的定义,已经突破了单一的经济维度,研究者从心理、权力和能力等多个维度去丰富贫困的内涵,如森(Sen,1999)就认为,贫困应该包括"关键能力的缺乏,教育机会的缺乏,不安全,自信低,无权感以及缺乏发表讲话的权利等";迪帕·纳拉杨(2000)也认为发言权、能力和免受剥削的独立性的缺乏也是贫困;世界银行(2001)认为除了低收入和低消费可以被定义为贫困外,贫困还意味着受教育的机会的缺乏,无权,脆弱和恐惧等。亚洲发展银行认为对贫困人口来说,比收入和基本服务的缺乏更重要的是,他们不被赋予参与制定与其生活密切相关的政策。

在对"自下而上"和"自上而下"两种参与方式进行比较后可以发现,在前一种方式中,贫困人口不仅获得了经济收入的增加,而且在心理上获得了自信和自豪感，并且有资源和有意愿对教育和知识进行投资，以获得能力上的提升，虽然没有形成一个稳定的利益共同体，但是各方的利益诉求都能通过较为公平的参与机会得以实现，更为重要的是，在这个阶段，村民们形成了自力更生的能力和互帮互助的社会网络，由于乡镇政府和阳朔县政府并没有介入这种参与，所以没有特别强势的行动者对村民的参与进行约束和限制，权力结构较为均衡，村民们通过村委和村民小组等自治组织发表意见，制定与自身发展有关的决策。而在"自上而下"的参与方式中，虽然在经济收入上，村民也获得了部分增长，但是由于县政府和乡镇政府作为强势力量介入了发展，村民再次成为被动的受益者和参与者，被排除在各项旅游决策之外，在他们试图为自身权力发言的时候，还受到政府的暴力压制，没有获得正常的发言渠道；此外，由于是被动参与，沿江村民不需要也不被鼓励去与旅游中介建立关系，发展旅游经营的能力，这使得原本已经开始形成并正在良性发展的村民的自力更生的能力被限制，村民们没有意愿去发展这种能力；无权感、无力感的产生，自信的丧失，使得沿江村民从心理上陷入无权状态。

因此，"自上而下"的参与从能力上、权力上和心理上都不利于贫困的减轻，而"自下而上"的参与则从各个维度上减轻了沿江村民的贫困。

造成这种对比结果的重要原因是我国目前的政治制度环境，因为现有的政治制度赋予了基层地方政府行政管理权，却缺乏对地方政府核心行动者的利益目标实现进行约束的制度，地方政府拥有较大的制度空间去运用权力实现自身的利益目标和经济动机、政治动机，权力结构处于不均衡状态，贫困人口处于权力的末端，其利益诉求无法通过常规的体制内的渠道得以实现，其本来拥有的权利没能得到基层政府的尊重，因此无法避免强势行动者如政府和旅游企业对自身的侵害。如土地的所有权和使用权问题，虽然我国的宪法规定了土地全民所有和集体所有的权力，但是在现实生活中，基层地方政府往往通过操控村级组织获得了集体土地的使用权和经营权，村集体内的普通村民反而丧失了对土地的所有权。在村民意识到权力丧失并且试图从政府手中收回土地的使用或者从土地使用的收益中分成时，缺乏正规的渠道去争取这项权力。这种政治上的去权和无权，也正是贫困的一个重要的维度。

除非国家和政府能够建立起一套正式的制度,通过对贫困人口增权的途径，建立起相对均衡的权力格局，否则贫困人口难以具备相应的能力去避免受到强势行动者的侵害，难以真正实现脱贫。

6.2.5 "制度增权"是可持续的旅游减贫实现的途径

贫困并不仅仅意味着收入和资源的缺乏，更重要的是获得收入和资源的权力和能力的缺乏。在云南雨崩的案例中，村民之所以获得了参与制定决策和发表利益诉求的机会，是建立在藏族传统的"公平"的伦理价值观和历史上形成的"家长会"或者"村众会"的民主决策规范基础上的。历史上，藏族村庄形成了由每个拥有土地的正式户出一名家长，这些家长代表各自家庭户以会议商讨的形式，决定土司的各项摊派和其他义务活动的分配，其后，虽然已经取消了土司制，但这种"家长会议"的决策形式被保留下来，成为藏族村的最高权力机构，所有的家庭都有权力在这个平台参与村内重大决策的制定。[160] 在雨崩村发展旅游的过程中，村干部并没有在权力结构中占据强势位置，而是形成了权力较为均衡的两类行动者"轮到户"和"接待户"。雨崩村旅游住宿接待的"轮流制"经过了三次变迁，形成了三套方案：第一套方案的形成是由村委统一安排，每家每户按编号轮流接待，游客无权选择，由于游客和村民的不满，经过"家长会议"的协商，出台了第二套方案，游客可以自行选择，"接待户"自行申报接待人数，以做出对"轮到户"的补偿，但是"轮到户"对"接待户"有可能发生隐瞒接待人数，损害"轮到户"利益的行为不满，要求通过"家长会议"重新调整，从而出台了第三套方案，以4家人为单位形成轮值组，加大了监管力度，获得了"轮到户"和"接待户"的认可。

"接待户"和"轮到户"能够拥有较为均衡的权力资源与行动能力，是因为"公平"的传统道德价值观和"家长会议制"这两项非正式的制度约束，两类行动者形成了均衡的权力格局，并且通过会议、协商的互动模式推动旅游参与制度的变迁。

由此可以发现，权力均衡的格局并不一定是由正式的法律制度才能约束形成的，社会规范等非正式制度也能够对资源和权力的配置起到相应的约束作用。但是这种非正式的制度的形成需要历史传统和民族认同等文化、社会的传承。而在中国的大部分农村，农民长期处于"散众"的状态，[161] 我国政治现实中，村委名义上是村民的自治组织，但实际上接受乡镇政府的管理，成为最基层的一级行政组织，这就使得村民在与地方政府进行博弈时，缺乏能够代表村民利益的共同组织，无法形成"合力"。

漓江徒步游阶段，9个自然村跨越村委这一级政治组织形成了以经济利益为联结纽带的合作组织，在与乡镇政府的利益博弈中，形成了可以抗衡的力量，因此获得了渡口的经营权。但是这种利益合作组织，缺乏对共同体内的成员行为的约束机制和监督机制，无法有效地防止个别成员出于自身利益最大化的动机采取破坏共同体集体利益的行动，而且这种行为很容易被其他成员观察到并模仿，最终导致合作组织的破产，在后来阳朔漓江公园阶段，无法形成与政府抗衡的力量。这个合作组织没有形成约束机制实现成功转型的主要原因，是因为缺乏能够担当起实现村民共同利益的责任并且具有组织头脑和技能的"社区精英",这个合作组织在建立并运营的后期,管理权落在了村里拥有一定资本的"经济精英"手中,后者缺乏实现村民共同利益的社会动机,因此将组织引向了实现自身经济利益目标的运行方向,最终导致了组织的无效。

我国农村基层民主化的推进,有利于村民获得参与制定与自身发展和利益相关的旅游决策的权力。而在推进的过程中,如何促进农村地区形成意识形态领域共同的价值观和世界观,以及集体认同的社会规范,建立起权力结构均衡的社区组织,则是急需研究的问题。

通过上文的分析,可以发现在通过参与旅游实现减贫的过程中,基于社会规范等非正式制度之上的增权有助于贫困人口提升自己参与制定与自身发展有关的决策的能力和权力,建立有利于贫困人口的旅游收益分配机制,直接从旅游发展中获利,并且实现权力、能力范畴的贫困减轻目的。由此,扩充了我国研究者提出的"制度性增权"的范畴,在通过"正式制度"供给,解决目前由于缺乏土地等自然资源产权造成的贫困问题的同时,也可以通过社会规范和社区组织的建立等"非正式制度"的供给,实现旅游减贫的目的。

但是,在看到"非正式制度"增权实现贫困减轻的可能的同时,也要意识到,这种"非正式制度"的增权,在旅游发展的初期阶段的减贫效果比较明显,但是却无法阻止地方政府和外来旅游企业的进入,这些拥有资本和政治资源的强势力量会为了实现自身利益目标改变原来的利益均衡格局和利益分配模式,使得旅游减贫的进程和方向发生改变。索菲尔德(Sofield)就指出,与社会规范等传统的"非正式制度"的增权相比,法律等"正式制度"的增权对于实现贫困人口的可持续发展具有更大的意义。[162]

研究者根据我国的产权制度现状提出我国目前缺乏对贫困人口参与旅游发展有利的自然资源的产权和旅游资源的产权,因此主张以产权为正式制度增权的主要内容。[163] 相对于这种由于制度缺乏导致的制度性增权需要,目前我国低制度化的政治环境中,更为迫切需要解决的问题是"制度失灵"造成的"有法不依",后者对我国民主政治体制的建立的危害更大,对贫困减轻的制约更隐蔽,但是对贫困人口合法权利的实现的阻碍则更大,尤其是降低了贫困人口对体制的认同和实现自身发展的自信。

在本案例中,《风景名胜区条例》(简称《条例》)明确规定了,"因设立风景名胜区对风景名胜区内的土地、森林等自然资源和房屋等财产的所有权人、使用权人造成损失的,应当依法给予补偿",并且对补偿资金的来源也作了相应规定，门票收入和资源的有偿使用费中应该拿出适当比例作为补偿经费。① 根据风景区属地管理的体制，《条例》的执行主体，即桂林市政府又是风景区开发的获利者。《条例》只是规定了制度的方向，却没有对具体的补偿标准、补偿的方式做出规定，也欠缺对补偿是否实施及实施效果的监督和评估机制，这就给地方政府造成了很大的行动空间。在我国目前的行政体制中，地方政府的核心行动者的自主权太大，在缺乏制度约束的情况下，行动者实现其个人利益目标的经济人理性远大于其实现公共利益目标的政治人理性，因此就使得地方政府在具体执行制度时，倾向于将制度引向有利于自身利益目标实现的方向，而不是制度制定者——中央政府的既定方向。

制度不仅仅包括正式规则和非正式规则，还应该包括保障规则被按照规则制定的方向执行的实施机制。实施机制的缺乏，是导致我国目前风景区和生态保护区内的居民无法获得合法的利益补偿的重要原因。因此，当我们在讨论何种利益分配方式更利于贫困人口从旅游发展中获利时，首先应该考虑的是，现有的制度环境是否提供了对占用更多政治资源的优势行动者的个人利益目标实现的约束机制，否则即使有了利于贫困人口参与旅游收益分配的制度，也难以保证在制度的执行过程中，地方政府出于自身的利益目标改变制度的执行内容和方向。

由此，中央在制定各项扶贫政策时，关键不在于出台多少有利于贫困减轻的正式规则，而在于在规则中是否包含了具体的约束地方政府执行者行为的实施机制，以确保地方政府在执行扶贫政策时，朝着有利于贫困人口的制度方向前进。

在制度研究者看来，推动制度变迁的只能是作为强势行动者的政府，贫困人口作为弱势行动者连维护自身基本权利的能力都不具备，更别说推动制度变迁的资源和行动能力，而在本案例中，沿江村民通过自身的行动事实上推动了漓江旅游资源使用的制度安排。按照原来的制度安排，地方政府拥有漓江旅游资源的使用权、管理权和收益权，在漓江旅游发展的第一个阶段，沿江村民遵守了这一制度安排，并且牺牲了原来的生计来源，维护这项制度的实施。而当游客需求发生变化，沿江村民观察到原来的制度安排限制了自身通过使用旅游资源获利的可能时，不再默许和遵守原来的制度安排，而是以非正式的参与行为改变了旅游资源的使用方式，获得了非正式的旅游资源经营和收益权，而且由于参与者人数的增加，以及沿江村民在地理空间上的优势，使得市级地方政府难以进行制度内的有效管理，不得不默许了这种资源占有上的改变，从而推

---

① 《风景名胜区条例》第十一条、三十八条.http://www.gov.cn/zwgk/2006-09/29/content_402732.htm

动了漓江旅游资源使用和经营制度的变迁，最终沿江村民获得了合法使用漓江旅游资源的权利。

在阳朔县政府对兴坪、杨堤段的漓江旅游资源实施"自上而下"的开发过程中，沿江村民作为弱势行动者，缺乏实现自身权利的合法渠道，因此选择通过非正规渠道来表达对政府侵害自身利益的不满。这种行为本身违反了法律，属于非常规的、非体制内的表达方式，但是这种行为也反映出沿江村民维护自身合法权利的意识。过去，沿江村民出于对政府的信任和缺乏对合法权利的了解，对各级政府下达的行政指令都采取毫不质疑的合作的态度。而随着沿江村民获得信息的渠道越来越多样，对自身的权利有了初步的认识，从而形成了权利意识，并且开始为维护自身权利采取行动。这种行动本身是有意义的，尤其是在中央维稳的政策方针指引下，有可能迫使地方政府为了实现政治稳定和社会和谐的政治、社会目标而做出部分让步，从而改变现有的收益分配模式，部分实现沿江村民的利益目标。

弱势者发出声音并且推动制度变迁的可能是存在的，因此，在研究制度变迁的途径和过程时，决不能忽视了弱势的行动者和他们可能采取的行动。

6.3 行动者中心的分析框架能否还原旅游减贫的过程？

6.3.1 通过对互动过程的深描发现影响旅游减贫的关键行动者

过去的旅游与贫困研究中，贫困人口作为贫困减轻项目和政策干预的接受者，被描述为弱势的、缺乏行动能力和行动的一群人，被刻意地忽视。而在本案例中，贫困人口通过自身的行动事实上影响了贫困减轻的进程和有关政策的制定。

在国外的旅游与反贫困的研究和国内的旅游扶贫研究中，政府是被作为一类行动者来对待的，因此在讨论政府在旅游扶贫中的作用时，往往是不加区分地将各级政府混为一谈。尤其在国内的旅游扶贫研究中，政府是非人格化的政治组织，忽视了政府中对各项旅游扶贫决策和实施起决定作用的核心行动者，这群人是有自身的经济利益目标、政治目标和社会目标的有理性的行动者，他们会根据所处的制度环境，做出有利于自身利益目标和动机实现的行动决策，从而影响到一个地区的旅游扶贫的政策制定和实施，也在很大程度上决定了政策实施的效果。通过对案例地旅游发展与贫困减轻的过程的深描和分析，可以发现在中国现有的行政架构中，市级政府、县级政府和乡镇政府中的核心行动者虽然都是政治行动者，在政治动机、社会动机上有一定的相似性，但是由于所管辖的区域不同，社会目标所包含的人群不同，在委任制的行政制度中，他们有各自的晋升逻辑和政治、经济动机，在"省直管县"的行政体制改革的大环境下，县级政府和市级政府之间存在复杂的政治博弈，而这二者之间的博弈则有可能为贫困人口创造出实现自身利益的行动空间和行动资源。

中国的旅游扶贫研究者将旅游扶贫模式和旅游扶贫战略作为研究重点，认为二者决定了旅游扶贫实现的结果，忽视了旅游者这个关键行动者，由于旅游需求的改变，旅游者有可能做出的旅游决策也会发生改变，从而影响一个地区的旅游资源的使用方式，旅游资源使用方式的改变影响到贫困人口参与旅游的机会，从而直接影响了贫困人口获得旅游收益的可能。

而贫困人口自身是否具有旅游者需求转变后的旅游方式所需要的旅游资源则成为影响贫困人口获得旅游经营机会的关键。这就使得我们在进行旅游扶贫规划和开展扶贫实践时，应该思考如何将游客的旅游需求向贫困人口具有的优势资源的方向引导，从而使得贫困人口获得参与机会。

旅游减贫过程中的关键行动者是谁，他们各自发挥了怎样的作用，他们的哪些行动决策和行动影响了进程与方向，这些"是什么"和"怎么样"的问题只能通过对过程的细致深刻的描述和分析才能找到答案，因此从回答这个问题的角度，行动者中心的过程研究有助于我们深入理解旅游减贫的发生和运行机制，这种研究视角是可以被理解和应用到旅游减贫研究中的。

6.3.2 行动者中心的分析框架的理论和实践意义

行动者中心的研究视角的提出是基于对"二战"以来通过分析社会结构的变化，提出一系列的干预建议的发展研究方式的批评，得益于政治研究和社会研究对过程研究范式的引进以及哲学研究中"有限理性"的发现，这种研究视角以对过程的微观层面的深描来获得分析和解释各种社会、政治现象的依据，其研究方法来自于人类学的田野观察和民族志撰写，这种研究视角通过对环境运动和妇女运动的细致分析增加了对这类问题的解释力度和可信度，由此获得发展研究者的青睐，在发展理论中占有一席之地。

但是，由于将行动者还原为理性的经济人和政治人，行动者的动机就成为分析框架中重要的一项讨论内容，而影响行动者动机的因素则可能是多种多样的，有社会的、政治的、经济的，动机和影响动机因素的多样性，使得在分析研究者的行动决策时，还原决策制定的过程非常困难。研究者将社会结构和制度环境等宏观的约束引入行动者中心分析框架中，将宏观与微观联系起来，为讨论行动者动机和行动决策提供了一个可以操作的框架，从而为行动者的决策制定提供了可供还原的依据。

　　这种以过程描述和分析为主要内容的分析框架，适合对旅游减贫的具体案例进行研究和讨论，从而增加旅游减贫的案例研究的理论深度和解释力度，也为旅游减贫实践提供了行动的方向，事实上，很多非政府组织开展的项目实践都采纳了行动者为中心的发展研究者的建议，在援助项目的提供者（发展机构、投资机构）、项目实施地的政府、项目的实施对象和专家之间，非政府组织进行了相应的斡旋和调适，从而为推动项目的成功实施奠定了基础。

第七章 结论与研究展望

　　中国旅游扶贫的实践从20世纪90年代开始，到现在经过了20多年的发展，对贫困区域的经济增长和人民生活水平的提高起到了重大的作用，由于我国贫困区域的自然旅游资源和民族旅游资源丰富，且缺乏资金和其他工业，旅游业就成为这些区域地方政府实现经济增长的重要工具，但是旅游在促进地方GDP增长的同时，有多少净利润流向了穷人，却很少有这方面的研究。与此同时，国际旅游减贫研究却发现旅游发展带来的经济增长不一定能够使穷人从中受益，反而还会使穷人去承担额外的成本，于是国际旅游减贫研究开始讨论如何让穷人从旅游中获得更多的收益。有利于贫困人口的旅游（PPT）的研究，随着国际发展机构和投资机构在欠发达国家的减贫项目的逐步推进，日益成为国际旅游与减贫研究中的主流。这种研究一开始就是立足于实践的，所以更注重在实践中的指导意义，也就以案例研究、经验归纳为主要研究方法。

　　通过回顾旅游研究和发展研究的进展，本书选取了行动者中心的研究视角作为旅游减贫研究对象问题的分析框架。借助这个分析框架对旅游减贫的案例进行深入分析以对使用旅游作为工具实现减贫目标的现象做出解释是本书的现实目的，探索应用行动者中心的分析框架对旅游研究中的现实问题进行研究是本书的理论出发点。

　　为此本书提出了研究问题：关键行动者对旅游减贫效果的影响是什么？为了便于分析，本研究将这个问题拆分为三个子问题：（1）旅游减贫过程当中的行动者是谁，他们的行为逻辑是什么？（2）行动者与旅游减贫相关的行动策略是什么？（3）行动者行动的结果对减贫的影响怎么样？

　　通过对以上几个问题的回答，要实现本研究的三个研究目的：（1）通过对旅游发展实现减贫目标过程的描述，试图呈现地方政府、贫困人口、游客等各个行动者是如何围绕自身的利益目标，在各种限制性因素下，展开行动，并实现贫困减轻的目的的；（2）研究以旅游作为工具进行减贫从而达到贫困减轻的效果所需要具备的条件；（3）通过案例研究对旅游减贫成为可能的原因做出解释。

　　本研究立足于国际旅游与减贫研究中关于"有利于贫困人口"的目标，跳出中国旅游扶贫研究中结论先行的思维模式，选取了中国旅游发展中具有典型意义的国家级风景名胜区为案例,从微观的层面真实、深刻地描述景区内的贫困人口、贫困社区如何受到旅游发展的影响,在地方政府的不利政策环境下,通过自身的行动努力提高经济收益的过程。本书的资料搜集工作从 2010 年 3 月开始,历时 2 年多时间,访谈了漓江沿岸几十个村庄上百名村民,以及市、县、乡镇的各级政府领导,并且参与了阳朔县政府推出的旅游扶贫富民项目——阳朔漓江公园从规划到实施的全过程,记录了大量真实的一手资料,从历时性的角度,全面真实地还原了景区内贫困人口参与旅游的过程,从而归纳出有利于旅游与减贫研究的经验性知识,丰富了旅游减贫问题的研究案例。

7.1 研究结论

7.1.1 研究问题的结论

(1) 旅游减贫过程当中的行动者是谁,他们的行为逻辑是什么?

旅游减贫的过程中,关键的行动者包括目的地系统内的制定旅游政策的市级政府核心行动者,负责具体实施各项旅游发展政策的县级政府核心行动者和乡镇政府核心行动者,以及贫困人口自身,目的地旅游系统内的行动者之间的互动和博弈决定了旅游发展政策的制定和实施;旅游者是一个外来的影响目的地系统行动者格局和互动的重要行动者;另外旅游企业和旅游中介也参与到目的地旅游发展和贫困减轻的过程中。

各个行动者都有自身的利益偏好和行为动机,市级地方政府、县级地方政府和乡镇政府的核心行动者在动机结构上有一致性,都具备政治动机、经济动机和社会动机三个主要类型的动机,但是由于在行政结构中所处的位置不一样,管辖的区域不同,核心行动者的实现晋升的条件不一致,导致了三类不同行动者在政治动机、经济动机和社会动机上的区别,也影响了三者的行动决策的制定。旅游者的旅游需求决定了旅游者的旅游决策的制定,贫困人口内部也存在着有不同利益偏好的人群,但是在总体处于经济上落后的格局时,追求实现经济收益的增长仍是这一类行动者参与旅游发展的主要动机。旅游企业依据其与政府之间的关系的不同,也存在利益偏好上的区别,但是其主要的目标仍然是实现企业经营利润的最大化。旅游中介也存在着正式部门和非正式部门的不同,虽然都以经济收益最大化为目标,但是由于受到的限制不一样,所以在行动策略上会表现出差异。

（2）行动者与旅游减贫相关的行动策略是什么？

行动者都以实现自身的利益偏好为行动策略制定的出发点，但是各个行动者所拥有的行动资源和行动能力都要受到制度环境的约束。制度环境是随着历史的发展而有所改变的，因此也影响到行动者资源和行动能力的变化，从而改变了行动者的力量对比，形成不同的行动者格局。具体到旅游减贫的过程中，初始的制度环境决定了市级政府所做的旅游发展政策，而在这项旨在限制其他行动者使用旅游资源的政策的实施过程中，作为政策执行者的县级政府和乡镇政府则根据自身的利益偏好选择部分执行或者不执行，贫困人口则通过对这项政策的合作和对合作的撤销来影响政策实施的结果。在这个过程中，游客作为关键的行动者对目的地系统内的行动者格局产生了影响，引起游客旅游决策发生改变的是游客旅游需求的变化，而影响游客旅游需求的因素包括宏观和微观两个层面，宏观的经济、政治环境的变化对游客需求改变有重要的影响。

（3）行动者行动的结果对减贫的影响怎么样？

行动者出于对自身利益偏好的认知，以及对自身行动资源、行动能力和在格局中所处的地位的判断做出行动决策并采取具体的行动。市级政府虽然制定了限制旅游资源使用的旅游政策，但是缺乏限制其他行动者行动的资源和能力，不得不依靠县级政府和乡镇政府。例如，在本书研究的案例中，第一个阶段，县级政府通过协商获得了市级政府对于不开发漓江旅游资源的经济补偿，采取了合作的态度，乡镇政府执行县级政府的行政指令，约束沿江贫困人口使用漓江旅游资源的行为，贫困人口退出了部分使用旅游资源的行动，由于没有经营机会和生态补偿，这个阶段贫困人口的贫困状况不但没有改善，反而加剧了；第二个阶段，游江的游客需求发生改变，部分游客放弃了单一的游船游江模式，选择以徒步和坐竹筏的方式开展旅游活动，县级政府、乡镇政府和沿江村民都观察到了这种游客需求改变带来的旅游收益，由于县级政府与市级政府之间的博弈，放松了对沿江村民参与旅游的管制，沿江的贫困人口获得了参与旅游经营的机会，直接从旅游发展中获得了经济收益，并且提高了自身能力，实现了区域内大范围的贫困减轻的效果；第三个阶段，县级政府重新实行"自上而下"的旅游发展模式，沿江村民失去了发展自力更生能力的机会，同时再次处于被动的无权状态，从贫困的多维含义上看，这个阶段沿江村民的贫困减轻的进程受阻。

以上三个发现也回答了本研究提出的总的研究问题：关键行动者对旅游减贫的效果的影响是什么？市级政府核心行动者通过制定旅游发展的政策制约或者促进贫困人口参与旅游的机会及旅游收益分配的模式来影响减贫；县级、乡镇政府核心行动者通过选择执行或者不执行或者部分执行市级政府的旅游政策，影响贫困人口行动空间的大小来影响贫困人口获得的经营机会，从而影响减贫；游客通过选择不同的旅游方式影响贫困人口资源和能力优势的发挥，从而影响减贫；贫困人口自身则是通过选择与政府合作或者不合作来改变自身在旅游发展中弱势地位，并且通过积极的行动获得更多的资源来改变自身的贫困状况。

关键行动者在旅游发展过程中的资源和行动能力受到宏观的政治、经济环境的制约，从而影响了行动者采取的与旅游发展相关的行动策略，在与其他行动者的互动中，通过协商、少数服从多数、下达行政指令等不同的方式，解决由于旅游收益分配导致的争端和冲突，最终通过推动新的旅游政策和资源、权力分配方式来实现各个行动者的利益目标，在这个过程中，在有利于贫困人口发挥自身资源和能力优势的旅游发展方式的推动下，旅游减贫的目标得以实现。

7.1.2 研究目的的实现

本研究基本实现了三个研究目的：

（1）通过对旅游发展实现减贫目标过程的描述，呈现出地方各级政府、贫困人口、游客等各个行动者是如何围绕自身的利益目标，在各种限制性因素下，展开行动，并实现贫困减轻的目的的；

（2）发掘出以旅游作为工具进行减贫所需要具备的条件；

（3）通过案例研究对旅游减贫实现的具体途径做出了分析和解释。

7.2 研究贡献

7.2.1 理论贡献

本书的理论贡献是从行动者中心的视角对旅游减贫问题进行案例研究，通过将本研究与文献综述中的贫困研究、旅游减贫研究和行动者中心的视角应用的对照，本研究弥补了上述领域中的不足之处。

（1）弥补了旅游作为减贫工具的有效性讨论中实证研究的不足

旅游作为减贫工具的有效性的讨论和研究主要是从旅游自身的特点推导出来的，基于具体通过发展旅游实现贫困减轻的案例的研究则相对缺乏。本研究通过对案例——位于风景名胜区内的贫困人口通过参与旅游实现贫困减轻的具体过程的描述和分析，发现旅游能够作为解决目前我国存在的贫困问题的工具的原因在于旅游能够突破制约贫困减轻的三个主要因素：资源环境、能力和资本，但是由于旅游本身存在着季节性差异，以及贫困人口旅游经营能力的缺乏，导致目前旅游只能作为贫困减轻的补充手段，而不是唯一手段。

（2）弥补了旅游减贫研究对何种旅游方式更利于贫困减轻的讨论流于概念的不足

旅游减贫研究中，对制约旅游作为工具实现贫困减轻的因素集中于讨论影响旅游收益分配模式的三个主要方面：政治、制度环境，旅游发展方式和贫困人口自身的能力与资源，因为缺乏对旅游减贫过程的细致分析，没有考虑到游客需求改变导致的旅游资源使用方式的转变成为贫困人口获得参与旅游经营机会的关键影响因素，从而推导出旅游资源使用方式也是影响旅游减贫的关键因素。另外，在小规模的旅游发展方式和大众旅游方式，何者更有利于贫困减轻的争论中，由于缺乏对案例的比较研究，没有将权力结构作为重要的参考变量，从而使得这种争论没有统一衡量的标准和实践指导的意义，而本研究则通过对具体案例的研究和比较发现，在权力结构均衡的地区，贫困人口能够从小规模的旅游发展方式中受益，而在权力结构不均衡的地区，小规模的旅游发展方式有可能使旅游收益流向少部分强势行动者，从而不利于贫困减轻，大规模的旅游发展方式中由于贫困人口参与的人数众多，获得参与机会和收益的可能性要大得多，使得贫困人口从旅游发展中受益的机会增加，更易达到贫困减轻的目的。

而在"自上而下"和"自下而上"哪种参与方式更利于贫困减轻的争论中，由于研究者对贫困内涵缺乏理解，仅从单一的经济维度判断减贫的效果，使得二者难以进行实质性的比较，本研究则从贫困内涵出发，从经济、政治、心理和社会四个维度对两种发展方式进行了比较，结果发现"自下而上"的发展方式更利于贫困减轻，而"自上而下"的旅游发展方式，由于对贫困人口从政治上、心理上和社会上进行了去权，因此不利于贫困减轻以及贫困人口的发展。

国外发展机构将"增权"作为 PPT 项目的重要内容，但是因为实施减贫干预的专家缺乏对案例地的真实政治和制度环境的理解，使得"增权"流于教育培训等层面，而对贫困人口事实上处于制度性缺权的困境缺乏认识和改变措施。本研究基于中国的政治现实和中国农村贫困地区的发展现状，归纳出两种不同的通过制度供给改变贫困人口缺权现状的途径，一种是基于社会规范的建立贫困人口合作组织的非正式制度供给，一种则是对现有的正式规则中缺乏执行机制的情况进行改进的正式制度供给，从而为通过制度供给改变贫困人口的权力配置的研究提供了方向和实现途径。同时指出在现有的低制度的政治现实中，地方政府的核心行动者有太多的空间实现个人的利益偏好，目前迫切需要通过制度改革，产生约束地方政府的核心行动者的人格化的机制，使得地方政府核心行动者制度化。

（3）弥补了旅游减贫研究中政治视角的缺乏

国内外的旅游减贫研究基本上是从经济学的视角出发，通过各种数量模型的构建去衡量旅游对贫困减轻的效果。而缺乏通过具体的案例研究分析不同的政治—经济结构中，旅游减贫的制约条件和实现旅游减贫的现实途径，从而使得各种旅游减贫实践在具体的地方情境中实施时，由于缺乏对当地的政治环境的理解而使得减贫的干预行为和具体措施不被接受，影响了项目实践的开展和减贫效果的取得。

（4）为旅游减贫研究引进了行动者中心的视角，增加了过程研究的范式

国内外的旅游减贫研究都存在着理论研究深度缺乏的问题，国外的 PPT 研究都是基于具体的项目实践做出的经验总结式的调查报告，目的是为其他项目的开展提供改进方案的建议，其理论深度一直受到质疑，而国内的旅游扶贫研究则存在着结论先行为政府决策提建议的研究倾向，缺乏具有理论深度的案例研究。本研究借鉴了行动者为中心的分析框架，进行了从研究目的到研究过程都经过精心设计的案例研究，使得结论的推导具有一定的解释力度和可信度，行动者中心的过程研究范式也使得旅游减贫研究的结论更具有说服力和实践指导意义。

7.2.2　现实贡献

本研究通过对案例地的贫困人口通过参与旅游实现贫困减轻的过程的描述和分析，为政策制定者提供了政策制定的行动者分析的框架。在制定政策时，需要首先考虑的是政策实施过程中有哪些可能对政策结果产生影响的行动者，他们的利益偏好是什么，在现有的制度环境中，他们所拥有的资源和行动能力是什么，由此可能做出的行动决策是什么，他们的行动会对政策结果产生怎样的影响。在对行动者进行识别时，既要考虑到政治系统内的行动者，也要考虑到有可能对系统内的行动者格局带来影响的外来行动者。根据这个分析框架，调整政策的内容，以达到预期的政策结果。

7.3　研究不足与研究展望

7.3.1　研究不足

过程研究最大的困难在于耗费的时间和精力太多，本研究从确立研究问题

到进入田野,在田野中发现问题调整研究思路,重新搜集资料,到确定写作方案,整个的过程耗时超过2年时间,访谈对象众多,对访谈记录进行整理时非常耗费精力,这就使得研究过程本身十分艰难,随着时间的推移,新的制度产生,新的问题出现,这也使得本研究的设计需要不断地根据问题的出现进行调整,对研究结果产生了一定的影响。另外,本研究从政治视角对旅游减贫过程进行分析,这就涉及对作为关键行动者的地方政府的领导进行访谈和观察,而官员的自我保护意识非常强,另外对访谈时机的选择和把握也不由研究者做主,这就使得在对这类行动者的访谈记录进行整理时,需要仔细分析官员的身份和隐藏在官腔背后的真实意思表达,而这也限制了研究资料的收集和最终研究结论的形成。

本研究是单案例研究,缺乏多案例的比较,这使得本研究的结论的解释力不足。

7.3.2 研究展望

(1)行动者的识别和分类

行动者的识别需要对具体情境和行动过程的详细描述和分析,在不同的情境中行动者的类别不是一成不变的,为了更好地解释行动结果,需要尽可能多的找到行动者,具体分析他们的逻辑,因此需要更多的不同情境下的案例的提供。另外在组织行动者内部也会存在利益目标不一致导致的不同的行动者群体的产生,这种差异需要具体的微观的分析,否则难以对组织的策略进行探讨和分析。

(2)何种旅游发展方式更利于贫困减轻

目前对何种旅游发展方式更利于减贫的相关研究,还处于案例的累积阶段,并没有形成完整的理论,对这一研究领域的推进有待于更多案例的发现和具有解释力的理论工具的发现,从而对研究实践进行更好的指导。

贫困是一个处于不断变化和发展中的概念,随着全球经济和社会局势的变化,人们对增长和发展的理解也在不断地变化,公平、可持续成为目前发展的主要目标和方向,在这个过程中,对贫困的定义也从单一的经济维度,逐步扩大到政治、社会的维度,贫困不仅仅是收入和机会的缺乏,更意味着权力和权利的缺乏,这使得反贫困的斗争异常艰巨,因为涉及对掌握主要的政治资源的强势行动者既得权力和利益的重新配置,同时也给减贫的研究提出了新的课题和研究方向:如何实现多个维度的贫困减轻?需要研究者综合社会学、经济学、政治学等各个学科的知识,对这一问题做出回答。

参考文献

[1] Hall C M. Pro-Poor Tourism Do "Tourism Exchanges Benefit Primarily the Countries of the South"[J]. Current Issues in Tourism, 2007, 10 (2-3): 111-118.

[2] Spenceley A, Meyer D. Tourism and Poverty Reduction: Theory and Practice in Less Economically Developed Countries[J]. Journal of Sustainable Tourism, 2012, 20 (3): 297-317.

[3] Walpole M J, Goodwin H J. Local Economic Impacts of Dragon Tourism in Indonesia[J]. Annals of Tourism Research, 2000 (27): 559-576.

[4] 马忠玉. 论旅游开发与消除贫困[J]. 中国软科学, 2001 (1): 4-8.

[5] 范小建. 完善国家扶贫战略和政策体系研究[G]. 北京: 中国财政经济出版社, 2011.

[6] 马忠玉. 论我国西部大开发战略中的旅游开发与贫困消除[J]. 自然资源学报, 2001 (2): 191-195.

[7] 肖胜和. 论我国贫困区发展旅游业的基础[J]. 云南师范大学学报, 1997, 17 (3): 79-83.

[8] 孙国茜. 旅游业是西部贫困地区新农村建设的有效途径——以四川阿坝藏族羌族自治州为例[J]. 华南大学学报: 社会科学版, 2006 (增刊): 27-47.

[9] 郑林荣, 金凤, 闵庆文. 贫困地区的生态旅游资源及其可持续利用探讨[J]. 资源科学, 2007, 29 (1): 112-117.

[10] 叶敬忠, 李春艳. 行动者为导向的发展社会学研究方法——解读《行动者视角的发展社会学》[J]. 贵州社会科学, 2009 (10): 72-79.

[11] Preston Peter Wallace. 发展理论导论[M]. 徐秀丽, 李小云, 齐顾波, 译. 北京: 社会科学文献出版社, 2011.

[12] 高春芽. 社会结构与政治行动者之间的张力——方法论视野中的民主转型研究[J]. 经济社会体制比较, 2012 (2): 115-124.

[13] Scharpf F W. Games Real Actors Play: Actor-Centered Institutionalism in Policy Research [M]. Boulder, CO: Westview Press, 1997.

[14] 张新文. 发展型社会政策与我国农村扶贫[M]. 桂林: 广西师范大学出版

社，2011.

[15] 李月军. 以行动者为中心的制度主义——基于转型政治体系的思考[J]. 浙江社会科学，2007（4）：75-80.

[16] 杨冬民，孙小娜. 贫困理论中若干问题的国际比较与启示[J]. 西安电子科技大学学报，2004，14（4）：33-36.

[17] 方民生. 跳出贫困恶性循环的怪圈——浙江贫困山区开发研究总报告[J]. 浙江学刊，1992（5）：31-37.

[18] 贫困恶性循环论[J]. 领导决策信息，1998（21）：32.

[19] 李晓宁，高晓春. 突破贫困恶性循环的"怪圈"[J]. 西北农林科技大学学报（社会科学版），2001（1）：75-78.

[20] 赵立新. 两部门理论对中国农业劳动力转移的启示[J]. 中国流通经济，2005（11）：27-30.

[21] 丁金宏，冷熙亮，宋秀坤. 中国对非正规就业概念的移植与发展[J]. 中国人口科学，2001（6）：8-13.

[22] 柳红波. 人力资本理论在民族社区旅游开发中的应用研究——基于社区居民收益权的思考[J]. 旅游研究，2012（4）：44-48.

[23] 逯进，周惠民. 人力资本理论：回顾、争议与评述[J]. 西北人口，2012（5）：46-52.

[24] 汤敏. 共享式增长与中国新阶段扶贫[R].中国发展研究基金会报告第十四期，2008.

[25] 龚晓宽. 中国农村扶贫模式创新研究[D]. 成都：四川大学，2006.

[26] 李文，李芸. 中国农村贫困若干问题研究[M]. 北京：中国农业出版社，2009.

[27] 王铁. 基于 PPT 的小尺度旅游旅游扶贫模式研究[D]. 兰州：兰州大学，2008.

[28] 林道立，刘正良，郑群. 现代人力资本理论的形成与演化[J]. 淮海工学院学报（人文社会科学版），2012（6）：107-111.

[29] 陈建勋. 从纳克斯的"贫困恶性循环论"所想到的[J]. 上海经济研究，1988（2）：56-59.

[30] 雷颐. 中国农村派对中国革命的理论贡献[J]. 近代史研究，1996（2）：107-126.

[31] 银锐. 关于我国开发式扶贫问题的思考[J]. 成都大学学报（社会科学版），2007（3）：24-26.

[32] 陈力军. 改革开放撞击着"贫困恶性循环"的怪圈[J]. 西北师大学报（社

会科学版），1993（4）：98-101.

[33] 罗先成. 贫困山区冲破"贫困恶性循环"的思路——湘西凤凰县经济发展的启示[J]. 经济评论，1994（5）：78-82.

[34] 齐建国. 中国进入"低水平均衡陷阱"了吗?[J]. 数量经济技术经济研究，1999（11）：7-12.

[35] 张纯元，马立原. 论人口因素在脱贫致富中的重要作用——兼论扶贫与计划生育相结合的理论依据[J]. 人口与计划生育，1997（2）：46-50.

[36] 石山. 山区综合开发与扶贫生态经济理论与山区综合开发[J]. 林业经济，1997（4）：21-26.

[37] 季洪茂. 运用系统理论组织扶贫开发——沂蒙山区率先整体脱贫实践的启示[J]. 山东经济战略研究，1999（10）：62-64.

[38] 郑海祥. 一部扶贫开发理论的新力作——读《反贫困行为研究》[J]. 中国农村经济，2000（7）：79-80.

[39] 刘海军. 中国农村贫困成因研究综述[J]. 中国集体经济，2010.

[40] 潘毅，高岭. 中国农村经济贫困的制度性原因：农村土地制度效率视角[J]. 中共长春市委党校学报，2008（12）：42-44.

[41] 王小伍，王绪朗. 农村贫困问题的制度性分析[J]. 乡镇经济，2007（6）：23-27.

[42] 翁时秀，彭华. 旅游发展初级阶段弱权利意识型古村落社区增权研究——以浙江省楠溪江芙蓉村为例[J]. 旅游学刊，2011（7）：53-59.

[43] 赵慧珠. 积极推进农村最低生活保障制度建设[J]. 理论视野，2008（8）：52-53.

[44] 秦初生. 建立我国农村义务教育投资新体制的思考[J]. 桂林师范高等专科学校学报，2005（4）：145-149.

[45] 刘玉龙. 农村贫困的制度性分析[J]. 兰州学刊，2005（1）：217-218.

[46] 吴力子. 农民的结构性贫困——定县再调查的普遍性结论[M]. 北京：社会科学文献出版社，2009.

[47] 王振颐. 生态资源富足区生态扶贫与农业产业化扶贫耦合研究[J]. 西北农林科技大学学报（社会科学版），2012（6）：70-74.

[48] 万剑敏. 基于利益相关者理论的县域经济旅游扶贫研究——以鄱阳县为例[J]. 江西农业大学学报（社会科学版），2012（4）：111-116.

[49] 徐丽媛，郑克强. 生态补偿式扶贫的机理分析与长效机制研究[J]. 求实，2012（10）：43-46.

[50] 林毅夫. 贫困、增长与平等：中国的经验和挑战[J]. 中国国情国力，2004

(8): 4-5.

[51] 张伟，张建春. 国外旅游与消除贫困问题研究评述[J]. 旅游学刊，2005（1）：90-96.

[52] Scheyvens R. Exploring the Tourism-Poverty Nexus[J]. Current Issues in Tourism，2007，10（2-3）：231-254.

[53] Zhao W B，Ritchie J R B，Hall C M. Tourism and Poverty Alleviation: An Integrative Research Framework[J]. Current Issues in Tourism，2007，10（2-3）：119-143.

[54] Mbaiwa J E. Enclave Tourism and its Socio-economic Impacts in the Okavango Delta，Botswana[J]. Tourism Management，2005（26）：157-172.

[55] Regina S，Momsen J H. Tourism and Poverty Reduction: Issues for Small Island States[J]. Tourism Geograhpies，2008，10（1）：22-41.

[56] Mitchell J. Value Chain Approaches to Assessing the Impact of Tourism on Low-income Households in Developing Countries[J]. Journal of Sustainable Tourism，2012，20（3）：457-475.

[57] Harrison D，Schipani S. Lao Tourism and Poverty Alleviation Community-Based Tourism and the Private Sector[J]. Current Issues in Tourism，2007（10）：2-3，194-230.

[58] Eshliki S A，Kaboudi M. Community Perception of Tourism Impacts and Their Participation in Tourism Planning: A Case Study of Ramsar，Iran[J]. Procedia -Social and Behavioral Sciences，2012（36）：333-341.

[59] Zapata M J，Hall C M，Lindo P，et al. Can Community-Based Tourism Contribute to Development and Poverty Alleviation? Lessons from Nicaragua[J]. Current Issues in Tourism，2011，14（8）：725-749.

[60] Scheyvens R. Tourism and Poverty[M]. Routledge，2010.

[61] Butcher J. Can Ecotourism Contribute to Tackling Poverty? The Importance of "Symbiosis"[J]. Current Issues in Tourism，2011，14（3）：295-307.

[62] Pearce P L. Tourists' Written Reactions to Poverty in Southern Africa[J]. Journal of Travel Research，2012，51（2）：154-165.

[63] Chok S，Macbeth J，Warren C. Tourism as a Tool for Poverty Alleviation: A Critical Analysis of "Pro-Poor Tourism" and Implications for Sustainability[J]. Current Issues in Tourism，2007，10（2-3）：144-165.

[64] Nelson F. Blessing or curse The political economy of tourism development in Tanzania[J]. Journal of Sustainable Tourism，2012，20（3）：359-375.

[65] Lapeyre R. The Grootberg Lodge Partnership in Namibia: Towards Poverty Alleviation and Empowerment for Long-term Sustainability?[J]. Current Issues in Tourism, 2011, 14 (3): 221-234.

[66] Riley M, Szivas E. Tourism Employment and Poverty: Revisiting the Supply Curve[J]. Tourism Economics, 2009, 15 (2): 297-305.

[67] Ashley C B C A. Putting Poverty at the Heart of the Tourism Agenda[J]. Natural Resource Perspectives, 2000 (51): 212-224.

[68] Scheyvens R, Russell M. Tourism and Poverty Alleviation in Fiji Comparing the Impacts of Small- and large-scale tourism enterprises[J]. Journal of Sustainable Tourism, 2012, 20 (3): 417-436.

[69] Blake A, Arbache J S, Sinclair M T, et al. Tourism and Poverty Relief[J]. Annals of Tourism Research, 2008, 35 (1): 107-126.

[70] Papathanassis A, Beckmann I. Assessing the "Poverty of Cruise Theory" Hypothesis[J]. Annals of Tourism Research, 2011, 38 (1): 153-174.

[71] Schilcher D. Growth Versus Equity The Continuum of Pro-Poor Tourism and Neoliberal Governance[J]. Current Issues in Tourism, 2007, 10 (2-3): 166-193.

[72] Slocum S L, Backman K F. Understanding Government Capacity in Tourism Development as a Poverty Alleviation Tool: A Case Study of Tanzanian Policy-Makers[J]. Tourism Planning & Development, 2011, 8 (3): 281-296.

[73] 吴忠军. 论旅游扶贫[J]. 广西师范大学学报（哲学社会科学版）, 1996 (4): 18-21.

[74] 张茂林. 我国贫困人口的资源生态空间特征与开发性扶贫移民[J]. 人口与经济, 1996 (4): 24-29.

[75] 胡敬民. 旅游资源开发与旅游扶贫——关于开发高坡旅游资源的构想[J]. 贵州民族学院学报（社会科学版）, 1997 (1): 80-83.

[76] 程大兴. 旅游扶贫应成为广西扶贫攻坚的重要形式[J]. 旅游研究与实践, 1997 (3): 48-53.

[77] 蔡雄, 连漪, 程道品, 等. 旅游扶贫的乘数效应与对策研究[J]. 社会科学家, 1997 (3): 4-16.

[78] 宁德煌. 云南旅游扶贫问题的思考[J]. 云南师范大学学报（哲学社会科学版）, 2000 (6): 14-17.

[79] 张遵东. 贵州民族地区旅游资源的开发与旅游扶贫[J]. 贵州大学学报（社会科学版）, 2001 (6): 36-42.

[80] 梁向明. 六盘山旅游区与政府主导型"旅游扶贫"战略[J]. 市场经济研究, 2001（5）: 16-17.

[81] 曹新向, 丁圣彦. 河南省旅游扶贫开发研究[J]. 河南科学, 2002（1）: 107-110.

[82] 李并成. 甘肃省实施旅游扶贫开发战略的若干思考[J]. 海南师范学院学报（自然科学版）, 2002: 6-8.

[83] 刘向明, 杨智敏. 对我国"旅游扶贫"的几点思考[J]. 经济地理, 2002（2）: 241-244.

[84] 邓小艳. 西部旅游扶贫与政府主导新探[J]. 经济师, 2002（5）: 27-28.

[85] Zeng B, Ryan C. Assisting the Poor in China Through Tourism Development: A Review of Research[J]. Tourism Management, 2012（33）: 239-248.

[86] 冯万荣, 赵庆红. 旅游扶贫的受益人群及其受益模式研究——以云南西双版纳傣族园为例[J]. 昆明冶金高等专科学校学报, 2007（4）: 81-84.

[87] 赵小芸. 旅游投资在西部旅游扶贫中的效用分析[J]. 旅游学刊, 2004（1）: 16-20.

[88] 何玲姬, 李庆雷, 明庆忠. 旅游扶贫与社区协同发展模式研究——以云南罗平多依河景区为例[J]. 热带地理, 2007（4）: 375-378.

[89] 周歆红. 关注旅游扶贫的核心问题[J]. 旅游学刊, 2002（1）: 17-21.

[90] 郭清霞. 旅游扶贫开发中存在的问题及对策[J]. 经济地理, 2003（4）: 558-560.

[91] 丁焕峰. 国内旅游扶贫研究述评[J]. 旅游学刊, 2004（3）: 32-36.

[92] 侯志强, 赵黎明, 郑向敏. 基于PPT旅游战略的旅游扶贫机制研究——以甘肃省临夏回族自治州为例[J]. 西北农林科技大学学报（社会科学版）, 2005（6）: 22-26.

[93] 韦复生. 广西民族旅游开发与贫困缓解[J]. 广西民族大学学报（哲学社会科学版）, 2006（6）: 83-87.

[94] 胡明文, 王小琴. 生态旅游扶贫开发的多元主体协同机制探讨——以兴国县天鹅湖社区为例[J]. 江西农业大学学报（社会科学版）, 2010（4）: 43-46.

[95] 何景明. 边远贫困地区民族村寨旅游发展的省思——以贵州西江千户苗寨为中心的考察[J]. 旅游学刊, 2010（2）: 59-65.

[96] 饶勇, 黄福才, 魏敏. 旅游扶贫、社区参与和习俗惯例的变迁——博弈论视角下的可持续旅游扶贫模式研究[J]. 社会科学家, 2008（3）: 88-92.

[97] 郭清霞. 旅游扶贫PPT战略及其特征——以湖北省为例[J]. 湖北大学学报（哲学社会科学版）, 2003（5）: 110-113.

[98] 曹新向，丁圣彦. 政府在旅游扶贫开发中的行为研究[J]. 许昌学院学报，2003（2）：60-64.

[99] 郑群明，钟林生. 参与式乡村旅游开发模式探讨[J]. 旅游学刊，2004（4）：33-37.

[100] 李益敏，蒋睿. 怒江大峡谷旅游扶贫研究[J]. 人文地理，2010（6）：131-134.

[101] Tosun C. Limits to Community Participation in the Tourism Development Process in Developing Countries[J]. Tourism Management，2000，21（6）：613-633.

[102] 左冰，保继刚. 从"社区参与"走向"社区增权"——西方"旅游增权"理论研究述评[J]. 旅游学刊，2008（4）：58-63.

[103] 左冰. 旅游增权理论本土化研究——云南迪庆案例[J]. 旅游科学，2009（2）：1-8.

[104] 梁明珠. 生态旅游与"三农"利益保障机制探讨[J]. 旅游学刊，2004（6）：69-72.

[105] 邓小艳. 西部旅游扶贫开发的内在诉求[J]. 湖北经济学院学报（人文社会科学版），2005（1）：52-54.

[106] 李永文，陈玉英. 旅游扶贫开发的RHB战略初探[J]. 经济地理，2004（4）：560-563.

[107] 向延平. 基于CVM法的凤凰古城旅游扶贫生态绩效评价[J]. 贵州农业科学，2010（10）：234-236.

[108] 周波，李毅. 广西巴马旅游扶贫贡献率研究[J]. 旅游论坛，2011（2）：72-76.

[109] 李佳，钟林生，成升魁. 民族贫困地区居民对旅游扶贫效应的感知和参与行为研究——以青海省三江源地区为例[J]. 旅游学刊，2009（8）：71-76.

[110] 李燕琴. 旅游扶贫中社区居民态度的分异与主要矛盾——以中俄边境村落室韦为例[J]. 地理研究，2011（11）：2030-2042.

[111] 黄国庆. 居民旅游扶贫效应感知、参与能力及参与意愿测量量表的编制[J]. 安徽农业科学，2012（6）：3439-3441.

[112] 李佳. 扶贫旅游理论与实践[M]. 北京：首都经济贸易大学出版社，2010.

[113] 徐国冲. 政治行动者理性选择的制度范式——理性选择制度主义述评[J]. 内蒙古大学学报（哲学社会科学版），2012（4）：49-53.

[114] 刘晓峰，刘祖云. 行动者研究：我国行政组织研究的一个未来走向[J]. 深圳大学学报（人文社会科学版），2010（6）：44-50.

[115] 董俊林，孟建伟. 受限理性：H·西蒙社会科学哲学的基点[J]. 北京行政学院学报，2012（2）：110-112.

[116] 李友梅. 行动者的选择余地及决策理性[J]. 社会, 1995 (10): 35.

[117] 管清风. 奥康纳行动者因果理论的困境[J]. 保定学院学报, 2010 (4): 7-10.

[118] Touraine Alain. 行动者的归来[M]. 苏诗伟, 许甘霖, 蔡宜刚, 译. 北京: 商务印书馆, 2008.第 82 页.

[119] 埃莉诺·奥斯特罗姆. 公共事物的治理之道[M]. 余逊达, 赵旭东, 译. 上海: 上海三联书店, 2000.

[120] 张军, 王邦虎. 从对立到互嵌: 制度与行动者关系的新拓展[J]. 江淮论坛, 2010 (3): 147-152.

[121] 匡莉, 冯惠强, 马远珠. 推进乡村卫生组织一体化的障碍——基于行动者中心的制度主义分析[J]. 中国卫生政策研究, 2012 (6): 37-42.

[122] 魏开琼. 从行动者中心的制度主义分析框架看公共政策的制定——以我国台湾地区《性别工作平等法》为例[J]. 中华女子学院学报, 2011 (4): 35-40.

[123] Biggs S, Matsert H. An Actor-oriented Approach for Strengthening Research and Development Capabilities in Natural Resource Systems[J]. Public Adminnistration and Development, 1999 (19): 231-262.

[124] 孙九霞, 保继刚. 从缺失到凸显: 社区参与旅游发展研究脉络[J]. 旅游学刊, 2006 (7): 63-68.

[125] 王亚娟. 社区参与旅游的制度性增权研究[J]. 旅游科学, 2012, 26 (3): 18-26.

[126] 李正欢, 郑向敏. 国外旅游研究领域利益相关者的研究综述[J]. 旅游学刊, 2006 (10): 85-91.

[127] 苏鹏. 西方利益相关者理论发展与评述[J]. 当代经理人, 2006 (7): 227-228.

[128] 谭申, 宋立中, 周胜林. 基于利益相关者视角的国外文化旅游地发展模式分析及其启示[J]. 北京第二外国语学院学报, 2010 (3): 20-29.

[129] Lecours A. New institutionalism: Theory and Analysis[M]. Toronto: University of Toronto Press, 2005.

[130] 王亚娟. 河流型风景区游览模式固化的路径依赖及制度创新——以漓江风景名胜区为例[J]. 社会科学家, 2012 (5): 80-84.

[131] 王军军. 漓江流域生态旅游扶贫开发研究[D]. 桂林: 广西师范大学, 2010.

[132] 陈宪忠. 漓江流域可持续发展规律探索[J]. 桂林旅专学报, 1998, 9 (2): 65-67.

[133] 吕兴元, 秦荣军, 罗奇志, 等. 漓江科学化保护利用面临的问题及对策思

考[J]. 中共桂林市委党校学报，2010（3）：69-72.
[134] 陆锦丽，陆军. 漓江旅游航线管理机制的创新改革[J]. 市场论坛，2009（9）：72-74.
[135] 廖广斌. 以科学发展观促进漓江水上旅游[J]. 中国水运，2009（7）：18.
[136] 唐善茂，鲍青青. 桂林漓江风景区旅游生态贫困问题的调查分析[J]. 资源与产业，2010（1）：50-54.
[137] 杨永德，苏振，白丽明. 漓江风景区生态风险评价初探[J]. 学术论坛，2007（1）：106-109.
[138] 龚明聪. 保护漓江与桂林市发展的财政政策研究[J]. 经济研究参考，2010（53）：28-36.
[139] 郭颂平. 漓江航道整治工程简介[J]. 广西水利水电（增刊），1995：65-70.
[140] 李若男，陈求稳，蔡德所，等. 漓江枯水期水库补水对下游水环境的影响[J]. 水利学报，2010（1）：7-16.
[141] 丁新军. 背包旅游者行为研究[D]. 南宁：广西大学，2006.
[142] 黄向. 徒步旅游国内外发展特点比较研究[J]. 世界地理研究，2005（3）：72-79.
[143] 北京首证. 桂林旅游：旅游资源丰富 垄断地位突出[N]. 经理日报，2008-09-16.
[144] 宣国富，章锦河，陆林，等. 海滨旅游地居民对旅游影响的感知——海南省海口市及三亚市实证研究[J]. 地理科学，2002（6）：741-746.
[145] 鲁先锋，沈承诚. 地方政府核心行动者的行为动机与行为模式研究——以农村建设用地整理政策执行为例[J]. 湖北社会科学，2012（8）：28-32.
[146] Frechtling D C. Practical Tourism Forecasting[M]. Oxford：Butterworth-Heinemann，1996.
[147] Aki S. A Compact Econometric Model of Tourism Demand for Turkey Sevgin Aki[J]. Tourism Management，1998，19（1）：99-102.
[148] Muqoz T G. German Demand for Tourism in Spain Teresa GarCn MuQoza[J]. Tourism Management，2007，28（1）：12-22.
[149] 陶伟，倪明. 中西方旅游需求预测对比研究：理论基础与模型[J]. 旅游学刊，2010（08）.
[150] 肖国兴. 论中国自然资源产权制度的历史变迁[J]. 郑州大学学报（哲学社会科学版），1997（6）：19-25.
[151] 沈承诚. 地方政府核心行动者的生成逻辑：制度空间与制度规引[J]. 社会科学战线，2012（6）：165-170.

[152] 陈维达. 论政府产权制度的完善[J]. 重庆工商大学学报（社会科学版），2007（2）：13-19.

[153] 杨雪冬. 县级官员与"省管县"改革（Ⅰ）——基于能动者的研究路径[J]. 北京行政学院学报，2012（4）：7-10.

[154] 戴斌，夏少颜. 论我国大众旅游发展阶段的运行特征与政策取向[J]. 旅游学刊，2009（12）：13-17.

[155] 埃里克·弗鲁博顿，鲁道夫·瑞切特. 新制度经济学——一个交易费用分析范式[M]. 姜建强，罗长远. 译. 上海：上海人民出版社，2006.

[156] 左冰. 西双版纳傣族园社区参与旅游发展的行动逻辑——兼论中国农村社区参与状况[J]. 思想战线，2012（1）：100-104.

[157] 李咏梅，陈伍香. 乡村旅游对欠发达旅游目的地影响探析：以桂林阳朔历村为例[J]. 社会科学家，2010（9）：93-95，98.

[158] 郭文. 乡村居民参与旅游开发的轮流制模式及社区增权效能研究——云南香格里拉雨崩社区个案[J]. 旅游学刊，2010（3）：76-83.

[159] Regina S. Ecotourism and the Empowerment of Local Communities[J]. Tourism Management，1999，20（2）：245-249.

[160] 刘相军，杨桂华. 传统文化视角下的社区参与旅游收益分配制度变迁机理研究——以梅里雪山雨崩藏族村为例[J]. 旅游论坛，2009（3）：366-369.

[161] 陈志永，杨桂华，陈继军，等. 少数民族村寨社区居民对旅游增权感知的空间分异研究——以贵州西江千户苗寨为例[J]. 热带地理，2011（2）：216-222.

[162] Clark D，Southern R，Beer J. Rural Governance，Community Empowerment and the New Institutionalism：A Case Study of the Isle of Wight[J]. Journal of Rural Studies，2007，23（2）：254-266.

[163] 左冰，保继刚. 制度增权：社区参与旅游发展之土地权利变革[J]. 旅游学刊，2012（2）：23-31.

附　录

1. 阳朔县漓江景区范围内各村居委人口数统计表[①]

乡镇	村（居）委	自然村名	人口数
兴坪镇 9736 人	兴坪居委 2374 人	熙平街、新街	2374
	渔业居委 430 人	渔业	430
	兴坪村委 1223 人	小河背	312
		新圩上	490
		狮子	421
	画山村委 2944 人	老村头	327
		新洲	320
		古昔湾	345
		厄根底	386
		韭菜山	303
		杨家	278
		马山	307
		大树脚	76
		冷水	602
	渔村村委 1822 人	镰刀湾	276
		大洲岭	107
		大河背	516
		渔村	611
		元宝榨	312

[①] 各村人数统计数据由兴坪镇和杨堤乡派出所提供。

续表

乡镇	村（居）委	自然村名	人口数
兴坪镇 9736 人	水洛村委 943 人	沙湾	449
		河边	140
		四方田	153
		龙颈	201
杨堤乡 5435 人	浪洲村委 1438 人	官岩	495
		浪洲里村	468
		浪洲外村	475
	杨堤村委 2189 人	上桃源	324
		下桃源	407
		双全	564
		上榨	480
		下榨	343
		枫木	71
	浪石村委 1679 人	水岩头	124
		浪石	533
		全家洲	338
		上龙	236
		下龙	448
	杨堤居委 129 人	杨堤居委	129

2.《阳朔漓江景区建设运营总体实施方案》

各乡（镇）党委、政府，县直各单位：
现将《阳朔漓江景区建设运营总体实施方案》印发给你们，认真贯彻执行。

中共阳朔县委员会
阳朔县人民政府
2010 年 11 月 10 日
朔发〔2010〕42 号

阳朔漓江景区建设运营总体实施方案

一、指导思想

以邓小平理论和"三个代表"重要思想为指导，认真贯彻落实科学发展观，实施漓江科学保护，规范漓江旅游秩序，丰富漓江旅游产品，建设桂林国家旅游综合改革试验区，实现旅游富民兴县战略目标。

二、调整阳朔县漓江景区管理委员会

主　任：梁文干（县委常委、政法委书记）
副主任：李道军（县人民政府副县长、县公安局局长）
　　　　苏尉东（县人民政府副县长）
　　　　赵桥养（县农业局党组书记）
成　员：黄爱荣（兴坪镇人民政府镇长）
　　　　曾庆秋（杨堤乡人民政府乡长）
　　　　朱建华（县公安局副局长）
　　　　容道禄（县旅游局副局长）
　　　　黄光远（兴坪镇人民政府副镇长）
　　　　何　浩（杨堤乡人民政府副乡长）

景区管理委员会下设办公室，负责处理、协调日常事务，办公室主任由容道禄同志兼任。

三、具体工作实施

（一）组建公司营运管理机构

为了加强对景区的管理和与有关单位联系，便于对外宣传营销，在县城设总部，兴坪、杨堤分别设分部办公，具体设置如下：

1. 公司总部设置

（1）办公室；
（2）财务及票证部（财务由县会管中心代理代管，公司设报账员）；
（3）市场策划营销部。

2. 兴坪镇分部岗位设置

（1）分部办公室；
（2）规划建设室（含杨堤在内）；
（3）票证管理与结算室；
（4）综合执法大队，分设兴坪中队和杨堤中队；
（5）卫生保洁管理：将兴坪景区划分成31个陆上保洁区域和6段江面保洁区域实行责任保洁；
（6）票务管理岗位，分别在汽车站停车场、老市场停车场、榕树潭大门、老村头大门、根底码头、马山码头设售票处。在榕树潭大门、老街门、老村头大门、厄根底码头、马山码头设验票处；
（7）竹筏游管理岗位，在厄根底码头、马山码头设调度员负责对竹筏的调度，各村自设1至2名组长负责组织本村竹筏有序出筏、停靠、维修等工作，由公司给予一定补助；
（8）观光车运行管理岗位；
（9）"总统之旅"游运行管理岗位。

3. 杨堤乡分部岗位设置

（1）分部办公室；
（2）票证管理与结算室；
（3）综合执法室；
（4）卫生保洁管理：将杨堤景区划分成18个陆上保洁区域和4段江面保洁区域实行责任保洁；
（5）票务管理岗位，在杨堤大门旁设售票处，在大门和码头设验票处；
（6）竹筏游运行管理，在杨堤码头设调度员，负责对竹筏的调度，各村自设1至2名组长负责组织本村竹筏有序出筏、停靠、维修等工作，由公司给予一定补助。

（二）基础建设

为提高景区封闭运营后的服务质量，营造良好的游览氛围，打造高级别的旅游景区，在不破坏环境的前提下，进行以下必要基础设施建设：

1. 景区大门

（1）在兴坪榕树潭码头和杨堤码头各建一个景区大门；
（2）在兴坪老街口建一个小门；

（3）在老村头村建景区入口门。

2. 码头

为满足竹筏停靠、游客摄影和村民的有序经营，需修建如下码头：

（1）新建马山码头、朝板山码头；

（2）修建规范摊位经营秩序的冷水上码头和下码头；

（3）收购厄根底码头；

（4）延伸杨堤码头；

（5）修整、扩宽全家洲对面徒步游码头。

其他码头一律取缔。

3. 道路

目前景区内的主要道路均为机耕路和游客、村民行走自然形成的小路，为提高景区的服务及运营质量需进行如下道路建设：

（1）将兴坪至马山渡口约5公里乡村公路扩宽并硬化，作为景区游览的中心通道；

（2）硬化世界著名摄影点相公山至冷水约5.5公里乡村公路，与百里新农村道路接通，在老村头并入景区道路；

（3）将浪石至全家洲至老村头徒步游道路进行园林化升级，为纪念明朝旅行家徐霞客曾经游历漓江，此路命名为"霞客小道"。第一期完成全家洲至老村头5公里改造，第二期待浪石公路修通后再将浪石至全家洲对面渡口路段修缮。

4. 停车场

在兴坪车站、森工站、老市场、厄根底码头旁、马山码头旁、杨堤码头旁等分别建生态型旅游停车场。

5. 售票亭

在兴坪车站、老市场停车场、榕树潭大门、根底码头、马山停车场、老村头门、杨堤停车场分别设置美观的可移动木楼式售票亭。

6. 办公场所

（1）将兴坪老街90号和杨堤餐厅改建为景区管理办公场所；

（2）将兴坪森工站停车场修建成观光车停放处、景区机械存放及维修场所和员工住宿区。

7. 摄影点

在兴坪榕树潭码头、朝板山、杨家、冷水渡下方、冷水村与老村头村交界处、下龙村、浪石村等建设摄影点，招租经营，摄影点旁立碑标明景点名称和对景点进行介绍，其他不规范的摄影点一律取缔。

8. 摊位

停车场、码头、照相点、服务区旁设置由公司统一制作的摊位,并优先承包给景区群众特别是被征地户经营。景区内的其他摊点必须经管委会批准方可设立,所有影响景区景观的摊点一律取缔。

9. 游客服务设施

(1)在榕树潭、杨堤停车场旁建游客服务区,为游客提供旅游信息咨询、景区旅游资源展示、订房订餐服务、游客临时休息、旅游纪念商品展销、受理旅游投诉等服务;

(2)在朝板山、根底、马山等码头、停车场旁修建竹筏错峰停航时游客休息场所;

(3)在下龙一带风景秀丽的地方修建与周边景观相协调的徒步游客休息场所;

(4)在景区停车场、码头、商业区、游客集散地及徒步游休息场所新建生态型厕所9座,改造现有厕所4座。

(三)文化建设

阳朔漓江景区拥有世界一流的山水风光,也拥有丰富的历史文化资源。必须将历史文化资源挖掘提炼成旅游资源,提升景区的文化底蕴。

1. 建风雨桥

将兴坪小河背的"滨江桥"改造成具有广西壮族文化特点的风雨桥,恢复古代桥名——"乾元桥"。

2. 兴坪古镇改造

为增加兴坪的历史文化内涵,重塑"熙平"古县,打造古老浓郁的漓江特色民居,对兴坪古镇进行如下改造:

(1)将兴坪老街、新街、湖南街古建筑进行保护性维修,对其中的现代建筑进行整治,重建恢复原来的四个门楼,门楼牌匾标明古熙平东西南北门。

(2)将榕潭街和新市场房屋进行具有地方特色的立面改造。

3. 建漓江碑林

在马山停车场附近建漓江碑林。收集古往今来墨客骚人、名人政要赞美漓江的诗词歌赋及其他墨宝,为漓江留下宝贵的历史文化财富,提高景区的文化内涵,增加游览项目。

4. 兴坪古戏台改造

对兴坪古戏台进行保护性维修,恢复看台,聘请具有较高水准的地方戏团每天定时进行演出,打造一台精品地方戏。

5. 螺蛳岩改造

螺狮岩的腾蛟庵是漓江沿岸唯一的寺庙，具有400多年历史。为弘扬佛教文化，满足有佛教信仰游客的需求，需对寺庙建筑进行修整和改造，将每年举办的"九月十九"兴坪民俗文化节改为"民俗文化旅游节"。

6. 策划出版阳朔漓江景区画册。

7. 出版以漓江景区为主的包含阳朔其他景点在内的漓江景区故事、散文、民俗文化等丛书。

（四）受益群众界定范围

为提高漓江景区内人民群众生活水平，公司将从景区经营收益中按比例划拨经费作为群众分红资金。从杨堤与草坪交界处的官岩村至兴坪镇与阳朔镇交界处的四方田村，漓江沿岸第一重山内居住的村（居）民可参与景区分红（含兴坪、杨堤集镇），具体如下：

1. 兴坪镇含老村头、新洲、冷水、马山、大树脚、杨家、韭菜山、古昔湾、根底、小河背、熙坪街、兴坪新街、新圩上、狮子、大河背、渔业居委、兴坪居委、镰刀湾、大洲岭、元宝榨、渔村、河边、沙湾、四方田、龙颈等25个自然村（居委）。

2. 杨堤乡包括官岩、浪洲里村、浪洲外村、上桃源、下桃源、双全、上榨、下榨、枫木、杨堤居委、水岩头、浪石、上龙、下龙、全家洲等15个自然村（居委）。

3. 兴坪、杨堤居委的受益群众必须为原著居民，行政事业单位人员（含财政全额拨款、差额拨款、自收自支单位人员）、原国有企业（含已改制的）职工，本人及与其同一本户口本的家庭成员均不能作为受益群众。

4. 受益群众人数统计时间截止至朔发〔2009〕45号文件发布时间，即2009年12月10日，以兴坪、杨堤派出所统计的数据为准，今后每年各村增减人数原则上由各村自行调整。

5. 具体分配方法

（1）门票收入分配

门票价格80元/人，扣除景区建设基金10元/人和20元/人的观光车交通费后，按如下比例分配：

①旅行社（导游）佣金20%；

②景区群众10%；

③价调基金10%；

④公司管理费15%；

⑤卫生保洁费15%；

⑥宣传促销费 10%;
⑦游客保险 1%;
⑧乡（镇）和有关执法部门工作经费 9%;
⑨缴税 10%。
门票收入中群众应得部分平均分配给景区受益群众。
（2）"总统之旅"收入分配
票价 80 元/人，扣除景区建设基金 10 元/人后，按如下比例分配：
①旅行社（导游）佣金 20%;
②船主 22%（含船只及配套设施、人工、救生设备、燃油等）;
③渔村自然村 5%;
④价调基金 10%;
⑤兴坪镇 5%;
⑥县交通局 3%;
⑦公司管理费 15%;
⑧游客保险 1%;
⑨卫生保洁费 4%;
⑩宣传促销 5%;
⑪缴税 10%。
（3）竹筏游收入分配
兴坪票价 80 元/人，不足 4 人算包筏，即 320 元/筏，乘竹筏返程同价；杨堤下码头至冷水（马山），110 元/人，不足 4 人算包筏，即 440 元/筏，乘竹筏返程可适当优惠；其他应游客要求的短途游均购 80 元/人的竹筏票。扣除每人 10 元景区建设基金后，按如下比例分配：
①旅行社（导游）佣金 20%;
②筏工 28%（含运载工具、人工工资、燃油费、救护设施等）;
③景区群众 10%;
④物价调节基金 10%;
⑤公司管理费 10%;
⑥游客保险 1%;
⑦卫生保洁费 3%;
⑧宣传促销费 3%;
⑨乡（镇）和相关部门管理工作经费 5%;
⑩缴税 10%。
兴坪竹筏收入的 8%平均分配给兴坪镇界定的受益群众，杨堤竹筏游收入

的 8%平均分配给杨堤乡界定的受益群众，兴坪、杨堤竹筏游收入的 2%平均分配给景区界定的所有受益群众。

（五）经营的主要游览项目

1. 渔村"总统之旅"游

参与"总统之旅"游经营的有漓兴公司、鸿兴公司、丰盛公司的 37 条圩客船，共 1775 个客位。该项目纳入公司统一管理后基本沿袭原有经营管理模式，运行路线仍为兴坪榕树潭码头至渔村，可观赏兴坪佳境、螺蛳山、狮子狗倒骑鲤鱼等自然景观和渔村古民居。

2. 竹筏游

乘坐竹筏游览漓江风光已成为漓江特色旅游的主要方式之一，也是景区内群众谋生及增收的重要手段，竹筏游现处于无序运营状态，安全事故时有发生，给漓江景观观瞻造成了一定破坏，也给漓江旅游造成了一定负面影响。因此，必须规范管理经营，办法如下：

（1）指标分配

景区内竹筏指标总数为 590 张，其中兴坪 400 张，杨堤 190 张。结合现有竹筏数和景区内自然村（居委）人口数将指标分配到各自然村（居委）。景区界定范围外的竹筏不准进入景区载客营运。

（2）竹筏制作标准

景区内竹筏必须按以下标准制作，经有关部门检验合格后方可参与竹筏游经营。不申报备案和不按标准制作的竹筏一律不准在景区内载客运营。

①用 16PP 管做的竹筏至少需 10 根管子,用 20PP 管做的竹筏至少需 8 根管子，筏长 8m、宽 1.6m、高 1.7m；

②动力 13 匹（提倡使用环保的电瓶动力），螺旋桨上安装防护罩，避免发生安全事故；

③竹椅子 2 张，每张可坐 2 人，中间放 1 张茶几，竹椅下垫纯天然杉树板，旁边放 1 个垃圾筐；

④筏前垫一张加厚的防滑胶布；筏前翘首 PP 管两边套防碰橡胶；

⑤栏栅两边挂 4 个黄色救生圈，顶篷下放 5 件红色救生衣；

⑥兴坪竹筏顶篷用花黄色及起浮线襟饰边，杨堤竹筏用花天蓝色线襟饰边；

⑦筏尾统一配置一个木箱用作驾驶员坐凳及放置必备工具；

⑧筏工统一服装，费用自理。

（3）筏工条件

①受益群众界定范围内的男性；

②年龄在 18 至 55 岁之间，身体健康；

③熟悉水性，会游泳；
④能向游客熟练介绍景区内的自然景观、人文景观、风土人情等；
⑤必须参加海事、交通部门组织的筏工培训、考试，取得上岗证；
⑥遵守公司各项管理制度，服从管理。
（4）航行要求
①按规定错时错峰运行；
②靠河道右边浅水区域行驶；
③主航道无机动船舶航行时，除必须横过河对岸外，不得驶入漓江主航道；
④行驶过程中主动避让机动船舶。
（5）兴坪竹筏游：
根底码头至杨家摄影点至冷水下码头摄影点至马山码头，上岸后乘观光车返回兴坪，反之亦可。可观赏黄布倒影、九马画山等著名景观。
（6）杨堤竹筏游：
杨堤码头至浪石摄影点至下龙摄影点至冷水上码头摄影点至马山码头，上岸后乘观光车至兴坪，反之亦可（乘竹筏返程回杨堤的票价可适当优惠）。可观赏浪石风光、下龙风光、九马画山等著名景观。
3. 徒步游
（1）线路及时间：游客购景区大门票后，从杨堤码头徒步至马山停车场，然后免费乘坐景区观光车至兴坪，沿途可观赏浪石风光、下龙风光、九马画山、20元人民币背景图风光等著名景观，反之亦可；
（2）推出杨堤至兴坪自行车游。
（六）票务种类及票样设计
1. 票务种类
（1）门票：兴坪、杨堤可共用进入景区的门票；
（2）渔村"总统之旅"游票；
（3）兴坪竹筏游票；
（4）杨堤竹筏游票；
（5）联票：门票+"总统之旅"游票、门票+兴坪竹筏游票、门票+杨堤竹筏游票。
2. 票务说明
所有票正面图案旁印游客须知，背面印游览示意图和景区的三个旅游项目简介。
（七）建立电子验票及其监控系统
在游客进入景区的大门、榕树潭、朝板山、根底、马山杨堤等码头的验票点建立电子验票及其监控系统，通过电子验票数据信息在公司总部可准确掌握游客数量，并可观看验票视频，还可对景区重要区域进行治安监控。

（八）营销策划

1. 分别制作中英文版的导览图，标明游览线路、沿途主要景点及介绍、可参与游玩的项目、码头、厕所等；

2. 制作宣传折页向各旅行社、导游、宾馆、酒店等发放；

3. 制作网页，通过网络宣传促销；

（九）景区管理要求

抽调公安、旅游、交通、运管、海事、环保、建规、城管、国土等部门人员组成综合执法队伍，对景区违法、违章现象进行打击和整治。

1. 整治兴坪景区内从事非法载客的观光车及三轮车；

2. 杜绝飞钩挂船、尾随兜售、不文明拉客现象；

3. 整治冷水、老村头、马山等村河滩上的摊点；

4. 整治景区内的乱搭乱盖、违章非法建筑，加快漓江沿岸村庄、集镇的规划设计步伐，按照统一设计的建筑格调逐步进行改造；

5. 加大对漓江自然生态环境保护力度，坚决打击开山取石、砍伐破坏植被、污染水质、非法放牧、损坏河堤、在河道内挖沙、非法捕鱼、随意倾倒垃圾等行为；

6. 整治景区内渔艇非法载客行为。

四、主要工作日程安排

序号	工 作 内 容	完成时间	备注
1	大门、侧门及周边文化装饰	2010年11月30日	
2	兴坪至冷水渡道路建设	2010年12月31日	
3	马山、冷水、朝板山、杨堤码头建设	2010年12月31日	
4	厄根底码头收购	2010年10月31日	
5	兴坪汽车站、森工站、老市场、杨堤码头旁停车场及老街90号、杨堤餐厅办公楼建设	2010年12月31日	
6	厕所建设及改造	2010年12月31日	
7	杨堤至兴坪徒步游道路建设	2010年12月31日	
8	建冷水旅游市场	2010年12月31日	
9	竹筏统计、指标分配及统一改造	2010年12月20日	
10	非法载客车辆整治	2010年11月30日	
11	总统之旅整合	2010年11月30日	

续表

序号	工作内容	完成时间	备注
12	人员抽调	2010年10月30日	
13	人员招聘及培训	2010年12月31日	
14	办公室布置及办公用品采购	2010年12月31日	
15	观光车、垃圾车、摩托艇购置及入户	2010年12月31日	

南开大学出版社网址：http://www.nkup.com.cn

投稿电话及邮箱： 022-23504636　　QQ：1760493289
　　　　　　　　　　　　　　　　　QQ：2046170045(对外合作)
邮购部：　　　　 022-23507092
发行部：　　　　 022-23508339　　Fax：022-23508542

南开教育云：http://www.nkcloud.net

App：南开书店 app

　　南开教育云由南开大学出版社、国家数字出版基地、天津市多媒体教育技术研究会共同开发，主要包括数字出版、数字书店、数字图书馆、数字课堂及数字虚拟校园等内容平台。数字书店提供图书、电子音像产品的在线销售；虚拟校园提供 360 校园实景；数字课堂提供网络多媒体课程及课件、远程双向互动教室和网络会议系统。在线购书可免费使用学习平台，视频教室等扩展功能。